Reutlinger Theologische Studien

Herausgegeben von von Achim Härtner,
Michael Nausner und Christoph Raedel
in Verbindung mit dem
Theologischen Seminar Reutlingen
und der Evangelisch-methodistischen Kirche
in Deutschland

Band 3

Manfred Marquardt

Praxis und Prinzipien der Sozialethik John Wesleys

3., überarbeitete Auflage

Edition Ruprecht

Inh. Dr. Reinhilde Ruprecht e.K.

Umschlagabbildung © Iva Villi (Dreamstime.com)

Die Deutsche Bibliothek verzeichnet diese Publikation in der Deutschen Nationalbibliografie; detaillierte Daten sind im Internet über http://dnb.ddb.de abrufbar.

3., überarbeitete Auflage 2008

© Edition Ruprecht Inh. Dr. R. Ruprecht e.K., Postfach 17 16, 37007 Göttingen – 2008
www.edition-ruprecht.de
© 1. und 2. Auflage Vandenhoeck & Ruprecht GmbH & Co. KG, Göttingen – 1977 und 1986

Layout und Satz: mm interaktiv, Dortmund
Druck: buch bücher dd ag, Birkach
Umschlaggestaltung: klartext GmbH, Göttingen
ISBN: 978-3-7675-7076-4

Vorwort

Dieses Buch über die wechselseitigen Beziehungen zwischen John Wesleys theologisch-sozialethischen Reflexionen und der Durchführung seiner zahlreichen sozialen Projekte und Initiativen wurde seit seinem ersten Erscheinen im Jahr 1977 in mehrere Sprachen (englisch, koreanisch, tschechisch) übersetzt und hat sich vor allem im englischsprachigen Bereich als Longseller etabliert. Nachdem die 2., durchgesehene Auflage (1986) seit einigen Jahren vergriffen war, hat die Studiengemeinschaft für Geschichte der Evangelischmethodistischen Kirche eine dritte Auflage angeregt und mit einem namhaften Zuschuss unterstützt. Der Studiengemeinschaft und den Herausgebern der Reutlinger Theologischen Studien danke ich für ihre Unterstützung, der Edition Ruprecht für die Aufnahme in ihr Verlagsprogramm.

Die Überarbeitung der Auflage bezieht sich vor allem auf die Berücksichtigung neuerer Literatur. Die wichtigsten Titel sind in englischer Sprache erschienen und nur zu einem kleinen Teil ins Deutsche übersetzt worden. Ein weiterer, wichtiger Grund für die Überarbeitung war das Erscheinen einer kritischen Gesamtausgabe der Werke John Wesleys. Sie wurde zwar schon 1975 mit dem Erscheinen des ersten Bandes (Band 11: The Appeals to Men of Reason and Religion and Certain Related Letters") unter dem Gesamttitel „The Oxford Edition of Wesley's Works" von der Oxford University Press begonnen, aus wirtschaftlichen Gründen aber nicht fortgesetzt. Ein bereits 1960 von vier nordamerikanischen Universitäten berufenes international und ökumenisch besetztes Herausgeber-Komitee bereitete die umfassende und kritische Edition aller Werke Wesleys von 1733 bis 1791 vor und übernahm 1983 das in Oxford begonnene Projekt in Zusammenarbeit mit Abingdon Press, Nashville, und mit Frank Baker als Hauptherausgeber. Von 1984 bis 1987 sind die vier Bände der Predigten Wesley unter der editorischen Leitung von Albert Outler, bis heute (Februar 2008) weitere zwölf Bände erschienen.

Die Zitate aus Wesleys Schriften werden, soweit möglich, nach der neuen wissenschaftlichen Ausgabe („The Works of John Wesley", abgekürzt WJW) belegt, die Nachweise aus der 2. Auflage bleiben aber in Klammern erhalten. Die Literaturliste ist aktualisiert, ein Stichwort- und Namensverzeichnis erleichtert das gezielte Arbeiten mit diesem Buch, das nicht nur historische Informationen vermitteln, sondern auch zur Wahrnehmung ethischer Verantwortung anregen und anleiten möchte.

Reutlingen, Februar 2008   Manfred Marquardt

Inhalt

Vorwort 5

Inhalt 6

Einleitung 10

A DIE HAUPTGEBIETE DER SOZIALEN PRAXIS WESLEYS 12

1   **Die soziale Arbeit der Oxforder Früh-Methodisten** 13
1.1   Das Elend der unteren Schichten des Volkes 13
1.2   Christliche Philanthropie 17
1.3   Die soziale Aktivität der Oxforder Früh-Methodisten 18
1.3.1   Die praktische Sozialarbeit der Club-Mitglieder 19
1.3.2   Die religiöse Motivation für die Sozialarbeit 20

2   **Die Armenhilfe Wesleys und der methodistischen**
        Gemeinschaften 25
2.1   Die praktischen Maßnahmen zur Armenhilfe 25
2.2   Die veränderte Einstellung zu den Armen 29
2.2.1   Die Analyse der Ursachen der Armut 30
2.2.2   Die Betätigung uneingeschränkter Nächstenliebe 33
2.3   Die methodistischen Gemeinschaften als
        soziale Bewährungsfelder 35

3   **John Wesleys Beitrag zur Wirtschaftsethik** 38
3.1   Die ökonomische Verantwortung des Einzelnen 38
3.1.1   Das Streben nach finanziellem Gewinn 38
3.1.2   Die soziale Verpflichtung des Eigentums 40
3.1.3   Die Gefahren des Reichtums 42
3.1.4   Arbeit und Beruf 44
3.2   Methodismus und kapitalistischer Geist 46
3.3   Die ökonomische Verantwortung der Gesellschaft 50
3.3.1   Wesleys Protest gegen wirtschaftliche Ungerechtigkeit 51
3.3.2   Die Verantwortung gesellschaftlicher Gruppen 53
3.3.3   Die Verantwortung der staatlichen Organe 55

4   **Die Erziehungs- und Bildungsarbeit Wesleys und seiner**
        Mitarbeiter 59

4.1   Die englischen Schulen im 18 Jahrhundert............................59
4.2   Methodistische Schulen und Sonntagsschulen 62
4.2.1   Methodistische Schulprojekte 62
4.2.2   Die Sonntagsschulbewegung 66
4.3   Erwachsenenbildung im Methodismus.............................68
4.3.1   Unterricht für Erwachsene..69
4.3.2   Bildung durch Literatur...70
4.3.3   Die methodistischen Gemeinschaften als Bildungsstätten.............73
4.4   Erziehung und Bildung im Zusammenhang
        der theologischen Ethik Wesleys..................................75
4.4.1   Die theologisch-anthropologischen Grundaussagen 76
4.4.2   Die religiöse Bestimmtheit der Erziehung............................79

5   John Wesleys Kampf gegen die Sklaverei............................85
5.1   Sklavenhandel und Sklaverei in England und seinen Kolonien..85
5.2   Die Stellung der Kirchen zur Sklaverei.............................86
5.3   Der Beginn des Kampfes gegen die Sklaverei........................88
5.4   John Wesleys Einstellung zur Sklaverei.............................89
5.4.1   Die frühe Phase (bis etwa 1770)..89
5.4.2   Die späte Phase (nach 1770)..92

6   Gefangenenfürsorge und Gefängnisreform 98
6.1   Das englische Gefängniswesen im 18. Jahrhundert..................98
6.1.1   Das Strafrecht..98
6.1.2   Die Prozesse 100
6.1.3   Der Strafvollzug 102
6.2   Wesleys Hilfsmaßnahmen für Gefangene 103
6.2.1   Predigt und Seelsorge...103
6.2.2   Humanitäre Hilfe für Gefangene.......................................105
6.2.3   Wesleys Publikationen über Strafrecht, Strafvollzug und
        Gefangenenhilfe 107

B DIE PRINZIPIEN DER SOZIALETHIK WESLEYS 111

7   Voraussetzungen der Sozialethik.................................... 112
7.1   Die vorlaufende Gnade 112
7.1.1   Die Unfähigkeit des natürlichen Menschen zum Guten.............112
7.1.2   Die zuvorkommende Gnade 116

7.2	Die erneuernde Gnade	122
7.2.1	Die Erneuerung des Menschen	122
7.2.2	Die guten Werke	126
8	**Maßstäbe für die Sozialethik**	**133**
8.1	Gottesliebe und Nächstenliebe	133
8.1.1	Gottes Liebe zu allen Menschen	133
8.1.2	Nächstenliebe als Wirkung der Gottesliebe	138
8.2	Die Gebote	143
8.2.1	Der Inhalt des Gesetzes	143
8.2.2	Der Gebrauch des Gesetzes	145
8.3	Vorbilder	150
8.3.1	Christus	150
8.3.2	Andere Menschen	152
8.4	Einsichten	154
8.4.1	Die Bedeutung der Vernunft	154
8.4.2	Die Aufgaben der Vernunft	156
9	**Ziele der Sozialethik**	**159**
9.1	Die Erneuerung des Einzelnen	159
9.1.1	Selbstbewusstsein und sittliches Verhalten	160
9.1.2	Verantwortung und Solidarität	161
9.2	Die Erneuerung der Gesellschaft	164
9.2.1	Herkunft und Auftrag staatlicher Macht	165
9.2.2	Abzulehnende Veränderungen	169
9.2.3	Mögliche Wege der Erneuerung	176
10	**Schlussbemerkungen**	**178**
10.1	Die Schwächen der Sozialethik Wesleys	178
10.1.1	Die konservative Staatsauffassung	178
10.1.2	Der Verzicht auf strukturelle Änderungen der Gesellschaft	179
10.1.3	Die begrenzten Kenntnisse kausaler Zusammenhänge	180
10.2	Die Vorzüge der Sozialethik Wesleys	180
10.2.1	Glaube und Werke	181
10.2.2	Liebe und Vernunft	181
10.2.3	Individuum und Gesellschaft	182
10.2.4	Praxis und Theorie	183

Literaturverzeichnis 185

Sachregister.. 195

Namenregister.. 200

Einleitung

Das Interesse an John Wesley ist seit den Sechzigerjahren des 20. Jahrhunderts auch auf dem europäischen Kontinent gewachsen, nachdem in den angelsächsischen Ländern bereits während zweier Jahrhunderte eine nicht mehr überschaubare Flut von Literatur über den Begründer des Methodismus erschienen war. Nach einer Phase sehr allgemeiner – meist unkritischverehrender oder kurzerhand abwertender – Darstellungen beginnt man auch im deutschsprachigen Bereich, sich gründlicher mit Wesley, seiner Theologie und seinem Lebenswerk zu befassen[1]. Eine Reihe von Monographien untersucht seine Anthropologie, Pneumatologie und Individualethik[2], andere befassen sich unter historischen und soziologischen Gesichtspunkten auch mit seiner Sozialarbeit und der Bedeutung der methodistischen Klassen und Gemeinschaften für die englische Gesellschaft[3]. Der erste, der der Beziehung von Theologie und sozialer Aktivität in genauerer, profunder Weise nachging, war der tschechische Theologe Vilem Schneeberger mit seiner Dissertation „Theologische Wurzeln des sozialen Akzents bei John Wesley"[4]. Während Schneeberger sich die Frage gestellt hat, „ob eine direkte Verbindung zwischen der theologischen Verkündigung Wesleys und seiner sozialen Arbeit besteht", und seine Arbeit gerade dort aufhört, wo „eine Studie über die Ethik bei John Wesley beginnen sollte"[5], geht es in dieser Untersuchung darum, die wesentlichen Momente der Interdependenz zwischen sozialer Aktivität und sozial-ethischen Reflexionen Wesleys an einigen wichtigen Beispielen herauszuarbeiten, aus sich selbst heraus zu interpretieren und kritisch zu befragen. Eine Verbindung von historischer und systematischer Methode scheint daher der Themenstellung am ehesten angemessen zu sein; darum werden im ersten Teil der Arbeit einige exemplarische Bereiche der Sozialar-

---

1 Martin Schmidts zweibändige Wesley-Biographie ist das erste große und bis heute nicht ersetzbare Werk dieser Kategorie. Ein Überblick über die wichtigste neuere Sekundärliteratur findet sich in: Walter Klaiber und Manfred Marquardt, Gelebte Gnade, Göttingen ²2006, 508-511. Umfassender ist Karl Heinz Voigt, Art. Wesley, John, BBKL XIII, 1998, 914-970, mit Aktualisierungen über die Interseite www.bautz.de/bbkl.

2 D. Lerch, Heil und Heiligung bei John Wesley; H. Lindström, Wesley und die Heiligung; W. Thomas, Heiligung im NT und bei Wesley; J. Weißbach, Der neue Mensch im theologischen Denken John Wesleys; T. Leßmann, Rolle und Bedeutung des Heiligen Geistes in der Theologie John Wesleys; u.a.

3 J. W. E. Sommer, Wesley und die soziale Frage; T. Kraft, Pietismus und Methodismus (Vergleich von August Hermann Francke und John Wesley); H. Nausner, Die Bedeutung der Allgemeinen Regeln John Wesleys u.a.

4 Zürich, 1974.

5 So in einem Brief vom 29. 12. 1973 an den Verfasser.

beit kurz dargestellt und analysiert und im zweiten die ihnen zugrunde liegenden Prinzipien eruiert und in einen größeren Zusammenhang gestellt.

Die sozialen und ökonomischen Umwälzungen des 18. Jahrhunderts warfen zunächst in England, danach auch in anderen europäischen Ländern und gegen Ende des 19. Jahrhunderts auch in den USA das Grundproblem auf, dass den ethischen Herausforderungen einer industrialisierten Gesellschaft nicht mehr nur durch philanthropische Anstrengungen begegnet werden kann, sondern eine Veränderung kirchlicher wie staatlicher Ordnungen und Institutionen erforderlich ist. John Wesley hat dafür noch keine Sozialethik im späteren Verständnis dieser Disziplin entwickelt, wohl aber im Laufe seines Lebens und auf Grund seiner unmittelbaren und landesweiten Erfahrung sozialer Missstände Überlegungen angestellt und Handlungsperspektiven eröffnet, die zu einer Sozialethik hinführen.

Angesichts seiner Auseinandersetzung mit den Problemen und Strömungen der Neuzeit sowie der Bedeutung ethischer Fragestellungen in der modernen Theologiegeschichte und des gegenwärtigen Streites um das Verhältnis von „Heil und Wohl", also der Verkündigung des Evangeliums und der Wahrnehmung sozialer Verantwortung als Aufgabe der christlichen Kirchen, haben die Ansätze Wesleys nicht nur historische Bedeutung; sie verdienen auch systematisch-ethische und praktisch-theologische Beachtung.

Bei diesem Vorhaben stoßen wir auf zwei Eigentümlichkeiten des Lebenswerkes Wesley, die eine systematische Darstellung erschweren: zum einen hat er viele Anregungen von anderen Autoren übernommen, ihnen aber in der weiteren Reflexion und Umsetzung in praktische Arbeit ein eigenes Gepräge gegeben, so dass der Fremdanteil seiner zahlreichen Aktivitäten und seine eigene Leistung nicht immer genau voneinander abzugrenzen sind; zum anderen liegt uns seine Theologie ausschließlich in Gelegenheitsschriften (Predigten, Briefen, Traktaten, kurzen Abhandlungen, Tagebuchnotizen u. a.) vor, so dass die in ihnen enthaltenen ethischen Prinzipien jeweils erst herauszuarbeiten und vorsichtig in einen Gesamtzusammenhang einzuordnen sind.

A DIE HAUPTGEBIETE DER SOZIALEN PRAXIS WESLEYS

Wer sich einen Überblick über die erstaunliche Weite der sozialen[6] Betätigung Wesleys verschaffen will, wird sich eingehend mit den einzelnen Aktivitäten befassen müssen, um von da aus das Ganze der sozialen Verantwortung in den Blick zu bekommen. Seit den Neunzigerjahren des vergangenen Jahrhunderts hat sich vor allem in der englischsprachigen Theologie eine Flut von Titeln mit der Frage des Umgangs mit den Armen und der Armut beschäftigt[7]. Unter dieser Überschrift lässt sich ohne Zweifel nicht nur ein lebenslanges soziales Engagement Wesleys sowie eine durchgängige Forderung methodistischer Ethik abhandeln, sondern auch eine in der Gegenwart weltweit verschärfte aktuelle und strukturelle Problemlage erörtern. Dennoch ist damit nicht das Ganze des sozialen und sozialethischen Engagements abgedeckt, das die herausragende Bedeutung John Wesleys begründet.[8] Wer Wesleys sozialethisches Engagement aus der Perspektive moderner Fragestellungen, etwa der Befreiungstheologie oder der Globalisierungskritik, betrachtet, wird gewiss manches genauer sehen als frühere Autoren, jedoch nicht aus dem Blick verlieren dürfen, dass es nicht ohne seine soteriologische Grundlegung verstanden oder gewürdigt werden kann, auf der es – seit 1738 – aufbaut und sich bis zum Ende seines Lebens immer wieder neuen Herausforderungen stellt.[9]

---

6   Der Begriff „sozial" ist hier sowohl im Allgemeinen, auf gesellschaftliche Ordnungen und Gruppen bezogen, als auch im Besonderen, auf ein bestimmtes Verhalten in kritischen Situationen und dessen Konsequenzen gerichteten Sinne gebraucht. „Sprechen wir in dieser unserer Gesellschaft von Sozialethik, so wird sich unvermeidlich dieser Doppelsinn Geltung verschaffen, und mit Recht; denn nur in einer stabilen, standortgebenden, unerschütterten Gesellschaft könnte man von ‚sozial', ‚sozialen' Verhalten u. dgl. ohne das kritische und zugleich fordernde Pathos sprechen, das (spätestens seit etwa 1848 in Deutschland) aus diesem Worte hervorbricht" H. D. Wendland, Einführung in die Sozialethik, 8. Vgl. auch H. Bedford-Strohm, Art. Sozialethik, EKL[3] IV, 325-334.

7   Siehe die Titel von Jennings, Heitzenrater, Meeks u.a. im Literaturverzeichnis.

8   Ich werde deshalb meinen Versuch einer umfassenden Perspektive beibehalten; der Umfang der Darstellung der Armuts-Problematik lässt sich aus Platzgründen nicht erweitern. Dennoch war die eigene Interpretation an den Ergebnissen der laufenden Diskussion zu überprüfen und zu präzisieren.

9   Der beste Zugang zum Verständnis Wesleys unter den neueren Veröffentlichungen findet sich in Theodor Runyons Buch „Die neue Schöpfung. John Wesleys Theologie heute" (s. Literaturliste).

1 Die soziale Arbeit der Oxforder Frühmethodisten

Dem, der das Lebenswerk John Wesleys untersucht, muss bewusst bleiben, dass es fast ganz der vorrevolutionären Epoche der jüngeren europäischen Geschichte angehört. Die Wirksamkeit der Frühsozialisten begann, als die seine zu Ende ging. Die erste Phase der englischen Arbeiterbewegung, die man als solche bezeichnen kann, nahm ihren Anfang, als er gerade gestorben war[10]. Danach haben die Schärfe der Klassengegensätze und das Bewusstsein von ihrer Bedeutung sowohl für das gesellschaftliche Leben wie für die kirchliche Arbeit in einem Maße zugenommen, das geeignet ist, uns den Blick für die theologische Leistung und nachvollziehbare historische Begrenztheit Wesleys zu verstellen.

Die soziale Lage der unteren Schichten des englischen Volkes um die Mitte des 18. Jahrhunderts muss daher wenigstens mit einigen Strichen umrissen werden.

1.1 Das Elend der unteren Schichten des Volkes

Zu Beginn des 18. Jahrhunderts war die Zahl der Armen zwar nicht gering, doch in verschiedenen Gebieten Englands und je nach dem Ernteertrag des jeweiligen Jahres unterschiedlich groß. Die beachtliche Mittelklasse dieser Zeit umfasste noch die gelernten Arbeiter und die Handwerker; das änderte sich mit Beginn der (ersten) industriellen Revolution. Ein der Schönfärberei so unverdächtiger Historiker wie der Marxist Jürgen Kuczynski schreibt über die Zeit bis 1760: „Der Polarisierungsprozess, das heißt die Scheidung der Bevölkerung in eine große Masse immer ärmerer, immer elender lebender Menschen und in eine winzige Minderheit sehr reicher Menschen, steht im Vergleich zur Zeit der Industriellen Revolution noch im Anfang seiner Entwicklung."[11] Dennoch bildeten die Häusler und Armen bereits die größte Schicht des Volkes[12]. Ihre Zahl wuchs im Laufe des 18. Jahrhunderts beträchtlich. Schulische und berufliche Bildung fehlte den meisten vollständig. Sie

---

10 Thompson, The Making of the English Working Class, 194: „ ... the outstanding fact of the period between 1790 and 1830 is the formation of the ‘working class'." Vgl. Vester, Die Entstehung des Proletariats als Lernprozeß, 23 u. ö.

11 Kuczynski, Die Geschichte der Lage der Arbeiter unter dem Kapitalismus, Band 22, 240.

12 Kuczynski, a.a.O. 239; Clarkson, The Pre-Industrial Economy in England, 210: „Poverty was the pervading condition of pre-industrial England. A small minority of the population was very much wealthier than the great majority and rich even by the Standards of the twentieth Century".

lebten großenteils nicht mehr in ihren Heimatorten, sondern in neu entstehenden Industriegebieten oder den Slumdistrikten am Rande der Städte. Damit hatten sie ihr Recht auf Armenunterstützung verloren und waren für die an den traditionellen Parochialstrukturen orientierte kirchliche Fürsorge nicht erreichbar. Sie lebten als zusammengedrängte Masse in auch für damalige Begriffe katastrophalen Wohnverhältnissen ohne ärztliche Versorgung. Die hohe Sterblichkeit wurde nur durch eine noch höhere Geburtenziffer ausgeglichen[13].

Die Ursachen für die zunehmende Verelendung großer Bevölkerungsgruppen, die im 19. Jahrhundert ihren Höhepunkt erreichen sollte, lagen vor allem in der Enteignung der Landbevölkerung, der beginnenden Industrialisierung, der rigiden Haltung der staatlichen Organe und der traditionellen Einstellung der Besitzenden.

Die Enteignung der Landbevölkerung entstand durch die Einhegung von Gemeindeland, die Inbesitznahme von Brachland und die Zusammenlegung von Feldern und Höfen, für die das Parlament die gesetzlichen Voraussetzungen geschaffen hatte. Nutznießer dieser Entwicklung waren fast ausschließlich die Gutsbesitzer, die mit ihrer starken Investitionskraft und modernisierten landwirtschaftlichen Methoden[14] den nicht mehr konkurrenzfähigen Kleinlandwirten, Freisassen und Nebenerwerbsbauern ihre Existenzgrundlage nahmen. Nach 1760 hat dieser Prozess sprunghaft zugenommen und eine wachsende Zahl Arbeitsloser produziert, die die Industrielöhne niedrig hielt[15]. Diese Zahl wurde noch erhöht, als die Erfindung der Dampfmaschine und mechanischer Arbeitsgeräte für die Wollindustrie die in unzähligen häuslichen Kleinbetrieben durchgeführte Handarbeit durch Maschinenarbeit[16] ersetzte und selbstständige Handwerker wie vorher die Bauern in das unsichere Schicksal der Lohnabhängigkeit stieß.

Die öffentlichen Maßnahmen in Bezug auf die Armen waren bis ins 19. Jahrhundert[17] an der fast unveränderten Armengesetzgebung der elisabethanischen Ära ausgerichtet, die man so zusammenfassen kann: „Alle Arbeitsfähigen müssen zwangsweise beschäftigt werden, wenn sie arbeitslos angetrof-

---

13   Trevelyan, Kultur- und Sozialgeschichte Englands, 269 ff.
14   Fruchtwechselwirtschaft, Düngemittel, moderne Geräte und Maschinen.
15   Vester, Die Entstehung des Proletariats als Lernprozeß, 51 f.
16   1764 Erfindung der Spinning Jenny: 16-18 Spindeln statt einer; 1767 Spinning Throstle, für mechanischen Antrieb; 1779 Kombination von beiden: Mule; 1764 Erfindung der Dampfmaschine; seit 1785 Einsatz von Dampfkraft für Spinn- und Webmaschinen, die zunächst den Handbetrieb nur ergänzte, nach weiteren Verbesserungen allmählich ersetzte.
17   Das neue Armengesetz wurde 1834 erlassen, 1844 verbessert.

fen werden; die Jugendlichen in einer Lehre. Arbeitsbehinderte und Kranke werden auf öffentliche Kosten in Armenhäusern untergebracht, wo sie nach Möglichkeit ebenfalls arbeiten sollen; für ihre Unterbringung ebenso wie für die Unterbringung wegen Bettelei bestrafter Arbeitsfähiger in ‚Korrektionshäusern' sind die jeweiligen Geburtsorte der Betroffenen zuständig, die auch die Kosten dieser ‚Armenpflege' aufzubringen haben.“[18] Dass dieses Gesetz die aus der Armut entstehenden sozialen Probleme des 18. Jahrhunderts in immer höherem Maße ungelöst ließ, lag nicht nur an der Lustlosigkeit der zuständigen Behörden[19], sondern auch an der Pflicht der Armen, in ihrem Geburtsort um Hilfe nachzusuchen[20], an der infolge der wirtschaftlichen Veränderungen notwendig sich vollziehenden Bevölkerungsbewegung[21] und der traditionellen Einstellung vieler Engländer, nach der Armut selbst verschuldet und als ein Stigma göttlicher Strafe zu tragen sei[22]. Eine feste Wertskala mit religiöser Begründung stützte den statischen Charakter einer segmentierten Ge-

---

18 Kuczynski, a.a.O. 109.
19 „Die Fragen, die mit Armut und Arbeitslosigkeit verknüpft waren, betrafen ihrem Wesen nach den ganzen Staat oder mindestens die größeren Verwaltungsgebiete, doch wurden sie von jedem kleinen Kirchspiel selbstständig, mit feindseligen Seitenblicken auf andere Gemeinden, bearbeitet. Es blieb der Unwissenheit der Landbewohner und der wechselseitigen Eifersucht der Pfarrgemeinden überlassen, die schwerwiegenden Probleme nach eigenem Gutdünken zu meistern, und dabei galt es als die Hauptsorge, jedermann, der möglicherweise einmal der Armenunterstützung zur Last fallen könnte, aus dem Gemeindegebiet zu verweisen ...“ Trevelyan, a.a.O. 341.
20 Das Law of Settlement, nach dem jeder englische Bürger nur in der Gemeinde Anspruch auf Armenhilfe hatte, in der er geboren war, hinderte viele Verarmte, sich dort nach besseren Lebensbedingungen umzusehen und Arbeit aufzunehmen, wo das eher möglich war, etwa in den neu entstehenden Zentren industrieller Expansion. „Dergestalt verfielen neun Zehntel des englischen Volks, auch wenn sie gutartigen Charakters waren oder sogar eine einträgliche Arbeit verrichteten, der Gefahr der Ausweisung aus jedem Kirchspiel außer der Pfarre ihres Geburtsortes, und zwar mit allen Unannehmlichkeiten, die Verhaftung und Schande mit sich zu bringen pflegen.“ Trevelyan, a.a.O. 273. Cf. Warner, The Wesleyan Movement, 9; Kluxen, Geschichte Englands, 407.
21 „... the impending industrial revolution changed the population statistics greatly, and during the Century, towns like Birmingham and Sheffield probably increased their population sevenfold and Liverpool tenfold.“ Whiteley, Wesleys England, 53. Genauere Zahlen über die Bevölkerungsentwicklung und -bewegung bringt Kuczynski, Die Geschichte der Lage der Arbeiter unter dem Kapitalismus, Band 23, 94 ff.
„... The Church of England was hampered by an inflexible organization in the necessary task of ministering to new concentrations of industrial workers in areas where formerly people had been scarce.“ NCMH VII, 136.
22 „Poverty was a stigma. If men fell out of the race they must be cared for: but the duty never became a pleasure.“ Edwards, John Wesley and the Eighteenth Century, 148. „The typical judgment of the day blamed the unfortunate for their own condition ... The necessity of the poor represented an accepted economic axiom.“ Warner, a.a.O. 4 f.

sellschaft. Der Egoismus der Besitzenden war so groß, dass auch die durchaus vorhandenen karitativen Aktivitäten und Spenden für die Linderung von Not oft eher als religiöse Pflichtübung, denn als wirksame Hilfe aus Einsicht in die Notwendigkeit, .eine Änderung der Lage der Armen herbeizuführen, einzuschätzen ist[23]. Die aus der Notlage resultierenden kriminellen Taten waren besser bekannt als das Elend der Armen und daher geeignet, Mitleid durch Entrüstung zu ersetzen[24]. Aber der Konservatismus war nicht auf die Kreise der Begüterten beschränkt; auch die Armen waren nicht in der Lage, ihn in Richtung einer neuen Einstellung zu Staat, Gesellschaft und Wirtschaft zu verändern, die den neuen Gegebenheiten besser angepasst gewesen wäre[25]. Wenn aber zu der Ausbeutung der Arbeitskraft, sich verbreitender Arbeitslosigkeit, unmenschlichen Arbeitsbedingungen vor allem der Bergleute, zu Frauen- und Kinderarbeit und niedrigen Löhnen noch außergewöhnlich harte Maßnahmen von Unternehmern oder Knappheit von Lebensmitteln hinzukamen, dann entstanden auch immer wieder lokale Demonstrationen, bei denen die Empörung der Menge gelegentlich zu gewalttätigen Aktionen führte. Statt aber die Übel, die solche berechtigten Proteste hervorgebracht hatten, zu beseitigen, ließen die Behörden, die in jeder Störung der öffentlichen Ordnung zugleich einen Angriff auf die traditionellen Privilegien sahen, meist Militär aufmarschieren, die Demonstration zerschlagen und die Anführer mit schweren Strafen belegen[26].

Die Haltung der Reichen in der Gesellschaft war hauptsächlich an der Vermehrung und Sicherung von Besitz und Einkommen orientiert. Weder Staat noch Kirche noch die sie tragende Gesellschaft waren trotz mancher Anstrengungen Einzelner und einiger Societies in der Lage, das immer dringender werdende Problem der Armut immer breiterer Bevölkerungsschichten

---

23 Warner, a.a.O. 4 f. 7.

24 „... there are whole families in want of every necessity of life, oppressed with hunger, cold, nakedness and filth and disease. The sufferings indeed of the poor are less known than their misdeeds; and therefore we are less apt to pity them." Diese Aussage eines Westminster-Beamten zitiert Whiteley, a.a.O. 28.

25 „The poor were not sufficiently self-conscious to organize for a common purpose. Indeed, they were even incompetent to recognize or support existing forces which would promote their own interests." Warner, a.a.O. 6.

26 Wearmouth, Methodism, 78, berichtet: „In the year 1740, foodstaffs being in meagre supply, cereals being exported, prices rising, discontent raging, the labouring classes suffered a plague of human misery; with their patience at breaking point and their behaviour surly and angry and passing into passions of violence, no amelioration came in the shape of cheaper and ampler supplies of the staff of life; instead, the authorities called out the soldiers, armed many civilians, arrested most of the ringleaders, sent several to the gallows." Weitere Berichte bei Wearmouth, a.a.O. passim; Trevelyan, a.a.O. 452 f.

als solches zu erfassen oder gar zu lösen. Ihr Grundmotiv für alle öffentlichen und privaten Maßnahmen lag in dem Willen zur Erhaltung einer überkommenen Ordnung.

1.2 Christliche Philanthropie

Die Urteile der Historiker über die kirchlichen Zustände in England zu Beginn des 18. Jahrhunderts sind ziemlich einhellig. „Die kirchlichen Feste blieben unbeachtet; tägliche Gottesdienste wurden abgeschafft; die Gotteshäuser verfielen; und das Heilige Abendmahl fand nur noch selten statt ... Bischöfe und Klerus waren träge und weltlich geworden. Sie vernachlässigten ihre geistlichen Pflichten."[27] Vor allem die neu entstehenden Siedlungsgebiete und die ausufernden Städte litten an kirchlicher Unterversorgung. Die bestehende Kirchlichkeit der anglikanischen Christen und teilweise auch der Dissenters hatte weithin nur noch die Qualität einer äußerlichen Sitte[28]. Dies gilt nicht für die Mitglieder der „religious societies", die auf Initiative von Anton Horneck und Richard Smithies gegen Ende des 17. Jahrhunderts entstanden waren. Ihre Hauptanliegen waren persönliche Gespräche in kleinen Kreisen und ein Leben nach strengen Regeln. Ihre Frömmigkeit war anglikanisch-hochkirchlich, Gebete aus dem Book of Common Prayer und regelmäßige Feiern der Kommunion bestimmten ihr religiöses Tun. Von London ausgehend, verbreitete sich diese Bewegung vor allem unter jüngeren Leuten auch in anderen Städten und nahm bald in Entsprechung zu anderen philanthropischen Bemühungen dieser Zeit auch soziale Aufgaben in Angriff: finanzielle Unterstützung von Armen, Fürsorge für Strafgefangene, Besuche bei Kranken, in Arbeitshäusern und Hospitälern[29]. Ihre Grenzen sind freilich

---

27 Nicolson, Das Zeitalter der Vernunft, 434 f.

28 „Die protestantischen Kirchen Englands und Schottlands erlebten in dem halben Jahrhundert von der Toleranzakte (1689) bis zum Einsetzen der methodistischen Erweckung (1739) eine völlige religiöse und sittliche Erschlaffung. In den zur anglikanischen Staatskirche gehörenden Schichten bestand die Kirchlichkeit nur als rein äußerliche Sitte. Im Adel herrschte vornehme Geringschätzung der Religion, im Bürgertum religiöse Gleichgültigkeit; die untersten Schichten, die Arbeiter in den Industriebezirken, waren unsagbar roh, unwissend und von allen kirchlichen Einflüssen unberührt. Nicht ganz so tief wie in der Staatskirche war der religiöse Niedergang bei den Dissenters; doch ist auch bei ihnen ein Erlahmen der religiösen Kräfte zu beobachten." Heussi, Kompendium der Kirchengeschichte, 423. Vgl. NCMH VII, 4.

29 Ausführlich berichtet Simon in seinem Buch „John Wesley and the Religious Societies" über die Aktivitäten dieser Gesellschaften. Vgl. auch Schmidt, England und der deutsche

unübersehbar: zugelassen waren nur Anglikaner, keine Dissenters; liturgische und devotionale Praktiken standen durchweg im Vordergrund; Heiligung im Verständnis einer kirchlich-asketischen Frömmigkeit war das Grundmotiv, dem auch die soziale Arbeit völlig untergeordnet wurde. Dennoch heben sie sich hell vor dem Hintergrund einer untätigen Staatskirche und einer sich den brennenden Nöten ihrer Armen fast völlig versagenden Gesellschaft ab.

Über den engen Zirkel eines lokalen Clubs sind vor allem zwei Gesellschaften hinausgewachsen: die Society for Promoting Christian Knowledge (SPCK, gegründet 1698) und die Society for the Propagation of the Gospel (SPG, gegründet 1701). Das Ziel der SPCK war es, „Schulen in London einzurichten, wo Kinder Katechismusunterricht erhielten, die normalerweise nicht von der Kirche erreicht wurden, gute Bücher für die Armen zu drucken und die Frömmigkeit in amerikanischen Plantagen vor allem durch geeignete Literatur zu fördern"[30]. Die SPG hatte vor allem die Aufgabe der kirchlichen Betreuung englischer Bürger in den Kolonien und der Missionierung von Eingeborenen.

Neben solchen institutionellen Formen der Aktivität gab es eine nicht feststellbare Anzahl von Initiativen einzelner Personen, vor allem im Einflussbereich J. Taylors und W. Laws, die sich um die Beseitigung sittlicher und sozialer Übelstände, wie um Erleichterung des Lebens der Armen bemühten. Das Gesamtbild der englischen Gesellschaft bleibt in dieser Zeit höchst spannungsvoll: einer überwiegenden Mehrheit von konservativen, nur auf ihre Privilegien bedachten Besitzbürgern und fast apathisch in Abhängigkeit und Not leidenden Armen steht eine Minderheit von Gruppen und Einzelpersonen gegenüber, die auch mit höchster Anstrengung des Elends derer nicht Herr werden können, um deren Lebensverbesserung sie sich bemühen. Die Befangenheit in überkommenen Gesellschaftsstrukturen verstellt ihnen den Blick für die Ursachen der Übel; der Charakter ihrer Frömmigkeit lässt auch den hingebungsvoll betreuten Armen oft nur das Mittel der eigenen Heiligung sein.

1.3 Die soziale Aktivität der Oxforder Früh-Methodisten

Die soziale Betätigung des „Heiligen Clubs" in Oxford, dessen Leiter John Wesley geworden war, lässt sich durchaus im Zusammenhang mit anderen re-

---

Pietismus, 209; ders., John Wesley I, 31 f.; Green, The Young Mr. Wesley, 157 f.; Loofs, Art. Methodismus, 751; Davies, Methodism, 35-37.

30   Davies, a.a.O. 36 f. Vgl. Heitzenrater, John Wesley und der frühe Methodismus, 36-45.

ligiösen Gesellschaften sehen.[31] Für den späteren Initiator der methodistischen Bewegung gewinnt dieser Kreis von Studenten dadurch seine bleibende Bedeutung, dass er hier zum ersten Mal mit der Aufforderung zu sozialer Arbeit konfrontiert wird und sie als einen unabtrennbaren, weil wesentlichen Bestandteil des christlichen Lebens erkennt.

1.3.1 Die praktische Sozialarbeit der Club-Mitglieder

Drei Theologiestudenten, unter ihnen Johns jüngerer Bruder Charles, hatten einen kleinen Kreis gebildet „zum Studium der Klassiker und des Neuen Testaments sowie zur Pflege der Frömmigkeit"[32]. Sie wollten sich gegenseitig im Studium und in ihrem Leben als Christen weiterhelfen.

John schloss sich ihnen an und wurde, als der in vieler Hinsicht Überlegene, ihr Leiter. Auch Erbauungsbücher (vor allem von Thomas von Kempen, Jeremy Taylor und William Law) wurden gelesen. An Hand von formulierten Fragen überprüften sie regelmäßig ihr persönliches Leben in Gedanken, Worten und Taten, ihre Pläne und deren Durchführung. Ausnahmslos waren sie treue Mitglieder der Anglikanischen Kirche, deren Ordnungen und Regeln sie wieder zu besserer Durchsetzung im täglichen Leben auch der anderen Studenten verhelfen wollten. Eben das aber – später auch ihre soziale Aktivität – stieß auf den teils spöttisch, teils entrüstet sich äußernden Widerstand ihrer Kommilitonen und Lehrer, von denen nur wenige Verständnis oder gar Zustimmung äußerten.

Etwa eineinhalb Jahre vor der Einführung des gemeinsamen Fastens hatten sie die Aufgabe übernommen, die einen nicht geringen Teil ihrer Zeit und ihres Geldes in Anspruch nahm: die Arbeit an verschiedenen sozialen Brennpunkten der Stadt. Wieder war es nicht John Wesley, der die Anregung dazu gab, sondern ein jüngeres Mitglied des Kreises; wieder aber war er es, der die Anregung aufnahm und ihrer Durchführung Gestalt und Nachdruck verlieh, so dass sie nicht nur seinen Weggang nach Georgia überdauerte, sondern ein Teil seiner Lebensarbeit blieb. Der Einsatz der Studenten erfolgte im Wesentlichen an vier Stellen: in den beiden Stadtgefängnissen von Oxford, bei armen Familien, im Arbeitshaus sowie in einer Schule für unterprivilegierte Kinder.

---

31 Vgl. Schmidt, John Wesley I, 87 f.; Green, The Young Mr. Wesley, 157 f.; MacArthur, The Economic Ethics of John Wesley, 112; Cameron, Methodism and Society in Historical Perspective, 35; Heitzenrater, a.a.O.

32 Curnock, J I, 6 (Einleitung). Die Frage, wer der Gründer war, ist bis heute nicht eindeutig beantwortet.

Mit der Zustimmung der zuständigen kirchlichen und staatlichen Behörden in Oxford besuchten die Wesleys und ihre Freunde regelmäßig die beiden Gefängnisse, übernahmen Verkündigung und Seelsorge an den Gefangenen, lehrten die Besserungswilligen Lesen und Schreiben, vermittelten Anwälte für bevorstehende Verhandlungen, kümmerten sich um die Familien und halfen gelegentlich durch finanzielle Unterstützung zu einem Neuanfang im beruflichen Leben.

Eine besonders gravierende Notlage entstand in den sozial schwachen Familien, in denen Mutter oder Vater erkrankten. Hatte der Studentenkreis die Fürsorge für eine solche Familie übernommen, dann wurde sie mindestens einmal wöchentlich besucht, Medikamente und Kleidungsstücke wurden beschafft, die Kinder unterrichtet und – wie die Erwachsenen – im christlichen Glauben unterwiesen. Ähnlich kümmerten sich die jungen Männer um die Bewohner des Arbeitshauses der Gemeinde. Die wirtschaftliche Basis für diese Maßnahmen bildete ein Fonds, in den Freunde und Bekannte regelmäßig oder gelegentlich Einlagen zahlten und den die jungen Männer selbst durch die Ersparnisse auffüllten, die sie durch Verzicht auf studentische Vergnügungen, auf modische Kleidung und (später) durch Fasten angesammelt hatten.

Das erstaunlichste Zeichen für die Größe der sozialen Aktivität eines so kleinen Kreises war die Schule für arme Kinder, deren Einrichtung wahrscheinlich auf John Wesley selber zurückgeht. Offensichtlich hatte er, der akademische Lehrer, am stärksten das Ungenügende empfunden, das in der nur sporadischen Unterrichtung der Kinder anlässlich der Besuche in den Familien lag. Er stellte eine Lehrerin an, bezahlte sie, inspizierte den Unterricht und die Handarbeit der Kinder und lehrte sie selbst biblische Geschichten, Gebete und christliche Glaubenswahrheiten. Jahrelang wurde so etwa 20 Kindern aus armen Familien eine Ausbildung gegeben, auf die sie sonst hätten verzichten müssen.

1.3.2 Die religiöse Motivation für die Sozialarbeit

Warum taten die jungen Männer das alles trotz des hohen Preises, den sie in Gestalt vieler Anfeindungen und persönlichen Verzichts dafür zahlen mussten?

Die authentische Auskunft darüber erhalten wir von John Wesley selber. Anlässlich der Auseinandersetzungen um den Heiligen Club hatte er für Freunde und Gegner eine Reihe von Fragen formuliert, die sich, anders als frühere Schemata, vor allem auf die karitative Tätigkeit bezogen. Einige von ihnen lauten:

„I. Ist es nicht Sache aller Menschen in allen Verhältnissen, Ihn, der umherging und Gutes tat, nachzuahmen, so gut sie es können?

Sind nicht alle Christen durch das Gebot angesprochen: ‚Solange wir Zeit haben, lasst uns allen Menschen Gutes tun?'

Werden wir nicht später umso glücklicher sein, je mehr Gutes wir jetzt tun? Können wir später überhaupt glücklich sein, wenn wir nicht nach unseren Kräften ‚die Hungernden gespeist, die Nackten bekleidet, die Kranken und Gefangenen besucht' und alle diese Aktionen einem höheren Zweck dienstbar gemacht haben, nämlich der Rettung von Seelen von dem Tod?

Ist es nicht unsere verbindliche Pflicht, immer daran zu denken, dass Er mehr für uns getan hat, als wir für Ihn tun können, und uns versichert: ‚Was ihr getan habt einem unter diesen Meinen geringsten Brüdern, das habt ihr Mir getan?' ...

III. Sollten wir nicht, entsprechend den oben genannten Erwägungen, versuchen, denen Gutes zu tun, die hungrig, nackt oder krank sind? Sollten wir nicht im besonderen, wenn wir eine bedürftige Familie kennen, ihnen ein wenig zu essen, Kleidung oder Medikamente geben, wie sie es brauchen? Sollten wir ihnen nicht, wenn sie lesen können, eine Bibel, ein Allgemeines Gebetbuch oder ein Exemplar von ‚Whole Duty of Man'[33] geben?" Nötig seien auch Anleitungen zum Verstehen dieser Literatur, zum Gebet, zum Gottesdienstbesuch sowie Beihilfe zur Bekleidung und Unterrichtung der Kinder. „Schließlich: sollten wir nicht, entsprechend den oben genannten Erwägungen, versuchen, denen Gutes zu tun, die im Gefängnis sind?"[34]

Nach diesen programmatischen Fragen scheinen die Motive vor allem gewesen zu sein: die Nachfolge Jesu und Erfüllung seiner Gebote einerseits und das Streben nach Glück durch den Einsatz für einen „höheren Zweck", die Rettung von Seelen, andererseits. Der Gehorsam einer unbestrittenen Autorität gegenüber verbindet sich mit dem Verlangen, ein für höchst erstrebenswert gehaltenes Ziel, die eigene Glückseligkeit, zu erreichen. Ähnlich klingt uns religiöser Eudämonismus aus einem Brief Wesleys vom Juli 1731 entgegen: „Ich wurde geschaffen, um glücklich zu sein: um glücklich zu sein, muss ich Gott lieben; in dem Maße, wie meine Liebe zu ihm wächst, muss auch mein Glück

---

33 Ein Erbauungsbuch von Richard Allestree, London, 1659.
34 Danach folgen entsprechend praktische Empfehlungen wie unter III: WJW 25, 339f (L I, 128 f.; cf. J I, 96 f).

wachsen."[35] Die Gestalt dieser Liebe ist vorbildlich in Jesus sichtbar geworden und im Neuen Testament überliefert. Entsprechend wird die Bibel in erster Linie als ethische Norm verstanden; Christus, die Apostel und ersten Christen sind die Vorbilder, denen es nachzueifern gilt[36]. Der gegenwärtige Lebensbereich wird als das Tätigkeitsfeld angesehen, auf dem die Christen die ihnen gegebenen Gebote sorgfältig erfüllen und dadurch ihre Glückseligkeit erreichen können.

Vor seiner Abreise nach Georgia, wo er als Diasporapfarrer und Indianermissionar arbeiten wollte, gibt Wesley als Grund für die Übernahme dieses Auftrags an: „Mein Hauptmotiv, dem alle anderen untergeordnet sind, ist die Hoffnung, meine eigene Seele zu retten."[37] Auf der anderen Seite aber darf als ein in gewisser Weise in Spannung zu diesem stehendes Motiv die Orientierung am Willen Gottes nicht außer Acht gelassen werden. Der Bitte seines Vaters, sich als sein Nachfolger um die Pfarrstelle in Epworth zu bewerben, versagt er sich mit der Begründung, dass die Ehre Gottes sein einziger Grund sei, die nur durch einen solchen Lebensvollzug optimal zu ihrem Recht komme, „durch den wir am stärksten die Heiligung in uns und in anderen fördern können"[38]. Denn die Heiligung ist der Wille Gottes, am konsequentesten erfüllt im Gehorsam dem Liebesgebot gegenüber. Gott und den Nächsten zu lieben, das ist die höchste

---

35 WJW 25, 293 (L I, 92; 19. Juli 1731).
36 Am 17. 8.1733 schrieb J. Wesley an seine Mutter: „What I do is this. When I am entrusted with a person who is first to understand and practise, and then to teach the law of Christ, I endeavour by an intermixture of reading and conversation to show him what that law is; that is, to renounce all insubordinate love of the world, and to love and obey God with all his strength." WJW 25, 354 (L I, 138).
37 „My chief motive, to which all the rest are subordinate, is the hope of saving my own soul." Brief vom 10.10.1735, WJW 25, 439 (L I, 188). Insofern bemerkt Loofs, Methodismus, RE XII, 756, m. E. völlig zu Recht über den Holy Club: „Nicht die Arbeit an anderen stand ihnen als Ziel vor Augen; ihr frommer Egoismus bestimmte sie." Der Widerspruch Schmidts, Der junge Wesley, 23, kann mich nicht ganz überzeugen, da sich durchaus noch mehr Belege für eine solche Haltung in dieser Zeit beibringen lassen. WJW 25, 399 (L I, 168): „ ... when two ways of life are proposed I should choose to begin with that part of the question, Which of these have I rational ground to believe will conduce most to my own improvement?" Freilich verliert er die Aufgabe, an der Heiligung anderer mitzuwirken, nicht aus den Augen; aber die seine steht durchweg an erster Stelle. Vgl. WJW 25, 441 (L I, 190 f.) sowie unten S. 23, Anm. 41. Dass ihnen die Liebe zu Gott und zu anderen Menschen im Grunde gefehlt hat, bekannte Wesley 1744 rückblickend in seinem „Appeal to Men of Reason und Religion", wo er die Entdeckung des rettenden Glaubens und die Erfahrung der Liebe Gottes beschreibt und hinzufügt, diese Liebe Gottes hätten sie „anderswo vergeblich gesucht". WJW 11,47 (Works VIII, 5).
38 WJW 25, 398 (L I, 167; Brief vom 10.12.1734 an seinen Vater).

Aufgabe der Christen, ohne deren Erfüllung ihnen der Weg zur „happiness" verstellt bleibt; die Liebe zu Gott aber steht an erster Stelle[39].

Die Mitglieder des Oxforder Studentenkreises außer den beiden Brüdern Wesley und George Whitefield spielt für die spätere methodistische Arbeit keine Rolle mehr. Die meisten von ihnen wurden „normale, unauffällige Geistliche"[40].

Außer der in Oxford geübten Regelmäßigkeit des persönlichen Lebens hat John Wesley auch die soziale Aktivität sein ganzes Leben hindurch beibehalten; er hat sie jedoch dadurch neu begründet, dass die Rechtfertigung allein aus Glauben die Basis für sein Leben und Wirken wurde[41]. Die Oxforder Arbeit hat ihre fortdauernde Bedeutung vor allem darin, dass sie John Wesley vor dem Abgleiten in eine mönchisch-asketische oder mystische Frömmigkeit bewahrt[42] und ihm bleibend die Aufgabe praktischer Nächstenliebe eingeprägt hat und dass das Scheitern seines angestrengten Bemühens um Heiligung in der Zeit bis zur Aldersgate-Erfahrung 1738 die Notwendigkeit einer tragfähigeren Basis sichtbar machte, als es die Werkgerechtigkeit sein konnte[43].

---

39 „The charity which our Lord requires in all his followers is the love of God and man: of God, for his own, and of man, for God's sake. Now, what is it to love God but to delight in him, to rejoice in his will, to desire continually to please him, to seek and find our happiness in him, and to thirst day and night for a fuller enjoyment of him?" Predigt in Savannah vom 20. 2.1737. WJW 4, 383 (Works VII, 495). Dies ist ein anderes Verständnis von Liebe als das von 1744 (s.o. Anm. 37). John Wesley spricht in dieser Zeit „immer nur von der Liebe zu Gott, nicht von der Liebe Gottes". Schmidt, John Wesley I, 107.

40 C. E. Vulliamy, John Wesley. 51.

41 Insofern erstaunt, was Schmidt behauptet: „Es bedurfte nur der Anwendung ins Große – und die methodistische Bewegung war da. Auch die theologische Grundlage steht in den entscheidenden Zügen fest ..." (John Wesley I, 89). Knapp und zutreffend charakterisiert Cameron den Unterschied der Motivation: „Whereas the earnest University Students undertook their regime of selfdenial and ‚social service' as steps on the way to justifying themselves in God's sight, the later Methodists undertook the same steps out of the joyous assurance that their sins were already forgiven, not of their own desert, but of God's grace. They were not the roots, but the fruits of salvation. They sprang not out of anxiety for self, but out of compassion for others and love for God." (Methodism and Society in Historical Perspective, 33.) Dieser Unterschied ist theologisch eben von entscheidender Bedeutung und wird im 2. Teil dieser Arbeit näher untersucht werden (s. u. S. 111 ff.).

42 Eine deutliche Abgrenzung gegen diese mögliche Entwicklung reflektiert Wesleys spätere bekannte Kennzeichnung des Christentums als einer „social religion", die als solche zerstört werde, wenn man sie in eine „solitary religion" verwandle. WJW 1, 533 (S I, 381 f), Predigt IV über die Bergpredigt (1747).

43 „The Oxford Society does not, in a literal sense, represent the ‚first rise of Methodism'! The formal High Church practices of the Club, with a definite emphasis upon salvation by works alone, were things entirely foreign to the spirit of the later Methodism." Vulliamy, a.a.O. 51.

Diese Basis fand John Wesley in der Entdeckung der Rechtfertigung aus Glauben als einer des Heils gewiss machenden persönlichen Erfahrung, die ihm in der Begegnung mit Luthers Theologie und den Herrnhutern zuteil wurde[44].

---

44 Schmidt, John Wesley I, 269 ff.

2 Die Armenhilfe Wesleys und der methodistischen Gemeinschaften

Die methodistische Bewegung begann als Evangelisation, als Verkündigung des Evangeliums von der rechtfertigenden Gnade Gottes vor einer entkirchlichten Hörerschaft, die sich vor allem aus den unteren Volksschichten rekrutierte. Nach etwa zwanzig Jahren solcher Tätigkeit schrieb Wesley in sein Tagebuch: „Von den Reichen und Vornehmen sind es sehr wenige, die gerufen werden. Ach, möge Gott doch ihre Zahl erhöhen! Aber ich würde mich freuen (wäre es der Wille Gottes), wenn es durch den Dienst anderer geschähe. Wenn ich wählen dürfte, würde ich (wie ich es bisher getan habe) nach wie vor den Armen das Evangelium predigen."[1]

Wesley war einer der ersten unter denen, die die Armen nicht mehr nur als Almosenempfänger und Objekte karitativer Armenpflege sahen, sondern auch die Beseitigung ihres Elends als eine genuin christliche Aufgabe herausstellten. Freilich konnte das nur innerhalb der Grenzen geschehen, die einem volkswirtschaftlichen und sozialwissenschaftlichen Laien des vorrevolutionären 18. Jahrhunderts und einem königstreuen Anglikaner von vornherein gezogen waren. Dass er dennoch in der englischen Sozialgeschichte einen herausragenden positiven Einfluss ausgeübt hat, ist heute grundsätzlich unbestritten; welcher Art dieser Einfluss war und wie Wesley ihn theologisch begründet hat, soll aus seiner eigenen praktischen Tätigkeit und seinen theoretischen Äußerungen erhoben werden.

2.1 Die praktischen Maßnahmen zur Armenhilfe

Die Maßnahmen, die Wesley – teils in Entsprechung zu anderen Gruppen wie etwa den Religious Societies, teils auf Grund eigener Entwürfe – zur Hilfe für die Armen ergriff, waren veranlasst durch die eigene Anschauung des Elends, dem er bei seinen zahlreichen Reisen und den Besuchen in Familien, Fabriken, Arbeitshäusern, Hospitälern und Gefängnissen begegnete. Diese Aktionen, die verständlicherweise in einer so jungen und noch zahlenmäßig kleinen Bewegung örtlich und zeitlich begrenzt waren, bestanden sowohl aus notlindernder Wohltätigkeit als auch aus Maßnahmen zur Selbsthilfe. Die am frühesten und weitesten unter den Methodisten verbreitete Art der Hilfeleistung für Arme war die wöchentliche *Sammlung*, die der Gruppenleiter (class leader) bei

---

1 WJW 21, 233 (J IV, 358; 17. 11.1759).

den ihm zugeordneten Mitgliedern der Gemeinschaft durchführte[2]. Die einge-
gangenen Beträge wurden nach sorgfältiger Beratung der eigens für solche Aufgaben ausgesuchten Verwalter an die Bedürftigen verteilt[3], teils in Barmitteln,
teils in Form von Kleidung, Lebensmitteln, Kohlen oder Medizin für die Kranken. In außergewöhnlichen, durch schlechte Ernten, harte Winter oder andere
unerwartete Umstände hervorgerufenen Notsituationen wurden besondere
Sammlungen veranstaltet, die spürbare Hilfe brachten, oder Wesley begab sich
gar selbst auf Bettelreisen, um möglichst allen Bedürftigen geben zu können,
was sie brauchten[4]. Um die Sammelerträge, deren Höhe nicht selten mehr als
hundert Pfund erreichte, richtig einschätzen zu können, sei darauf hingewiesen, dass Wesley in der Lage war, seinen jährlichen Lebensunterhalt mit 28
Pfund zu bestreiten[5], und dass die große Mehrzahl der Methodisten nicht zu
den Begüterten gehörte[6].

---

2   „It is the business of a Leader (1) To see each person in his class, once a week at the least, in
order to inquire how their souls prosper; to advise, reprove, comfort, or exhort, as occasion
may require. To receive what they are willing to give toward the relief of the poor ..." WJW
9, 261 (L II, 297): A Plain Account of the People Called Methodists, 1749, WJW 9, 252-280
(Works VIII, 248-268). Wesley bittet die Londoner Society, „To give weekly a penny, or
what they would afford, for the relief of the poor and sick". WJW 19, 193 (J II, 454) Eintra-
gung vom 7. 5. 1741.
3   L II, 305; J III, 300.
4   Ein Bericht soll für viele ähnliche wiedergegeben werden. Im Februar 1744 trug Wesley in
sein Tagebuch ein: „In the afternoon, many being met together, I exhorted them now, while
they had opportunity, ... to deal their bread to the hungry, to clothe the naked, and not to
hide themselves from their own flesh. And God opened their hearts, so that they contrib-
uted near fifty pounds, which I began laying out the very next hour in linen, woollen, and
shoes for them whom I knew to be diligent and yet in want." Eine zweite Sammlung er-
bringt ungefähr 30 Pfund. „But, perceiving that the whole money received would not an-
swer one-third of the expense, I determined to go round the classes and beg for the rest, till
I had gone through the whole Society". WJW 20, 10. 15 (J III, 116 f. 122). Solche Bettelwege
unternahm er noch in hohem Alter, ohne sich von Schwierigkeiten abhalten zu lassen: Siehe WJW 23, 290 (J VI, 451; 1. 10. 83); WJW 23, 340 (J VII, 42f; 4. 1. 85), und Sommer, John
Wesley und die soziale Frage, 9.
5   WJW 3, 275f (Works VII, 36; Predigt 89); Wesley spricht von sich selbst in der 3. Person.
6   Tagebuch-Eintragung vom 24. 2. 1747: „At noon I examined the little society at Tetney. I
have not seen such another in England. In the classpaper (which gives an account of the
contribution for the poor) I observed one gave eight pence, often ten pence, a week; another
thirteen, fifteen, or eighteen pence; another, sometimes one, sometimes two shillings. I
asked Micah Elmoor, the leader ... ‚How is this? Are you the richest society in all England?'
He answered ‚I suppose not. But all of us who are single persons have agreed together to
give both ourselves and *all we have* to God. And we do it gladly, whereby we are able from
time to time to entertain all the strangers that come to Tetney, who often have no food to
eat, nor any friend to give them a lodging.'" WJW 20, 159 (J III, 281).

Natürlich wusste er, dass die gelegentliche Ausstattung der Ärmsten mit den notwendigsten Lebensmitteln nicht ausreichte, um ihnen eine dauerhafte Befreiung aus der ärgsten Not zu bringen. Aber die finanziellen Mittel, die auf Grund seiner Predigten und seiner gezielten Aufrufe zur Verfügung gestellt wurden, bildeten doch die wirtschaftliche Basis für die meisten seiner sozialen Unternehmungen. Immer wieder gelang es ihm, die Gewissen der Menschen durch seine Appelle in Predigten, Gesprächen und Publikationen wachzurütteln.

Eine weitere wirksame Hilfe neben der Versorgung mit Lebensmitteln und Kleidung brachte eine andere Maßnahme, die Wesley 1746/47 in London und Bristol eingeleitet hatte: die *medizinische* Versorgung der Armen. Der hygienische Zustand vieler Unterkünfte war katastrophal, die medizinische Versorgung völlig unzureichend, die Ernährung oft schlecht und die Kenntnisse in Bezug auf Lebensweise und Krankenpflege waren minimal; dazu kam noch eine Schwächung der körperlichen Widerstandskraft durch den verbreiteten Genuss hochprozentiger und zugleich minderwertiger Spirituosen[7]. Sehr viele Arme konnten sich in Krankheitsfällen weder Medizin noch einen Arzt leisten; andere fielen Quacksalbern in die Hände[8]. Auch der regelmäßige, gut organisierte Dienst der methodistischen Krankenbesucher[9] reichte nicht aus, es bedurfte eines weitergehenden „verzweifelten" Schrittes, zu dem Wesley sich erst, nachdem alle anderen Hilfsmöglichkeiten aussichtslos erschienen, entschlossen hatte: er gab selber Medizin aus und behandelte einfache Krankheiten. In Oxford hatte er medizinische Vorlesungen gehört und vor der Abreise nach Georgia sich für den Fall vorbereitet, dass in der Kolonie kein Arzt sein würde. Jetzt versicherte er sich der Beratung durch einen Apotheker und einen erfahrenen Arzt; schwierige Fälle gab er an die Fachmediziner weiter[11]. Mit teilweise recht „modernen" Methoden und immer ohne Bezahlung konnte schon innerhalb weniger Monate einigen hundert Menschen geholfen wer-

---

7 Ausführlicher berichten darüber Hill, John Wesley among the Physicians, und Flachsmeier, John Wesley als Sozialhygieniker und Arzt.

8 Cross, Wesley and Medicine, 618. Die Todesrate in London war höher als die Geburtenrate. Das Anwachsen der Londoner Bevölkerung war zu Anfang des 18. Jahrhunderts nur auf die Einwanderung, erst von der Jahrhundertmitte an auch auf höhere Geburtenzahlen zurückzuführen. Butterfield, England in the Eighteenth Century, HMC I, 7.

9 Die Stadt (London) wurde in 23 Bezirke eingeteilt; je 2 Krankenbesucher betreuten einen Bezirk; jeder Kranke war dreimal in der Woche zu besuchen. WJW 9, 274 (L II, 306), A Plain Account; vgl. WJW 19, 193f (J II,453f; 7.5.1741).

11 WJW 9, 275 (L II, 307). Heitzenrater, John Wesley und der frühe Methodismus, 201f.

den[12]. Die meisten von ihnen gehörten nicht zu einer der methodistischen Gemeinschaften. Diese wichtige Tätigkeit kostenloser Behandlung setzte sich nicht nur innerhalb des methodistischen Wirkungsbereichs fort[13], sie war auch der Aufbruch in ein noch unbetretenes Gebiet medizinischer Versorgung breiter Bevölkerungsschichten. Wesley gilt als Pionier der freien „Dispensaries" (Apotheken/Polikliniken) in England[14]. Außerdem hat er mit seinem Handbuch „Primitive Physic" (Einfache Heilkunde, 1747), von dem 1828 die 32. Auflage erschien[15], vielen eine Möglichkeit zur Selbsthilfe in den Problemen richtiger Ernährung, Hygiene, Krankheitsbehandlung und Krankenpflege gegeben.

Zwei weitere Maßnahmen waren noch mehr dazu geeignet, armen Zeitgenossen einen Anreiz zu eigener Initiative bei der Befreiung aus drückender Not zu vermitteln und unüberwindlich scheinende Hindernisse auszuräumen: die *Leihkasse* und die *Arbeitsbeschaffung*. Aus dem „lending-stock", dessen Grundkapital Wesley aus Spenden zusammengetragen hatte, konnten für die Zeit eines Vierteljahrs zinslose Kleinkredite gewährt werden, deren Höhe zuerst zwanzig Schilling betrug, später aber auf fünf Pfund angehoben wurde[16]. Innerhalb eines Jahres, so berichtet Wesley, konnte mit dem geringen Anfangsbestand von knapp 30 Pfund über 250 Menschen geholfen werden, denen auf diese Weise der Weg zum Wucherzinsen fordernden Pfandleiher und damit in noch größere Not erspart blieb[17]. 1767 hatte sich der Fonds auf 120 Pfund erhöht; die Zahl der Darlehensnehmer war um ein Vielfaches gewachsen; die Finanzgeschäfte, aus denen Wesley selbstverständlich keinen Gewinn zog, wurden von Anfang an von Verwaltern abgewickelt.

---

12 Am 6. Juni 1747 notiert Wesley über die behandelten Kranken: „I found there had been about six hundred in about six months. More than three hundred of these came twice or thrice, and we saw no more of them. About twenty of those who had constantly attended did not seem to be either better or worse. Above two hundred were sensibly better, and fifty-one thoroughly cured. The entire expense, from the beginning till this time, was about thirty pounds." WJW 20, 177 (J III, 301).

13 1748: „We continued this ever since, and by the blessing of God with more and more success." WJW 9, 276 (L II, 308). 9.11.1756: „Two or three years after, our patients were so numerous that we were obliged to divide them." Wesley hatte einen Elektrisierapparat eingesetzt. WJW 21, 81 (J IV, 190 f). In Irland, 14. 6. 1773: „I preached in the evening at Lisburn. All the time I could spare here was taken up by poor patients." WJW 23, 376f (J V, 513).

14 Cross, Wesley and Medicine, 613.

15 Sommer, John Wesley und die soziale Frage, 10.

16 WJW 9, 279 (L II, 309 f.). In einer späteren Ausgabe dieses Berichts (1772) fügt er hinzu: „We now lend any sum not exceeding five pounds." (WJW 9, 279, Anm. e)

17 WJW 20, 125 (J III, 246).

Wichtiger noch als die Beschaffung von Darlehen war die *Arbeitsvermittlung*, für die Wesley sich immer wieder einsetzte, da er die Arbeitslosigkeit als einen der Hauptfaktoren für die verbreitete Armut erkannt hatte. Weil es ihm häufig nicht gelungen war, Arbeitslose an Firmen zu vermitteln, sorgte er, so gut er dazu in der Lage war, für die Einrichtung von Arbeitsprojekten, deren erstes in dem neu errichteten Londoner Versammlungshaus, einer ehemaligen Kanonengießerei, durchgeführt wurde: im Winterhalbjahr wurden zunächst zwölf Personen mit Baumwollverarbeitung, später zusätzlich auch Frauen mit Stricken beschäftigt[18]. Wie vielen dadurch geholfen wurde, ist nicht bekannt, ebenso wenig, wie lange dieses Projekt weitergeführt wurde. Wesley hatte seinetwegen öffentliche Verdächtigungen und Verleumdungen auf sich nehmen müssen[19].

Der wichtigste Beitrag Wesleys zur Verbesserung der Lebensqualität der armen Schichten des Volkes lag aber weder in diesen Einzelprojekten, auch wenn sie exemplarisch wirkten und manchem aus akuter Not herausgeholfen haben, noch in den umfassenden Anstrengungen zur Bildungsarbeit für Kinder und Erwachsene, über die im übernächsten Kapitel ausführlicher berichtet werden soll, sondern vielmehr in der Bewusstseinsveränderung, die der inzwischen berühmt-berüchtigte Prediger sowohl bei den betroffenen Armen selbst als auch bei den übrigen Schichten des englischen Volkes herbeizuführen begann.

2.2   Die veränderte Einstellung zu den Armen

Eines der Haupthindernisse, die einer dauerhaften Verbesserung der sozialen Lage entgegenstanden, lag in der oben geschilderten Anschauung von der Armut als einem selbstverschuldeten Schicksal bzw. einem Stigma göttlicher Strafe, die die Not materieller Bedürftigkeit noch durch gesellschaftliche Diskriminierung und Isolation verschlimmerte. Diese Haltung war so fest in der überlieferten und religiös überhöhten Auffassung verankert, dass weder die an der Konservierung bestehender Ordnungen interessierten Besitzbürger noch die in ihrer misslichen Lage apathisch verharrenden Armen die Notwendigkeit oder Möglichkeit einer grundlegenden Änderung der sozialen

---

18 WJW 19, 173.193f (J II, 403f. 454; Nov. 1740 und Mai 1741). Zeitweilig war auch eine Armenküche dort eingerichtet. Simon, Master-Builder, 132.
19 Wearmouth, a.a.O. 139; North, Early Methodist Philanthropy, 68; Tyerman, Wesley I, 357. Stets fanden Wesley und seine Freunde größere Genugtuung im praktischen Christentum, das sie zu den Armen und den Leidenden brachte, als in theoretischen Disputen.

Strukturen in den Blick bekamen. Auch John Wesley hat zunächst nicht daran gedacht, jedoch durch seine Wirksamkeit *eine* der Voraussetzungen dafür geschaffen, dass die Schärfe der Klassengegensätze in England nicht das Maß erreichte, das in anderen Ländern zu Revolutionen führte[20], und dass – teilweise schon zu seinen Lebzeiten, teilweise bald nach seinem Tode – für eine Verbesserung der sozialen Lage dringend notwendige Reformen in Angriff genommen wurden.

Welche Voraussetzungen waren es nun, die Wesley instand setzten, sich von den zu seiner Zeit als gültig betrachteten Einstellungen zu lösen und zunächst in den methodistischen Gemeinschaften, dann aber auch in anderen gesellschaftlichen Gruppen eine *neue Haltung den sozial Benachteiligten gegenüber* zu wecken?

2.2.1 Die Analyse der Ursachen der Armut

Wesleys sozialer Impetus entsprang wesentlich einer genauen Kenntnis der sozialen Lage seiner armen Mitbürger und ihrer inneren Voraussetzungen. Im Unterschied zu den damaligen Gepflogenheiten der Wohltätigkeit, die sich zur Übermittlung der Gaben an die Empfänger bestimmter dafür eingesetzter Personen oder Institutionen bediente, legte er äußersten Wert auf den persönlichen Kontakt mit denen, die Hilfe brauchten. Er wollte mit eigenen Augen sehen, wessen sie bedurften[21], und verlangte ebenso von den in der Sozialarbeit seiner Gemeinschaft Tätigen, den Armen Hilfe nicht zu schicken,

---

20 Die von den Historikern Lecky und Halévy vertretene These, der Methodismus habe England vor einer Revolution, ähnlich der Französischen, bewahrt, lässt sich freilich nicht in ausreichendem Maße stützen, auch wenn sie oft wiederholt wurde. Der schärfste Widerspruch gegen sie kommt aus der Feder eines der besten Kenner Wesleys: „Now this contention I believe to be wrong. Had Wesley never lived, there would have been no revolution in England similar to that in France." (Edwards, This Methodism, 35) Aber auch das ist nur eine – vielleicht besser begründbare – Vermutung.
Eine ausführliche Diskussion dieser spekulativen Annahme scheint mir weder sinnvoll noch notwendig zu sein. Die Entwicklung des Parlamentarismus und der Gewerkschaftsbewegung sowie die relativ kleine Zahl der Methodisten in der englischen Gesamtbevölkerung lassen eine Aussage über den Einfluss Wesleys und seiner Gemeinschaften nur in eingeschränkter Form zu. Zur Diskussion der Lecky-These: Halévy, The Birth of Methodism in England (mit der Einführung von B. Semmel); Thompson, The Making of the English Working Class; Edwards, Did Methodism Prevent a Revolution in England, in: This Methodism, 35 -50; ders., John Wesley, in: HMC I, 59 f.
21 WJW 23, 343 (J VII, 51 ; 13.2.1785).

sondern zu bringen[22]. Zu groß erschien ihm die Kluft zwischen den gesellschaftlichen Schichten, als dass die Reicheren überhaupt noch wussten, wie ernst die tatsächliche Lage der Armen bereits war, und dass die Wohltätigkeit, mit der sich viele ihrer sozialen Verpflichtung entledigten, eher dazu geeignet war, die Zustände zu perpetuieren, die sie doch eigentlich beseitigen sollte.[23] Viele, so Wesley, weichen bewusst den Möglichkeiten einer besseren Information aus. „Und dann bringen sie ihre absichtliche Unwissenheit als Entschuldigung für ihre Hartherzigkeit vor."[24] Sie wachen in vielen Fällen noch nicht einmal darüber, ob mit den von ihnen für karitative Zwecke gespendeten Geldern und Sachen nicht – wie häufig geschehen – Missbrauch getrieben und den Ärmsten auch noch dieses Wenige zum Teil vorenthalten wird[25]. Hartherzigkeit und Unwissenheit sind die beiden „inneren" Ursachen für die Entstehung und Fortdauer der sozialen Missstände im englischen Volk; sollen diese verringert und schließlich beseitigt werden, dann sind *Aufklärung* über ihre Ursachen, aber vor allem die Fähigkeit zum *Mitleiden* („compassion")[26], die aus der Nächstenliebe erwächst, notwendig – das eine nicht ohne das andere; für beide hat Wesley sich mit Entschlossenheit eingesetzt.

Armut hat, so Wesley, weder in einem unerforschlichen Willensentschluss Gottes noch in der Unwürdigkeit der von ihr Betroffenen ihren wirklichen Grund; sie lässt sich auf deutlich erkennbare Ursachen zurückführen. In einer häufig gehaltenen Predigt[27] macht Wesley seinen Hörern anschaulich klar, was es bedeutet, mit einem Minimallohn eine Familie zu versorgen. Sie essen ihr Brot nicht nur im Schweiße ihres Angesichts, sondern sie haben es oft nicht einmal. „Ist es nicht noch schlimmer, wenn einer nach harter Tagesarbeit in eine arme, kalte, schmutzige und unbehagliche Behausung zurückkommt und dort noch nicht einmal die Nahrung findet, die er braucht, um seine verbrauchten Kräfte wieder herzustellen? ... Ist es nicht schlimm, Tag für Tag Brot zu suchen und keins zu finden? Vielleicht den Trost bei fünf bis sechs Kindern zu finden, die nach dem schreien, was er ihnen nicht geben

---

22 WJW 21, 290 (J IV, 422; 24.12.1760); WJW 3, 387f (Works VII, 118 f.; Predigt On Visiting the Sick, 1786).
23 Vgl. Knudson, The Principles of Christian Ethics, 268.
24 WJW 3, 388 (Predigt 98: On Visiting the Sick, I.3).
25 WJW 11, 236 (A Farther Appeal II. 23).
26 WJW 11, 52 (An Earnest Appeal 21).
27 WJW 2, 222-235; Lp 901-915 (Predigt 47: Heaviness Through Manifold Temptations, 1760, Text: 1 Petr 1,6).

kann!"[28] Keineswegs könne darum die angebliche Faulheit vieler Armer als eine Hauptursache ihrer Not angesehen werden. Vielmehr seien gerade die, die vielen als faul erscheinen, die auf Grund von Schwäche und Krankheit oder wegen des Überangebots an Arbeitskräften keine Arbeitsstelle finden, noch hilfloser der Verelendung ausgeliefert als die, die wenigstens noch etwas verdienen. Den verbreiteten Einwand: „Sie sind nur arm, weil sie faul sind", bezeichnet Wesley als „boshaft und teuflisch falsch" und fügt hinzu: „Wenn Sie das mit eigenen Augen gesehen hätten (sc. was ich gesehen habe), könnten Sie dann noch Geld für Schmuck und Überflüssiges ausgeben?"[29] Seine eigenen Beobachtungen seit der Zeit des Oxforder Holy Club haben Vorurteile solcher Art mehr und mehr als das erscheinen lassen, was sie sind, und Wesley instand gesetzt, sich ein eigenes begründetes Urteil zu bilden, eine wichtige Voraussetzung für jedes konkrete ethische Handeln und Denken. Arbeitslosigkeit war in der Mehrzahl der Fälle eben unverschuldet[30]. Deshalb durfte den Betroffenen nicht als Verschulden angelastet werden, was seine Ursache in anderen Faktoren hatte. Deshalb – und das ist die Konsequenz, die der Erkenntnis der Ursachen erst ihren besonderen ethischen Impetus verleiht – musste ihnen geholfen werden. Zu dieser Hilfe haben Wesley selbst und die Methodisten sich verpflichtet gefühlt.

Doch informierte Wesley seine Hörer und Leser nicht nur über diese unmittelbaren Ursachen der Armut, sondern ging aus gegebenem Anlass auch auf andere wirtschaftliche Fragen ein. Dafür ist seine 1772 verfasste Kampfschrift „Über die gegenwärtige Lebensmittelknappheit" ein hervorragendes Beispiel[31]. Es ist im Zusammenhang unserer ethischen Fragestellung nicht von Belang, ob der Theologe überzeugende ökonomische Argumente ins Feld zu führen weiß, sondern dies: dass er sich bemüht, mit den ihm zur Verfügung stehenden volkswirtschaftlichen Kenntnissen und auf Grund eigener Beobachtungen empirisch erforschbare und nachprüfbare Ursachen der allgemeinen Armut zu erheben.

Dieser Frageansatz, der bisherige Lösungen als unzureichend oder wirkungslos erscheinen lässt und den sozialen Missständen auf den Grund zu

---

28 WJW 2, 228 (Heaviness etc. III.3).
29 WJW 20, 445 (J IV, 52; Feb. 1753).
30 WJW 19, 193 (J II, 453; 7. Mai 1741); WJW 22,352 (J V, 488; 3. Nov. 1772).
31 Thoughts on the Present Scarcity of Provisions, 9. Dez. 1772, revidiert und erweitert am 20. Jan. 1773; Works XI, 53-59. – Vgl. zu dieser Schrift u.a. Sommer, John Wesley und die soziale Frage; MacArthur, The Economic Ethics of John Wesley, 110f u. passim; Madron, Some Economic Aspects of John Wesley's Thought Revisited, vor allem 39f.; Wearmouth, 210; Runyon, Schöpfung, 2001-2005.

gehen versucht, indem er zugleich überkommene Ordnungsvorstellungen korrigiert, veränderte die Grundeinstellung zu den Armen, so dass eine Lösung der sozialen Frage überhaupt erst in den Bereich des Möglichen rückte. Dass es Wesley und seinen Freunden dabei nur teilweise gelungen ist, die Grenzen rein karitativer Hilfe zu überschreiten, ist nicht verwunderlich, weil zum einen seine konservative Grundeinstellung ihn nur schrittweise vorwärts gehen ließ und zum anderen die geringen personellen und finanziellen Kräfte, die ihnen zur Verfügung standen, eine umfassende Verwirklichung seiner Verbesserungsvorschläge von vornherein einschränkten. Aber er sah die Übelstände, prangerte sie an[32], trug so zur Veränderung des Bewusstseins der Öffentlichkeit bei und begann selbst mit einer Reihe von Hilfsmaßnahmen, die seine Verkündigung beglaubigten.

2.2.2 Die Betätigung uneingeschränkter Nächstenliebe

Dass der frühe Methodismus trotz vieler Behinderungen erstaunliche soziale Leistungen hervorbrachte, ist nicht nur auf Wesleys nüchterne Erforschung der Ursachen sozialer Ungerechtigkeit, sondern vor allem auf seine Verkündigung von der Liebe Gottes zu allen Menschen zurückzuführen, die dieser Erweckungsbewegung ihren großen diakonischen Impetus verlieh. Wahres Christentum besteht nach Wesley nicht in einem formalen, leblosen „Glauben", wie er ihn zu seiner Zeit so oft beobachten konnte, sondern „in der Liebe zu *Gott* und *allen Menschen*"[33]. Wie bei wenigen anderen christlichen Theologen ist hier das „Doppelgebot der Liebe" Ausgangsbasis und Angelpunkt der Ethik wie des ganzen christlichen Lebens: „*Gott lieben* mit unserem ganzen Herzen, mit (unserer ganzen) Seele und Kraft als den, der uns zuerst geliebt hat, als die Quelle alles Guten, das wir empfangen haben, und alles dessen, das zu genießen wir jemals hoffen; und jede Seele lieben, die Gott geschaffen hat, *jeden Menschen* auf Erden, wie unsere eigene Seele" – das ist der Inhalt der „better religion" und zugleich „das unfehlbare Heilmittel für alle Übel einer zerrütteten Welt"[34].

Alle Menschen haben eine Seele, die gerettet werden muss[35], eine Seele, für die Christus starb[36]. Darin liegt der unverlierbare Wert aller Menschen – be-

---

32 Bett, The Spirit of Methodism, 143: „Wesley, at any rate, was always ready to denounce social injustice wherever he saw it."
33 WJW 11, 45 (An Earnest Appeal, 1744).
34 Ebd.
35 WJW 2, 514 (Predigt 65: The Duty of Reproving our Neighbour, II.2).
36 WJW 2, 315 (S II, 497; Predigt 52: The Reformation of Manners, III.8).

sonders aber der Armen, die sonst nichts oder wenig Wertvolles ihr eigen nennen – dass sie mit dem Blut Christi erkauft sind[37]. Gerade die unteren Schichten des Volkes sollen etwas von der Liebe Gottes spüren, die sich ihnen zuwendet, weil sie sich um die Geringsten kümmert. Diese Liebe bildet jetzt nicht nur eine neue Basis für die methodistische Armenhilfe[38], sie stellt auch den Inbegriff der von Wesley neben der Rechtfertigung allein aus Glauben so stark betonten Heiligung dar, die in ihrem Kern nichts anderes als Liebe ist[39].

Neben der Herleitung der Nächstenliebe aus den Lehren von Gott, der Schöpfung und der Erlösung spielt gelegentlich noch ein anderes Argument eine Rolle, das allerdings dem Gedanken, dass Liebe nur auf Versöhnung gründet und sich darum nur im Leben des erneuerten Menschen als wirksam erweisen kann, untergeordnet bleibt[40]: Die Nächstenliebe ist von *Gott geboten*. Dem, der in der Verbindung mit Gott lebt, ist „dies Gebot in sein Herz geschrieben, dass der, der Gott liebt, auch seinen Bruder liebe"[41]. Der „Meister lehrt mich, alle Menschen zu lieben"[42]. Für dieses Verhalten ist Jesus uns zum Vorbild geworden[43], es entspringt der Gesinnung Christi[44]; die frühe Christenheit hat ebenfalls danach gehandelt[45]. Wesley fügt so der inneren Nötigung durch die im Glauben vermittelte Liebe Gottes die äußere des göttlichen Gebotes hinzu, das durch Jesus und die ersten Christen beispielhaft erfüllt wurde.

---

37 L VI, 208 f (26. Feb. 1776).

38 Die Heiligung ist nicht mehr der Rechtfertigung noch die Liebe dem Glauben vorgeordnet, wie Wesley im Anschluss an Law vor 1738 meinte, sondern die Liebe ist die Frucht des Glaubens, den Gott schenkt und aus dem wir gerechtfertigt werden. Vgl. Lindström, Wesley und die Heiligung, 43 f., und Williams, Die Theologie John Wesleys, 62 u. 71.

39 Carter, Das Erbe Johannes Wesleys, 213 ff.; Lindström, a.a.O. 115 ff. Dass mit dieser Konzeption der Liebe als Frucht des Glaubens und in notwendiger Ausrichtung auf den Nächsten sowohl reformatorische Einsichten neu zur Geltung kommen, als auch mystische Auffassungen, die Wesley vor allem über Law beeinflussten, korrigiert wurden, kann hier nur erwähnt, nicht aber näher erläutert werden. Dafür weisen wir vor allem auf die entsprechenden Abschnitte bei Lindström (117 ff.), Williams (71 ff.), Schmidt (John Wesley I, 218 ff.) und Lang (281 ff.) und das VIII. Kapitel dieses Buches hin.

40 Über den „tertius usus legis" bei Wesley wird im VIII. Kapitel noch etwas zu sagen sein.

41 Works VIII, 343 (The Character of a Methodist, 9).

42 WJW 3, 425 (Works VII, 145; Predigt 100: On Pleasing All Men, II.5). Dasselbe könne man aus dem Gleichnis vom barmherzigen Samariter lernen. Works X, 156 (Popery Calmly Considered, 10).

43 WJW 1, 164 (S I, 97; Predigt 4: Scriptural Christianity I.9).

44 WJW 165 (S I, 97; Predigt 4: Scriptural Christianity I.10).

45 Ebd. Ausführlicher über die Liebe als Basis und Maßstab der Ethik: u. S. 122 ff.

2.3 Die methodistischen Gemeinschaften als soziale Bewährungsfelder

Die Verkündigung von der Liebe Gottes zu allen Menschen und die Forderung uneingeschränkter Nächstenliebe weckten nun nicht nur die Verantwortung für die Not leidenden Zeitgenossen, sie führten nicht nur zu einer Reihe unmittelbarer Maßnahmen der Hilfeleistung, sondern gaben auch den methodistischen Gemeinschaften eine Struktur sozialer Beziehungen, in der der gesellschaftlich Geächtete neue menschliche Würde erhielt. Die Regeln für den Umgang mit anderen – seien es Hilfeempfänger innerhalb oder außerhalb der Gemeinschaft, seien es einfache Mitglieder, Gruppenleiter (classleaders) oder Prediger – basierte konsequent auf der grundsätzlichen Gleichwertigkeit aller Menschen, die negativ mit der totalen Verderbtheit der menschlichen Natur[46] und positiv mit der universalen Liebe Gottes zu seinen Kindern begründet wird[47] Auch dem Verderbtesten und Verkommensten, dem Armen und Ausgestoßenen gegenüber, der um seines Schöpfers und Erlösers willen geliebt wird, gilt es, Mitleid und Höflichkeit zu zeigen. Ihr Leib und ihre Seele, ihr zeitliches und ewiges Glück sind von gleichem Wert wie das aller Menschen[48]. Es geht eben nicht nur darum, Gutes zu tun, Armen zu helfen und karitativ tätig zu sein; das wäre nicht mehr, als die „Religion der

---

46 In der Lehre von der Erbsünde sieht Wesley sogar das Schibboleth zwischen Heidentum und Christentum: „Is man by nature filled with all manner of evil? Is he void of all good? Is he wholly fallen? Is his soul totally corrupted? ... Allow this, and you are so far a Christian. Deny it, and you are but an Heathen still." WJW 2, 183f (S II, 223; Predigt 44: Original Sin, III.2).

47 Welche Anmaßung die Angehörigen der oberen Stände in dieser Verkündigung sahen, kommt mit kaum zu übertreffender Deutlichkeit in einem Brief der Herzogin von Buckingham an Lady Huntingdon zum Ausdruck: „Die Lehren der Methodisten sind sehr abstoßend und stark mit Unverschämtheit und mangelndem Respekt gegen die ihnen Überlegenen durchtränkt, denn sie bemühen sich fortwährend, alle Rangstufen auszugleichen und die Unterschiede aufzuheben. Es ist eine Ungeheuerlichkeit, wenn einem von uns gesagt wird, man habe ein ebenso sündiges Herz wie das Gesindel, das auf dem Erdboden herumkriecht. Das ist höchst ekelhaft und beleidigend."(Zitiert nach J. W. E. Sommer, John Wesley und die soziale Frage, 22.) Vgl. Lecky, A History of England, 122; Runyon, Schöpfung, 206f.

48 WJW 3, 425 (Works VII, 145; Predigt 100: On Pleasing All Men, II. 1ff); VIII, 346; VI, 300 f., „It matters not, in this respect, whether they are high or low, rich or poor, superior or inferior to you. No, nor even whether good or bad, whether they fear God or not." (A.a.O. 424, Predigt 100, II.4).

Welt" auch schon tut[49]. Es kommt vielmehr darauf an, den Mitmenschen jene Hochachtung und Wertschätzung zuteil werden zu lassen, die ihnen in gleicher Weise auf Grund der Liebe Gottes zukommt und die ihnen niemand streitig machen darf, ohne dadurch vor Gott schuldig zu werden. In den Regeln für die Verwalter heißt es darum u. a.: „Wenn ihr den Armen nicht helfen könnt, dann betrübt sie nicht. Gebt ihnen freundliche Worte, wenn nichts anderes (möglich ist); enthaltet euch von mürrischen Blicken ebenso wie von harten Worten. Lasst sie gerne kommen, auch wenn sie mit leeren Händen wieder gehen sollten. Versetzt euch selbst in die Lage jedes armen Menschen und behandelt ihn so, wie ihr wollt, dass Gott euch behandelte."[50] Aus dieser Haltung und dem vielfachen Kontakt miteinander entsteht die – wie Wesley sie nennt – „Christian fellowship", die christliche Bruderschaft, die Bereitschaft zur Übernahme der Lasten anderer, die Solidarität mit allen, die sich der Gemeinschaft anschließen oder die ihre Unterstützung brauchen[51]. Armut war kein Hindernis dafür, Glied der Gemeinschaft zu werden oder irgendeine führende Stellung in ihr einzunehmen; auch Frauen wurden von Leitungsaufgaben nicht ausgeschlossen. Die Mitgliedskarte sicherte den Wanderarbeitern Aufnahme und Unterstützung in methodistischen Gemeinschaften, wo immer sie sie antrafen[52]. Auf der anderen Seite nahmen Wesley und die anderen Prediger, wenn sie in London waren, an den Mahlzeiten des Armenhauses teil[53]. Diese gegenseitige Anteilnahme, die aus dem Almosenwesen der Vergangenheit einen neu begründeten und gestalteten Dienst an den sozial Schwachen entstehen ließ, schuf mit die Voraussetzungen dafür, dass die Entwicklung des Verhältnisses zwischen Kirche und Arbeiterschaft in England anders verlief als in Deutschland und anderen kontinental-europäischen

---

49 WJW 1, 496f (S I, 343f.; Predigt 22: Sermon On the Mount, Discourse II). Die „religion of the world" ist die äußere, kirchliche Frömmigkeit ohne die innere Erneuerung des Lebens durch Gott.

50 WJW 20, 176f (J III, 301 (Instructions to the Stewards, Juni 1747).Vgl. WJW 9, 272-275, A Plain Account of the People Called Methodists). Die hilfsbedürftigen Kranken werden „fellow-sufferers" genannt (On Visiting the Sick, III.2).

51 WJW 9, 261. 269f (L II, 297. 304; A Plain Account of the People Called Methodists, 1748). Auch in diesem Zusammenhang gilt Wesleys Betonung des Christentums als einer „social religion", das heißt einer Lebensweise, die essentiell auf Gemeinschaftsbezüge angewiesen ist. WJW 1, 533 (S I, 382; Predigt 24: Über die Bergpredigt IV, 5.) Cf. Schneeberger, a.a.O. 143; Walsh, HMC I, 311 f; Runyon, Schöpfung, 127f, 241.

52 WJW 9, 265 (L II, 300; A Plain Account IV, 2). Vgl. Thompson, The Making of the English Working Class, 362 f.; Edwards, John Wesley, HMC I, 62.

53 WJW 9, 277 (L II, 308; A Plain Account XIII, 2).

Staaten[54]. Der Methodismus als Gemeinschaftsbewegung vermittelte seinen Anhängern ein bei ihnen bisher nicht gekanntes Selbstwertgefühl, gab ihrem Dasein eine neue Ausrichtung und damit auch die Grundlage für einen sonst unvorstellbaren sozialen Aufstieg.

---

54   „It was due mainly to Methodism, and to the Evangelical Revival, that English Christianity began once more to recognize in theory and in practice that this world is also part of God's Kingdom, and to reassert, and perhaps to over-emphasize, that element of compassion which led to the Christian fruits of the nineteenth and twentieth centuries." Marlowe, The Puritan Tradition, 44. (Vgl. oben S. 31 ff.). Kluxen, a.a.O. 530, nennt die „evangelikale Mentalität" den „moralische(n) Kitt der englischen Gesellschaft", und sieht in ihr einen „Hauptgrund für den Unterschied zwischen der britischen Sozialgeschichte und jener anderer Völker".

3 John Wesleys Beitrag zur Wirtschaftsethik

Im Folgenden geht es vorwiegend um eine Darlegung der ethischen Wertungen und Forderungen Wesleys für den Bereich der individuellen und gesellschaftlichen Ökonomie, die er in Predigten und Abhandlungen dargelegt hat und die nicht nur für den privaten Umgang mit wirtschaftlichen Gütern seitens der Methodisten, sondern auch für die wirtschaftspolitische Entwicklung Englands Wirkungen gezeitigt haben.

3.1 Die ökonomische Verantwortung der Einzelnen

Die bekannteste Äußerung Wesleys zum Problem des Umgangs mit weltlichen Gütern ist zweifellos seine Formulierung der „drei einfachen Regeln": Erwirb, soviel du kannst; spare, soviel du kannst; gib, soviel du kannst![1] Sie sind in der Tat eine geeignete Zusammenfassung für den Umgang mit Geld und anderen Wirtschaftsgütern, wie ihn Wesley selber praktizierte und seinen Gemeinden zu vermitteln suchte, und sollen – erweitert um die Frage nach der Berufsauffassung Wesleys – das Gerüst unserer Darlegung in diesem Abschnitt bilden.

3.1.1 Das Streben nach finanziellem Gewinn

Da die methodistischen Gemeinschaften überwiegend aus wenig begüterten Mitgliedern bestanden, mag es erstaunlich scheinen, dass Wesley sich bereits relativ früh und, mangels geeigneter Vorbilder, sehr selbstständig mit den Regeln für den rechten Gebrauch des Geldes befasste. Zwei Gründe werden von ihm für dieses Unternehmen angeführt: zum einen wüssten die meisten Christen nicht, wie sie richtig mit dem Geld umgehen können, und niemand unterrichte sie darin; zum anderen sei – entgegen der Meinung vieler – das Geld ein so wertvolles, von Gott anvertrautes Gut, dass sein rechter oder schlechter Gebrauch von weitreichenden Folgen für den Handelnden selbst

---

1   Predigt 50: The Use of Money (WJW 2, 266-280; S II, 309-327; Lp 951-969), deren Text (Luk 16,9) zwischen 1741 und 1748 wenigstens 27 Mal im Predigtregister erscheint. (Outler, Einleitung zu Predigt 50, WJW 2, 263) Später wird Wesley wiederholt beklagen, dass Methodisten reich werden und den Gefahren des Reichtums erliegen, weil sie die dritte Regel nicht einhalten. Vgl. vor allem die Predigten 87 (The Danger of Riches), 108 (On Riches) und 131 (The Danger of Increasing Riches).

und seine Mitmenschen sein müsse[2]. Da es für alle, die Gott fürchten, von höchster Wichtigkeit sei zu wissen, wie dieses wertvolle Talent zu gebrauchen sei, unterziehe er sich der Aufgabe, sie darin zu unterrichten und ihnen Regeln zu geben, durch deren genaue Beachtung sie sich als getreue Verwalter des „ungerechten Mammons" bewähren könnten[3].

Die erste Regel ist eine durch die Betonung der unerlässlichen Ehrlichkeit des Erwerbs zwar eingeschränkte, im Ganzen aber sehr nachdrückliche Aufforderung zu größtmöglichem Gelderwerb. Über die ethischen Anweisungen des Neuen Testaments im Allgemeinen und seinen Predigttext (Luk 16,9) im Besondern weit hinausgehend, begnügt er sich keineswegs mit der Anweisung, mit bereits vorhandenen Geldmitteln Gutes zu tun – ein Aufruf zu freiwilligem Verzicht auf alle irdischen Güter findet sich in Wesleys Schriften nicht –, sondern fordert seine Freunde und Hörer dazu auf, soviel Geld zu erwerben, wie es ihnen auf ehrliche Weise möglich sei. Wie man dieses wertvolle Gut am wirksamsten für die Bedürftigen nutzen könne, darin wolle er sie unterrichten[4].

Fleiß und Sparsamkeit sah Wesley als unerlässliche Voraussetzungen für die Verbesserung des Lebensstandards der ärmeren Bevölkerungsschichten, in denen die fatale Kombination von Resignation und Alkoholismus weit verbreitet war. Deshalb fügt er der ersten Regel die *zweite* hinzu: Spare, soviel du kannst![5] Damit wird nicht zur Hortung des verdienten Geldes in Tresoren oder auf Sparkonten aufgefordert, sondern zum Verzicht auf alle unnötigen Ausgaben. Verschwendung und Luxus waren in Wesleys Augen ebenso verwerfliche Methoden des Umgangs mit Geld wie dessen Kumulation zugunsten eigner Machtbefriedigung oder der späteren Erben. Ausgehend von der Auffassung, dass das Geld als solches weder gut noch schlecht sei, ja, in den Händen der Kinder Gottes „zur Nahrung den Hungernden, zum Trank den Dürstenden, zur Kleidung für den Nächsten"[6] werde, gelingt es Wesley, die Mög-

---

2   WJW 2, 266-268 (S II, 312-314; Lp 956f).

3   WJW 2, 268 (S II, 314).

4   Zur Frage des Eigentums im NT vgl. Wendland, Ethik des NT, 39 ff; Schrage, Ethik des NT, 105-113. 131-133. Zum Verhältnis NT – John Wesley in dieser Frage äußert sich kurz auch Knudson, The Principles of Christian Ethics, 276, Anm. 20.

5   WJW 2, 273ff (S II, 320 ff).

6   Das vollständige Zitat lautet: „In the hands of His children, it is food for the hungry, drink for the thirsty, raiment for the naked: it gives to the traveller and the stranger where to lay his head. By it we may supply the place of an husband to the widow, and of a father to the fatherless. We may be a defence for the oppressed, a means of health to the sick, of ease to them that are in pain; it may be as eyes to the blind, as feet to the lame; yea, a lifter up from the gates of death." WJW 2, 268 (S II, 314; Lp 957).

lichkeiten zu wirksamer sozialer Hilfe, die das Geld seinen Besitzern bietet, deutlich herauszustellen und unbefangen zu seinem Erwerb aufzufordern, ohne
dem Geld einen Wert an sich zuzubilligen. Denn alles, was es an Gutem oder Bösem zu bewirken vermag, hänge von seinem Gebrauch durch Menschen ab[7].

3.1.2 Die soziale Verpflichtung des Eigentums

Die beiden ersten Regeln für den Umgang mit Geld empfangen daher ihre
Berechtigung und ihren Sinn erst und allein durch die *dritte:* „Gib, soviel du
kannst!"[8] Zwar verzichtete Wesley darauf, Einzelanweisungen im Stile einer Kasu-
istik zu erteilen[9]; doch zog er die Grenze zwischen notwendigem Besitz und be-
ginnendem Reichtum, d. h. zwischen dem, was man behalten durfte, und dem,
was weiterzugeben war, sehr klar: wer mehr als das Lebensnotwendige für sich
und seine Familie (und evtl. für die Tilgung seiner Schulden) einnahm, sollte den
darüber hinausgehenden Teil für soziale Nöte anderer abgeben[10]. Diese Grenze ist nun keinesfalls willkürlich von Wesley gezogen worden; sie hat ihre Festlegung einer in ihren Konsequenzen weitreichenden Definition des Eigentums
als eines von Gott uns zur Verwaltung übergebenen Gutes zu verdanken. Die
Menschen seien, genau genommen, nicht die Eigentümer des von ihnen Erworbenen oder ihnen Vererbten; der einzige Eigentümer aller Dinge im Himmel
und auf der Erde sei und bleibe Gott, ihr Schöpfer und Erhalter, der den Menschen als Verwaltern seines Eigentums auch Anweisungen für dessen rechten
Gebrauch und für deren Befolgung eine ewige Belohnung versprochen habe[11].
Diese Anweisungen bestimmen, dass jeder, der für sich und seine Familie das
Lebensnotwendige beschafft hat, den Überschuss anderen Bedürftigen, zuerst, „denen, die mit uns im Glauben verbunden sind" (Gal 6, 10), dann aber
auch anderen und damit Gott (zurück-)geben soll[12]. Wesley behauptet, nie-
manden gekannt zu haben, der in seiner Todesstunde bedauert hätte, soviel
gespart zu haben, wie er konnte, um so viel geben zu können, wie es irgend

---

7   So auch in der Predigt 61, The Mystery of Iniquity": Geld sei kein "evil of itself", sondern sei
      „applicable to good as well as bad purposes". WJW 2, 468 (Works VI, 265).
8   WJW 2, 277 (S II, 324).
9   In der Ausführung dieser Regeln, so schreibt er in einem Brief vom Februar 1776, „we must
      needs be directed from time to time by the unction of the Holy One". (L VI, 207; Feb 1776)
10   Predigt 87: The Danger of Riches, WJW 3, 239f (Works VII, 9 f. 356; S I, 480 f).
11   WJW 2, 277 (S II, 324).
12   WJW 2, 277f (S II, 324 f).

möglich war, und versucht, mit solchen Beispielen andere für gleiches Handeln zu gewinnen[13].

Alle aber, die die ersten beiden Regeln beachten und die dritte nicht, „werden zweimal mehr die Kinder der Hölle sein, als sie es jemals vorher waren"[14]. Am Mangel der Armen seien nämlich diejenigen schuld, die ihnen das von Gott zum Zwecke der Hilfe Anvertraute „gottlos, ungerecht und grausam" vorenthalten[15]. Wer sein Geld statt dessen mit der Behauptung, er könne es sich leisten, für teure Kleidung und anderen Luxus ausgebe, verschwende die Güter seines Herrn. Gelderwerb und Sparsamkeit haben nach Wesley Ziel und Zweck darin, das Lebensnotwendige bereitzustellen und die Nöte anderer zu lindern oder zu beseitigen, wodurch nicht nur das Gebot der Nächstenliebe erfüllt, sondern vor allem dem Willen des Eigentümers entsprochen wird[16]. Für unseren Umgang mit dem Geld (und mit allen anderen anvertrauten Gütern) werden wir vor Gott, dem Schöpfer und Richter, Rechenschaft abzulegen und Lohn oder Strafe zu empfangen haben[17].

Das Recht auf privaten Besitz ist von Wesley nirgendwo bestritten worden; er hat es aber durch seine Betonung der übergeordneten Eigentümerschaft Gottes, der die Verfügungsgewalt nur für eine begrenzte Zeit und mit klaren Anweisungen für den Gebrauch aller Güter aus der Hand gegeben hat, in einem hohen Maße relativiert und für seinen Gebrauch den Gehorsam gegenüber dem Liebesgebot Gottes gefordert[18]. Daraus erhellt nicht nur der wachsende Wohlstand, sondern auch die oft erstaunliche Opferbereitschaft methodistischer Gemeinschaften und Einzelpersonen[19].

---

13 L V, 8 (1. Apr 1766 an John Newton).

14 Predigt 122: Causes of the Inefficacy of Christianaity (1789), I.9 (WJW 4, 91; Works VII, 286).

15 Ebd. Vgl. Predigt 126: On Worldly Folly (1790), II.2-4 (WJW 4, 135f; Works VII, 308 f).

16 Wesley hat sich in seiner persönlichen Lebensführung streng an die von ihm aufgestellten Regeln gehalten. Vgl. u. a. North, Early Methodist Philanthropy, 122.

17 Predigt 131: The Danger of Increasing Riches (1790) I. 17 (WJW 4, Works VII, 362); Brief an J. Lowther vom 28. Okt. 1754 (WJW 26, 545); Predigt 50: The Use of Money III.6 (WJW 2, 279; S II, 326; Lp 968f); Predigt 51: The Good Steward (1768), I. 3 (WJW 2, 285 S II, 465; Lp 975); II.11 (WJW 2, 291; S II, 473; Lp 982) u. a.

18 Predigt: The Use of Money I.3 (WJW 2, 270; S II, 316) u.ö.

19 WJW 20, 10 (17. Feb 1744; J III, 117); WJW 20, 15 (27. Feb. 1744: J III, 122). Einige Methodisten sind durch ihre Gebefreudigkeit ärmer geworden, als sie vor ihrer Aufnahme in die Gemeinschaft waren. (A Farther Appeal, Part I, VII.6; WJW 11, 191 Works VIII, 124 f).

3.1.3 Die Gefahren des Reichtums

Das Verschenken des nicht zum Lebensunterhalt gebrauchten Geldes ist aber,
wie wir gesehen haben, nicht nur durch das Gebot des Schöpfers und die Bedürftigkeit anderer, sondern auch durch die Gefahr motiviert, die es für den
„Reichen" darstellt. Hatte Wesley in den Anfangsjahren des Methodismus
noch großen Nachdruck auf die Wichtigkeit von Fleiß und Sparsamkeit gelegt
und in vielen seiner Anhänger eine Lebenshaltung initiiert, deren Konsequenzen sich bald in wachsendem Wohlstand niederschlagen sollten, so ver-
legte er in späteren Jahren den Akzent immer mehr auf die Herausstellung
der Gefahren des Reichtums[20]. Gegen Wesleys Absicht, aber nicht ohne die
Lebenseinstellung, die er selbst gefördert hatte, wurden die Methodisten
wohlhabend, einige – sogar nach unseren Maßstäben – reich. Die Ursache
sah Wesley vor allem darin, dass die dritte Regel verdrängt oder vergessen
wurde[21]. Mit zunächst religiös motiviertem Fleiß, d. h. dem Verzicht auf „tö-
richte, wenig einträgliche Zerstreuungen" und dem Einsatz aller Kräfte für
„nützliche" Tätigkeiten[22], und religiös begründeter Sparsamkeit, d. h. dem
Verzicht auf unnötige Ausgaben[23], brachten viele es zu immer größerem Einkommen, bis sich schließlich dieses Verhalten früher oder später von seiner
ursprünglichen Motivation löste, sein eigentliches Ziel, nämlich die Schaffung
von Mitteln zu Hilfsmaßnahmen für andere, an Bedeutung verlor und der
Gelderwerb schließlich nur noch dem Zweck der eigenen Bereicherung diente. So sehr Wesley vor dem „Horten" von Geld, dem Sammeln von Reichtü-
mern gewarnt hatte[24], lösten sich doch offensichtlich immer mehr Methodisten von der wichtigsten Verpflichtung: „Gib, soviel du kannst!", so dass

---

20 So vor allem in der Predigt „The Danger of Riches", (s.o. Anm. 10). Die Behauptung von
Lang (Puritanismus und Pietismus, 329), Wesley habe in frühen Jahren das Geld verachtet
und später weniger weltflüchtig gedacht, ist daher unzutreffend. Lang bezieht sich auf eine
Stelle in Wesleys „Earnest Appeal", in der dieser sich gegen den Vorwurf persönlicher Bereicherung verteidigt. Dort heißt es: „For as to gold and silver, I count it dung and dross; I
trample it under my feet." (WJW 11, 87; Works VIII, 39). Über seine Einschätzung des Geldes als Mittel, Gutes zu tun, wodurch es erst seinen Wert erhält, ist dort nichts gesagt.

21 Predigt 122: Causes of the Inefficacy, 8 (WJW 4, 91; Works VII, 285 f).

22 Faulheit galt als Sünde und wurde in den methodistischen Gemeinschaften ebenso wenig
geduldet wie Diebstahl oder Mord. (A Farther Appeal, Part I, VII.10; WJW 11, 195f; Works
VIII, 129).

23 1746 gibt er mit seiner Gemeinde in Bristol ein Beispiel für Sparsamkeit durch den Verzicht auf Teegenuss. (WJW 20, 125; J III, 245 f.; cf. L II, 158-170, über den Genuss von
Tee).

24 Predigt 28: Sermon on the Mount VIII, 1. (WJW 1, 612f; S I, 473 f; Lp 551); Predigt 87: The
Danger of Riches II, 5-7 (WJW 3, 237-239; Works VII, 9 ff.); Predigt 50: The Use of Money
II.8 (WJW 2, 276; S II, 323 ff).

Wesley sich bitter über ihr Verhalten beklagte, das nicht nur für sie persönlich, sondern auch für die Gemeinde und die ganze Christliche Kirche von Schaden sein würde[25].

Wieder sind auch an diesem Punkt seiner sozialethischen Theorie individuelle und soziale Aspekte eng miteinander verknüpft: mit ein und demselben Verhalten, nämlich dem Anhäufen irdischen Besitzes, ohne das Entbehrliche an die Bedürftigen weiterzugeben, schadet der Mensch sich selber und anderen. Persönliches Streben nach größerem Reichtum und soziale Ungerechtigkeit sind die beiden Seiten derselben Sache.

Allerdings fordert Wesley von keinem Reichen einen völligen Verzicht auf seinen Besitz; auch der „eschatologische Vorbehalt" des Neuen Testaments, also: die Relativierung alles Irdischen durch die kommende Gottesherrschaft[26], fehlt; für kommerzielle und industrielle Investitionen darf Geld verwendet werden wie zur Befriedigung der Lebensbedürfnisse[27]. An die Reichen ergeht allerdings ein besonders nachdrücklicher Ruf Gottes, anderen zu helfen, Kranke zu besuchen und die ihnen Untergebenen zum Wohl ihrer Seelen und ihres leiblichen Ergehens zu beeinflussen[28].

Besser aber sei es, keinen Reichtum zu besitzen, der die Menschen immer der Gefahr einer kaum zu überwindenden Versuchung aussetze, die weit größer sei als diejenige, die aus der Armut resultiere[29]. Die reich *werden wollen,* verfallen in der Regel noch mehr als die bereits Reichen in unvernünftige Begierden, die Körper und Seele schaden, die Glauben, Hoffnung und Liebe zu Gott und zum Nächsten und jedes gute Wort und Werk zerstören. Ihre Versuchung sei ein unausweichlicher Zustand, dem sie aus eigener Kraft nicht zu entrinnen vermögen[30], weil sie nur allzu leicht ihr Herz daran hängen, ja, den Besitz zu ihrer Hauptfreude und ihrem Gott machen[31]. Die Erfahrung mit wohlhabend gewordenen Methodisten, die in den Mittelstand aufgestiegen waren, fasst Wesley gegen Ende seines Lebens so zusammen: „Die Methodisten werden immer zügelloser, weil sie reich werden. Obgleich viele von ihnen noch beklagenswert arm sind, wurden doch viele andere in einem Zeitraum

---

25 1789 fragte er, ob von 50.000 Methodisten wohl 500, d.h. 1%, noch die dritte Regel befolgten: Predigt 122: Causes of the Inefficacy, 8 (WJW 4, 91; Works VII, 286).

26 Siehe Wendland, Ethik des Neuen Testaments, 40.

27 Predigt 87: The Danger of Riches (1781), I.1. Reich ist, wer „ein bisschen mehr hat als genug zu essen und anzuziehen und ein Dach über dem Kopf ". (WJW 3, 230; Works VII, 3)

28 Predigt 98: On Visiting the Sick (1786) III.3 (WJW 3, 393; Works VII, 123 f).

29 Brief vom 30. Jan. 1770 (L V, 180 f.) und vom 31. Juli 1770 (L VI, 36, an Mrs. Savage).

30 Predigt 87: The Danger of Riches, I.9-11 (WJW 3, 233f; Works VII, 5 f).

31 Predigt 131: The Danger of Increasing Riches (1790) 1; I.7-9 (WJW 3, 178; 181f; Works VII, 355. 358 f).

von zwanzig, dreißig oder vierzig Jahren, zwanzig-, dreißig-, ja hundertmal reicher, als sie beim Eintritt in die Gemeinschaft waren. Und es ist eine Beobachtung, die nur wenige Ausnahmen zulässt, dass neun von zehn unter ihnen im selben Maße an Gnade abnahmen, wie sie an Reichtum zunahmen. Tatsächlich können wir, der natürlichen Tendenz des Reichtums entsprechend, gar nichts anderes erwarten."[32] Wer das Geld liebt, könne weder Gott noch seinen Nächsten lieben[33]; Geldliebe, das zeige die Geschichte von Ananias und Saphira, sei die erste Seuche gewesen, die die christliche Kirche infiziert habe[34]; ja wo immer in der Geschichte der Kirche der Reichtum zugenommen habe, da habe die Gesinnung Christi im selben Maße abgenommen[35]. Durch Gottes Gnade könne der Reiche in der Versuchung bewahrt bleiben[36], das *Streben* nach Reichtum aber führe immer ins Verderben, und nur die Befolgung der dritten Regel, die die soziale Verpflichtung des Eigentums herausstellt, könne wachsendes Einkommen in Segen verwandeln[37]; wer in reiner Absicht darum bemüht sei, so viel zu geben, wie er kann, der diene Gott, seinem Nächsten und seinem eigenen Heil[38].

3.1.4 Arbeit und Beruf

Wesley propagiert Erwerben und Sparen weder um ihrer selbst noch um anderer ökonomischer Ziele willen. Entsprechendes gilt auch für seine Einstellung zu den Methoden des Gelderwerbs, zum Beruf und zur gesellschaftlichen Stellung des Einzelnen: nichts geschieht, wenn es recht geschieht, zur Befriedigung eigener Wünsche, alles aber zur Ehre Gottes und zum Nutzen derer, die auf Hilfe und Betreuung angewiesen sind. Inwieweit daher der originäre Methodismus des 18. Jahrhunderts den „Geist des Kapitalismus" gestärkt hat, wird am Ende dieses Kapitels noch festzustellen sein.

Das vorrangige Kriterium für die Wahl eines Berufes sieht Wesley nicht in der Beachtung von Fähigkeiten und Neigungen, sondern in der Frage nach den Möglichkeiten eines gottgefälligen Dienstes. Gelderwerb und Berufstätig-

---

32 Predigt 122: Causes of the Inefficacy (1789) 16 (WJW 4, 95; Works VII, 289).
33 Predigt 87: The Danger of Riches, II.10-13 (WJW 233-235; Works VII, 10-13); A Farther Appeal , Part II, II.33 (WJW 11, 245; Works VIII, 176).
34 Predigt 61: The Mystery of Iniquity (1783) 12 (WJW 2, 456; Works VI, 256).
35 Thoughts Upon Methodism (1786) 9 (WJW 9, 529; Works XIII, 260. Ein kurzer Rückblick auf die Geschichte der methodistischen Bewegung von 1729-1786).
36 Predigt 28: Sermon on the Mount VIII, 15 (WJW 1, 621; S I, 483; Lp 560f).
37 Ebd.
38 A.a.O. 1, (WJW 1, 612; S I, 473 f.); Predigt 50, III.3 (WJW 2, 277; S II, 324 f; Lp 966f).

keit sollten als Teil der christlichen Berufung kein Selbstzweck, sondern Mittel zur Erreichung eines höheren Zwecks sein: zur Erfüllung des göttlichen Willens, der konkret im Liebesgebot besteht.

Das Liebesgebot grenzt nach Wesleys Darlegung[39] auch die Reihe der erlaubten Berufe ein: alle Erwerbsarten, durch die wir unseren Nächsten an seinem Besitz, seinem Körper oder seiner Seele Schaden zufügen, scheiden für Christen aus. Aber auch zum Schaden des eigenen Körpers und der eigenen Seele sollte der Beruf nicht gereichen, denn der Leib, so zitiert er die Bergpredigt (Mt 6,25), sei mehr als die Speise und der Körper mehr als die Kleidung[40]. Wer aber um des eigenen Gewinns willen seinem Nächsten schade, verdiene die Höllenstrafe[41]. Der Beruf ist aber noch in anderer Weise ein Bewährungsfeld christlicher Ethik: er gibt uns die Möglichkeit zu sinnvoller Gestaltung unserer Zeit, die ja ebenfalls ein uns von Gott anvertrautes Gut darstellt. Wer auf Grund seines Besitzes nicht erwerbstätig zu sein brauche, solle dennoch seine Zeit nicht „unnütz vertun", sondern sie zum Wohle anderer einsetzen[42]. Die vorhandene Freizeit solle auf jeden Fall mit „nützlichen" Tätigkeiten ausgefüllt werden; dazu können außer karitativer Arbeit auch Konversation mit ernsthaften Gesprächspartnern, Lektüre guter (auch historischer, philosophischer und belletristischer) Bücher, Musizieren oder Gartenarbeit gehören, Beschäftigungen also, von denen man annehmen kann, dass sie dem Körper und der Seele nützen[43].

Die Nächstenliebe und die Nützlichkeit des Handelns bilden zugleich Impuls und Begrenzung für die Wahl der beruflichen Tätigkeit und die Gestaltung der Freizeit. Innerhalb der erlaubten Berufe stellt Wesley keine Wertskala auf; weder die Tätigkeiten in gesellschaftlich höherer Position, noch geistliche Ämter seien Gott wohlgefälliger als einfache körperliche Arbeit[44]. Jeder solle seiner Berufung gemäß und in Verantwortung vor Gott ernsthaft leben und arbeiten; Gott werde ihn nicht nach Reichtum und Ehre, sondern nur „nach dem Maß an Glauben und Liebe, das Gott gegeben hat," beurtei-

---

39 Predigt 50: The Use of Money, I. 2-7 (WJW 2, 269-273; S II, 316-320; Lp 959-962).
40 Wesley beschäftigt sich in diesem Zusammenhang mit dem Verhältnis von körperlicher Konstitution und den Gefahren durch ungesunde Arbeitsbedingungen (a.a.O. I,2-4).
41 A.a.O. I.3.
42 Predigt 98: On Visiting the Sick (1786), III.3 (WJW 3, 393; Works VII, 123 f).
43 Eine Zusammenstellung findet sich bei Edwards, After Wesley, 137. Vgl. Predigt 89: The More Excellent Way (1787), V.5 (WJW 3, 273f; Works VII, 35).
44 Sowohl gegen den Stolz der Reichen als auch gegen einen unbegründeten Amtsstolz seiner Pfarrerkollegen hat Wesley deutliche Kritik geäußert, z. B. A Farther Appeal, Part II, II.31 (WJW 11, 243ff; W. VIII, 174 ff.); Predigt 28: Sermon on the Mount, VIII (1748), 16f (WJW 1, 622f; S I,484); Predigt 50: The Use of Money, II.1-5 (WJW 2, 273-275; S II, 321).

len[45]. Nicht Reichtum zu erlangen, ist das erstrebenswerte Ziel der Arbeit, sondern aus der Liebe zu Gott und zum Nächsten heraus zu handeln[46].

Noch eins muss schließlich erwähnt werden: So sehr zur methodistischen Lebenseinstellung auch die Genügsamkeit und das Sich-Einfügen in den eigenen Status gehörten, hat Wesley doch unmissverständlich die Wichtigkeit beruflicher Weiterbildung betont und sich entschieden gegen ein falsches Sich-Begnügen mit dem von den Vorfahren Erreichten gewendet. Verstand und Mühe sollten zum beständigen Lernen eingesetzt, Erfahrungen ausgewertet, neue Kenntnisse erworben werden, damit jeder seine Arbeit besser tun könne, als es früher möglich war[47].

Die Berufsethik Wesleys zeigt ohne Zweifel in ihren wesentlichen Aussagen eine große Ähnlichkeit mit der der Reformatoren, vor allem Luthers. Allein die Aufforderung zum größtmöglichen Erwerb und zum Sparen durch Verzicht auf nicht Lebensnotwendiges findet sich in der lutherischen Tradition nicht, wohl aber die Schätzung der Pflichterfüllung, die Gleichwertigkeit geistlicher und weltlicher Berufe, die ethische Einordnung der Arbeit in das christliche Lebenskonzept und ihre theologische Qualifizierung als Dienst für Gott und den Nächsten auf dem Fundament der in Christus geschenkten Rechtfertigung[48].

3.2 Methodismus und kapitalistischer Geist

Dass ethische Tugenden wie Fleiß, Sparsamkeit und Genügsamkeit, deren Ausübung Wesley als einen wichtigen Bestandteil christlicher Praxis betrachtet und lehrt, auch ökonomische Tugenden sind, die nicht selten zu wirtschaftlichen Erfolgen führen, ist unmittelbar einsichtig und häufig betont

---

45 Predigt 28, a.a.O.
46 Predigt 87: The Danger of Riches, II.8. 13 (WJW 3, 239.242; Works VII, 10. 12); Predigt 108. On Riches (1788), I.3 (WJW 3, 522; Works VII, 216); Predigt 28: Sermon on the Mount, VIII, 1 (WJW 1, 612; S I, 473).
47 Predigt 20: The Lord Our Righteousness (1765) II.6 (WJW 1, 456; Lp 367): "Dass wir allein aus Glauben gerechtfertigt werden, ist gesagt, um damit jedes Verdienst auf Grund unserer Werke eindeutig auszuschließen, und den Erwerb unserer Gerechtigkeit Christus allein zuschreiben." Vgl. Runyon, Schöpfung, 50-61.
48 Zu Luther u. a. Elert, Morphologie II, 495 ff.; Weber, Ethik I, 67 ff.; Lau, Art. Christentum und Beruf, RGG³ I, 1076 -1081. Die Warnung vor Geiz, die Elert als im Luthertum besonders häufig vorkommend erwähnt (a.a.O. 495), findet sich auch bei Wesley, negativ in der Warnung vor jeder Anhäufung von Gütern, positiv gewendet in der Ausrichtung des Erwerbs auf die Liebestätigkeit.

worden.[49] Dass Wesley sich in der Propagierung einer religiös motivierten, innerweltlichen Askese vor allem von puritanischer Tradition hat beeinflussen lassen, wird u. W. von niemandem bestritten. Dass die Entwicklungsgeschichte bereits des frühen Methodismus einen sozialen und ökonomischen Aufstieg vieler Familien registrierte, der weithin mit einer Säkularisierung der drei „einfachen Regeln", d. h. der Loslösung der ersten beiden von der alles entscheidenden dritten, einherging, ist jedem Kundigen vertraut. Wie sich der genuine wesleysche Methodismus[50] und der „Geist" des in der beginnenden industriellen Revolution erstarkenden „Kapitalismus" sich zueinander verhalten, ist daher eine durchaus sinnvolle Frage.

Den Zusammenhang zwischen Fleiß und Sparsamkeit einerseits und den häufig aus ihnen erwachsenden wirtschaftlichen Erfolgen andererseits hat Wesley bereits in den sechziger Jahren des 18. Jahrhunderts festgestellt, zu einer Zeit also, da der Methodismus gerade etwa 25 Jahre alt war[51]; oft genug hat er diese Entwicklung bedauert und gerügt, weil sie ans Licht brachte, wie sehr man das Ziel von Erwerbstüchtigkeit und Sparsamkeit aus dem Auge verloren hatte: alles von Gott Anvertraute, nicht Lebensnotwendige zum Wohle anderer einzusetzen[52]. Die Loslösung wirtschaftlichen Erfolgsstrebens von der ethischen Verpflichtung war also bereits eine wesentliche Verfälschung methodistischer Ethik. So hat zwar der Einfluss des Methodismus zu einer Stärkung des „kapitalistischen Geistes" (M. Weber) beigetragen, aber

---

49 Cameron, Methodism and Society in Historical Perspective, 67; Cell, The Rediscovery of John Wesley, 373. 377; Kingdon, ChH 26, 343; Marlowe, The Puritan Tradition in English Life, 45; Walsh, HMC I, 310. Der Erfolg kann als Ergebnis von Fleiß und bescheidener Lebensführung, aber auch als Segen bzw. Lohn Gottes oder als beides verstanden werden.

50 Wir müssen uns auf diesen beschränken und den Methodismus nach der Wende zum 19. Jahrhundert ausklammern. Max Weber bezieht sich, soweit er sich in seinen Untersuchungen mit methodistischen Positionen beschäftigt, in der Regel auf den späteren amerikanischen Methodismus, der sich bereits von den Ursprüngen in England entfernt und – gerade auch in Wirtschaftsfragen – andere Positionen eingenommen hatte.

51 Über einige „Brüder" notiert er im Sept. 1763 in seinem Tagebuch, dass sie in großer Gefahr seien, „as they are industrious and frugal, they must needs increase in goods. This appears already. In London, Bristol, and most other trading towns, those who are in business have increased in substance sevenfold, some of them twenty, yea, an hundredfold". (WJW 21, 428; J V, 30 f.).

52 Predigt 115: Dives and Lazarus (1788), II.1 (WJW 4, 11f; Works VII, 250); Predigt 122. Causes of the Inefficacy, 16-18 (WJW 4, 95f; Works VII, 289 f.); A Farther Appeal, Part 2, II.33 (WJW 11, 245; Works VIII, 176); Journal 11. Juli 1764 (WJW 21, 477; J V, 82 f.) u. ö.

eines „Methodismus", der sich in dieser Hinsicht bei Vielen grundsätzlich verändert hatte[53].

Zu alledem muss beachtet werden, dass Hauptaussagen der Wirtschaftsethik Wesleys dem „Geist des Kapitalismus" kontradiktorisch gegenüberstehen und, historisch gesehen, ihm entgegengewirkt haben: Neben der radikalen Sozialbindung des Eigentums sind es vor allem Forderungen nach staatlichen Eingriffen in den Wirtschaftsablauf, über die wir im nächsten Abschnitt berichten werden, und die Ablehnung einer Parallelisierung von wirtschaftlichem Erfolg und der Geltung vor Gott – wie überhaupt eine Begründung der Glaubensgewissheit aus guten Werken oder irdischem Wohlergehen im Sinne eines „Syllogismus practicus" bei Wesley fehlt[54].

Weder Armut noch Reichtum an sich sind erstrebenswert; Armut wird nicht gepriesen oder empfohlen, vor Reichtum wird sogar nachdrücklich und häufig gewarnt. Beide stellen für den Menschen eine besondere Versuchung dar, deren Gefährlichkeit nicht unterschätzt werden darf[55]. Zu Unrecht erhebt Vester den Vorwurf, der Methodismus „segnete statt des Aufstiegs die Armut und verschob das Glück in die jenseitige Zukunft"[56]. Da alles, was Menschen rechtmäßig erworben haben, als von Gott anvertrautes Gut betrachtet wird, kann Wesley auch im wirtschaftlichen Ertrag Gottes Gabe erkennen, ohne

---

53 Mir ist durchaus bewusst, dass Begriffe wie „Kapitalismus" und „Sozialismus", die ihre Prägung erst im 19. Jh. erhalten haben, hier nur mit Vorbehalt zu verwenden sind. Dennoch
konnte aus zwei Gründen nicht auf sie verzichtet werden: 1. Sie sind in Webers Beurteilung
des Methodismus enthalten und insofern jeder Auseinandersetzung mit Webers Position
vorgegeben. 2. Die innere Haltung, die Weber mit „Geist des Kapitalismus" umschreibt,
war bereits vorhanden, ehe die o. g. Begriffe genauer definiert wurden.

54 So schreibt Fischoff zutreffend über den asketischen Protestantismus, der Unternehmer fasse seinen Erfolg als „sichtbares Zeichen der Gnade Gottes" auf und der Handarbeiter leite
„mit seiner Bereitschaft zur Arbeit die Gewissheit seines religiösen Gnadenstandes aus seiner Gewissenhaftigkeit in der beruflichen Normerfüllung ab". (Die protestantische Ethik
und der Geist des Kapitalismus, 356 f.). Das trifft auf Wesley nicht zu. - Ein Beleg für die
Behauptung Webers (a.a.O. 156), Werke seien zwar nicht Realgrund, wohl aber Erkenntnisgrund des Gnadenstandes, ist bei Wesley nicht zu finden, so sehr natürlich die Notwendigkeit guter Werke als Frucht des Glaubens von ihm betont wird.
In diesem Zusammenhang soll nur erwähnt werden, dass auch Webers Interpretation der
Heiligung (S. 153 f.) und die Behauptung, die Sakramente würden zugunsten einer gefühlsmäßigen Sicherheit der Errettung entwertet (S. 155), auf Wesley nicht zutreffen. (Vgl.
Lindström, Wesley und die Heiligung, 76; Williams, Die Theologie John Wesleys, 16. 88 ff.
139 ff; Runyon, Schöpfung, 143-152).

55 „The dangers of prosperity are great; ... If poverty contracts and depresses the mind, riches
sap its fortitude, destroy its vigour, and nourish its caprices." Brief vom 30. Jan. 1770 (L V,
180).

56 Die Entstehung des Proletariats, 95.

dass das ausdrücklich betont zu werden brauchte. Der Akzent seiner Ethik liegt aber auf dem Verpflichtungscharakter alles dessen, was Menschen besitzen, und der Sorge um seine rechte Verwaltung, die Gott als der alleinige Eigentümer ihnen aufgetragen hat. Das sollte für jeden Stand gelten, denn niemand lebe völlig ohne Gaben von Gott: seinen Körper, seine Seele, seine Fähigkeiten und Begabungen. Mit dem Umfang und der Qualität der Gaben aber wachsen Verantwortung und Gefahr des Missbrauchs[57]. Darum geraten – aus unterschiedlichen Gründen – besonders die Reichen und die Armen in Versuchung, weniger die, die weder das eine noch das andere sind.[58]

Da es unter den Methodisten viele Arme gab, denen es nicht gelungen war, anderen auf dem Weg in den Wohlstand zu folgen, hätte es unter der Voraussetzung, dass „vorhandener Erfolg einen Status moralischer Gesundheit" anzeige[59], zu entsprechenden Äußerungen oder Ermahnungen Wesleys mit dem Ziel kommen müssen, den *inneren* Zustand der Armen in den Gemeinschaften zu verändern, um die Veränderung des *Äußeren* zu bewirken, nämlich die Mehrung bzw. Festigung ihres Besitzes[60]. Wesley sieht in dem Vorhandensein von (häufig unverschuldeter) Armut innerhalb und außerhalb seiner Gemeinschaften eine Aufforderung an die Reichen, diesem Übelstand durch ihre Gaben abzuhelfen, und an die Armen, es an Fleiß und Sorgfalt nicht fehlen zu lassen; einen Kausalzusammenhang in dem angedeuteten Sinne hat er jedoch nicht hergestellt[61].

Der einzige „Beitrag", den der genuine Methodismus neben anderen protestantischen Konfessionen zur Förderung des „Kapitalismus" geleistet hat, liegt in der Hochschätzung von Fleiß und Genügsamkeit und in der Betonung der Bedeutung der christlichen Ethik für alle Bereiche des Lebens. Dieser Beitrag ist jedoch nicht in jenem ethischen Egoismus begründet, der speziell dem Geist des Kapitalismus als Wirtschaftssystem eigen ist. Andererseits ist die Kluft, die zwischen ihm und Wesleys Ethik klafft, unübersehbar: un-

---

57 „Some of our brethren swiftly increase in goods. Do they increase in grace, too? " (20. Nov. 1764; WJW 21, 493; J V, 101). Vgl. Tagebuch vom 11. Juli 1764 (WJW 21, 477; J 82 f.), die schon erwähnte Predigt 115: Dives and Lazarus, und die Briefe vom 13. und 16. Nov. 1777.

58 „It is most desirable to have neither poverty nor riches; but still you cannot be without temptation unless you would go out of the world." (Brief vom 1. Dez. 1773; L VI, 56).

59 So Mac Arthur, The Economic Ethics of John Wesley, 123.

60 Eine Kennzeichnung ausbleibenden Erfolgs als Strafe Gottes oder als Zeichen der Verwerfung ist bei Wesleys Ablehnung der Prädestinationslehre ohnehin nicht zu erwarten und findet sich auch nicht in seinen Schriften.

61 Predigt 50: The Use of Money, I.7: III.2f (WJW 2, 272f. 277f; S II, 319 f. 324); Predigt 51: The Good Steward (1768) III.5f (WJW 2, 295f; S II, 477); Predigt 98: On Visiting the Sick (1786), II.6 (WJW 3, 392; Works VII, 123).

begrenztes Profitstreben dort, Warnung vor Reichtum hier, Anhäufung von Kapital dort, Ablehnung jeder Hortung von Gütern hier, Ausnutzung fremder Arbeitskräfte dort und letzte Motivation durch die Liebe zum Nächsten hier. Insofern stellt Wesleys Ethik trotz mancher Parallelen eine Ausnahme unter den protestantischen Ethiken seiner Zeit dar[62], die das Gebot der Nächstenliebe und das Vorbild einer ihren Besitz teilenden Gemeinschaft mit nüchternen Analysen der aktuellen wirtschaftlichen Lage und konkreten Vorschlägen für die Wahrnehmung öffentlicher und privater Verantwortung verbandt, schließlich auch die Angehörigen der Unterschicht dazu ermutigte und anleitete, sich zu organisieren und eigenverantwortlich zu agieren.

3.3 Die ökonomische Verantwortung der Gesellschaft

Die mit gesellschaftlichen Erschütterungen verbundenen sozialen und wirtschaftlichen Umwälzungen, in denen die kommende industrielle Revolution sich bereits ankündigte, bildeten eine der wesentlichen Voraussetzungen für die evangelistische Verkündigung und die soziale Aktivität der Methodisten unter den von wirtschaftlicher Not und sozialer Entwurzelung bedrohten oder bereits betroffenen unteren Schichten des Volkes. Wesley hat sich zunächst durch seine praktische Armenhilfe, dann aber auch durch theoretische Beschäftigung mit den ökonomischen Problemen auseinandergesetzt, um durch Beeinflussung relevanter gesellschaftlicher Gruppen und staatlicher Organe eine wirksamere Hilfe leisten zu können, als ihm und seinen Mitarbeitern dies mit ihren geringen Mitteln möglich war. Zwar hat er gelegentlich wenig Vertrauen in die Einsicht und Handlungsbereitschaft der Verantwortlichen gezeigt und eine durchgreifende Verbesserung von Gottes Eingreifen erwartet[63], sich dennoch immer wieder mit diesem Komplex beschäftigt, der damals kaum Gegenstand wissenschaftlicher Analyse war[64].

---

62 Zu einem ähnlichen Ergebnis kommt auch Madron, Some Economic Aspects of John Wesley's Thought Revisited, Methodist History IV, 38.

63 Thoughts on the Present Scarcity of Provions, II, 8 (Works XI, 59): „It seems that God must shortly arise and maintain his own cause. "

64 Adam Smith's Hauptwerk, „An Inquiry into the Nature and Causes of the Wealth of Nations", war zwar 1776 erschienen, anscheinend aber von Wesley nicht gelesen worden. Spuren eines solchen Einflusses finden sich bei ihm nicht (Cf. Kingdon, Laissez-faire, 347). Zur allgemeinen Situation in den Wirtschafts- und Sozialwissenschaften im 18. Jahrhundert heißt es im NCMH (VII, 92 f.), sie hätten sich noch in der „period of preparation rather than of positive achievement", in einer Phase des Faktensammelns befunden.

3.3.1 Wesleys Protest gegen wirtschaftliche Ungerechtigkeit

Nachdem wir uns in den ersten beiden Kapiteln bereits mit der Situation der unteren Schichten der Gesellschaft und den Hilfsmaßnahmen Wesleys beschäftigt haben, soll es uns hier darum gehen, seine publizistische Tätigkeit auf dem Felde ökonomischer Zusammenhänge zu erörtern, wobei der Schwerpunkt wieder auf der Untersuchung der ethischen Implikationen und Konsequenzen seiner Schriften, weniger auf der Erörterung der Einzelaussagen zu wirtschaftlichen Fragen, liegen soll[65].

Da es an statistischen Unterlagen fehlte, war Wesley genötigt, allerdings wegen seiner ausgedehnten Reisen auch wie kaum ein anderer in der Lage, die wirtschaftliche Lage des Landes auf Grund eigener Beobachtungen einzuschätzen[66]. Da er Armut weder für die notwendige Folge eines schuldhaften Versagens der von ihr Betroffenen noch für das unabwendbare Schicksal der von Gottes Erwählung Ausgeschlossenen[67], sondern für ein mit allen zulässigen Mitteln zu beseitigendes Übel hielt, forschte er immer wieder nach ihren Ursachen, prangerte Schuldige an, ermunterte und hielt zu fleißiger Arbeit an und versuchte, die Verantwortungsbereitschaft der Begüterten und der Einflussreichen zu wecken, um soziale Missstände aufzuheben. Eine seiner wichtigsten Schriften zu diesem Thema, die „Gedanken zur gegenwärtigen Lebensmittelknappheit"[68] war zugleich ein flammender Protest und ein Versuch, geeignete Maßnahmen zur Veränderung vorzuschlagen.[69] Hier nennt Wesley die wirtschaftlichen Übelstände, die unübersehbar zutage liegen, ihre Ursachen, wie er sie sieht, und Verbesserungen, die er für realisierbar hält. Mit erschütternden Beispielen schildert er die Not, die Tausende in den Hungertod

---

65 Eine genauere Untersuchung seiner ökonomischen Auffassungen bieten MacArthur, The Economic Ethics of John Wesley, und Kingdon, Laissez-faire or Government Control: a Problem for John Wesley.

66 Edwards, John Wesley, HMC I, 57.

67 Cameron, Methodism and Society, 41; Marlowe, The Puritan Tradition, 54.

68 Thoughts on the Present Scarcity of Provisions; 1. Fassung (Brief): L V, 349-354; 2. Fassung (Traktat): Works XI, 53-59. Diese Texte sind in der neuen Werkausgabe noch nicht zu finden.

69 Eine Übersetzung hat J. W. E. Sommer in seiner kleinen Abhandlung „John Wesley und die soziale Frage" abgedruckt (S. 25 ff.) und mit kurzen Erläuterungen versehen. Die Datierung ist allerdings zu präzisieren: Die Originalfassung der Schrift, ein Brief an den Herausgeber der „Lloyd's Evening Post", wurde bereits am 9. 12. 72 geschrieben und für die Veröffentlichung als Traktat nur geringfügig überarbeitet. Sommer, a.a.O. 25, Anm. 50, schließt aus einer Tagebucheintragung vom 8. Januar 1773, diese Schrift sei „buchstäblich mit Gebet und Fasten vorbereitet worden; sie trägt ja das Datum des 20. Januar 1773". Dieses Datum bezieht sich nur auf die Neuedition.

treibt[70]; Schritt für Schritt schreitet er die Reihe der Ursachen ab: Arbeitslosigkeit, Knappheit und hohe Preise der Lebensmittel, Verschwendung von Getreide für die Schnapsbrennerei und die Pferde der Reichen, die Monopolisierung der Güter und gleichzeitige Beseitigung der Kleinbauernbetriebe, die gestiegenen Pachtzinsen und die wegen der Staatsverschuldung sehr hohen Steuern, und fasst die Analyse schließlich so zusammen: „Tausende von Menschen gehen im ganzen Lande aus Mangel an Nahrung zugrunde. Das rührt von verschiedenen Ursachen her, vor allem aber von der Schnapsbrennerei, den Steuern und dem Luxus."[71] Diese Untersuchung, ihre Ergebnisse und Verbesserungsvorschläge sind Äußerungen eines scharf beobachtenden und krtisch-analysierenden Laien, zum Teil nicht tiefgehend genug nicht realisierbar, teilweise jedoch anregend und auch vom ökonomischen und politischen Standpunkt aus nicht uninteressant. Das ist bereits festgestellt worden[72] und braucht uns im Rahmen einer theologisch-ethischen Untersuchung nicht weiter zu beschäftigen. Wichtig aber, scheint mir, und für die Einstellung Wesleys zu sozialen Fragen typisch sind das völlige Fehlen eines pseudochristlichen Fatalismus, das Überschreiten der Begrenzung der sozialen Verantwortung auf Einzelpersonen und das Geltendmachen eines allgemeinen Anspruchs auf entsprechende Maßnahmen der Regierung, des Parlaments und wirtschaftlich einflussreicher Gruppen. Wesley hat nicht nur seine eigenen Anhänger zu Fleiß und Sparsamkeit angehalten, die vielen schließlich wirtschaftlichen Wohlstand einbrachten, sondern er hat zu einer öffentlichen Bewusstseinsbildung beigetragen, ohne die eine Veränderung der sozialen Situation wohl nicht stattgefunden hätte. Seine Argumentation beruft sich dabei nicht so sehr auf eine kirchliche Autorität, sondern auf seine – wenn auch zum Teil mit unzulänglichen Methoden durchgeführte – Analyse der ökonomischen Lage, auf Vergleiche mit historischen Parallelen und volkswirtschaftlicher Zusammenhänge[73]. Durch seine Beschäftigung mit ökonomischen Schriften hatte Wesley sich im Laufe seiner Studien sogar eine Theorie angeeignet, die „viel analytischer, viel säkularer und auf lange Sicht viel fruchtbarer war als die, die er früher vertreten hatte"[74].

---

70 L V, 350; Works XI, 53 f.
71 Works XI, 57. (Deutsche Fassung hier und im Folgenden: MM).
72 Madron, a.a.O. 44; MacArthur, a.a.O. 111; Kingdon, a.a.O. 345.
73 Wirtschaftstheoretiker, die Wesley gelesen hat, waren vor allen Josiah Tucker und James Steuart; vgl. Kingdon, a.a.O. 348 f.
74 Kingdon, a.a.O. 350.

3.3.2 Die Verantwortung gesellschaftlicher Gruppen[75]

Eigene Untersuchungen, die er 1776 auf seinen Reisen durchführte, und die Lektüre wirtschaftstheoretischer Abhandlungen[76] hatten Wesley die Erkenntnis vermittelt, dass die wirtschaftliche Entwicklung des Landes in den letzten beiden Jahrzehnten aufwärts gegangen war, dass der Handel zugenommen hatte und die Arbeitslosigkeit trotz des Bevölkerungswachstums stark zurückgegangen war, wenn sie auch nach seinen Schätzungen immer noch bei 5 % der Arbeitnehmer lag[77] und in regionalen Rezessionen zu größeren Unruhen führte[78]. Die „vollkommene bürgerliche und religiöse Freiheit, derer sich ganz England jetzt erfreut", so notierte er im Mai 1776, ermögliche das erstaunliche Handelswachstum[79]; die Freiheit könne aber auch missbraucht werden. Einen solchen Missbrauch der Freiheit sah Wesley vor allem bei vielen Reichen, die im Luxus lebten, bei Schmugglern, deren Geschäft zu jener Zeit blühte, und den Branntweinherstellern und -verkäufern gegeben; ihm suchte er durch direkte Appelle an die betreffenden Gruppen und durch Forderungen nach staatlichen Eingriffen entgegenzutreten.

Der Luxus der Reichen, die mit ihrem großen Besitz einen starken Anteil an der Volkswirtschaft besaßen, gerate nicht nur ihnen selbst zum Schaden[80], sondern trage auch indirekt zur Verteuerung der Lebensmittel und zur Arbeitslosigkeit bei[81]. Sie beraubten mit ihren unnötigen Ausgaben für kostbare Kleidung, schwelgerische Mahlzeiten, Pferderennen, Theater, Bälle, für teure Möbel und kostspielige Zerstreuungen Gott und die Armen[82]. Immer wieder finden sich in Predigten, Briefen und Publikationen Wesleys scharfe Worte gegen den Luxus als eine der Quellen weit verbreiteter Armut und scharfer sozialer Gegensätze, wobei der Verzicht auf ihn darin Sinn und Ziel hat, den Reichen von der Befriedigung verwerflicher Begierden wie Stolz, Ehrsucht

---

75 Unter dem Titel „gesellschaftliche Gruppen" sind Gruppen zusammengefasst, die auf Grund eines bestimmten Wirtschaftsverhaltens, einer großen wirtschaftlichen Macht oder einer besonderen Verantwortung für das Wirtschaftsgeschehen Einfluss auszuüben imstande waren und von Wesley angesprochen wurden, ausgenommen die offiziellen Staatsorgane, denen der nächste Abschnitt gewidmet ist.
76 Zu Charles Smith: WJW 23, 31 (J VI, 125 f; 2. Sept. 1776); WHS IV, 209; Kingdon, a.a.O. 347 ff.; eigene Recherchen: WJW 23, 11f (J VI, 104; 1. Mai 1776).
77 WJW 23, 11f (J VI, 104); WJW 23, 75; (J VI, 180; 2. Feb. 1778).
78 WJW 24, 124 (J VII, 479: 20. März 1789).
79 WJW 23, 11f (J VI, 104; 1. Mai 1776).
80 Siehe das oben (S.# 38 ff.) über die Gefahren des Reichtums Gesagte.
81 Thoughts on the Present Scarcity of Provisions (Works XI, 55 ff).
82 Predigt 88: On Dress (1786), 9 (WJW 3, 251; Works VII, 17 f); A Farther Appeal, Part 2, II. 18 (WJW 11, 230f; Works VIII, 162 f).

und Eitelkeit zu bewahren und die wirtschaftliche Lage der Armen direkt durch materielle Hilfen und indirekt durch eine Verbilligung der Grundgüter des Lebens zu verbessern. Und in der Tat konnte der Reichtum der oberen Schichten nur unter der Voraussetzung erworben und vermehrt werden, dass ein ausreichend großes Potenzial von unterbezahlten oder erwerbslosen, in stetem Mangel ihr Leben fristenden Arbeitskräften vorhanden war[83].

Wie an die in Luxus lebenden Reichen, so richtet Wesley auch an die Schmuggler dringende Appelle zur Änderung ihres Verhaltens und ergreift strenge Maßnahmen, um in seinen Gemeinschaften jede Unterstützung dieses weit verbreiteten und häufig als Kavaliersdelikt oder als willkommene Verbilligung des Warenerwerbs betrachtete Gesetzesübertretung zu verhindern[84]. In seinem „Wort an einen Schmuggler"[85] definiert er Schmuggel als Einfuhr, Verkauf oder Kauf von unverzollten Waren und bezeichnet ihn als Diebstahl am König und an allen ehrlichen Leuten in England, denn er trage indirekt zur Steuererhöhung bei, durch die der König die entstandenen Zollausfälle kompensieren müsse[86]. Damit übertreten die Schmuggler nicht nur Gottes Gebot[87], sondern sie betrügen auch ihre Mitbürger. Der Gehorsam gegen die Autorität Gottes wie die soziale Verpflichtung des menschlichen Handelns dienen hier gemeinsam als Gründe für eine strikte und generelle Ablehnung eines solchen Verhaltens einer Gruppe von Mitbürgern, die ihre besondere Stellung im Handel durch Betrug missbrauchen. Und es scheint Wesley wirklich gelungen zu sein, mit dem wachsenden Einfluss des Methodismus den Schmuggel zurückzudrängen[88].

Schlimmer aber als Luxus und Schmuggel hatte die Herstellung hochprozentiger Alkoholika dem Volke geschadet. Standen in Wesleys Kampf gegen den Alkoholismus zweifellos religiöse und sittliche Aspekte im Vordergrund, so stellte er die Produktion von Branntwein auch als ein ökonomisch verheerendes Übel dar. Der übermäßige Alkoholkonsum, vor allem die „Gin-Epidemie", war, wie Historiker bestätigen, damals eine weit verbreitete Unsitte[89].

---

83 Cameron, a.a.O. 27 f.; Kluxen, a.a.O. 406 ff.
84 Zum Schmuggel vgl. Cameron, a.a.O. 55 f.; Kluxen, a.a.O. 397 ff. u. passim.
85 A Word to a Smuggler, 1767; Works XI, 174-178.
86 Works XI, 174 f.
87 Ex 20,15; Mt 22,21; Röm 13,7.
88 Cameron, a.a.O. 56; Edwards, HMC I, 65; Worte gegen den Schmuggel finden sich bei Wesley bereits in den fünfziger Jahren, als er sich mit anderen wirtschaftlichen Fragen kaum befasste, und dann bis in sein hohes Alter (L III, 143; IV, 107. 272; VI, 59. 249. 254. 265. 378; VII, 215; J IV, 220. 325. 530).
89 Gin war im 18. Jahrhundert das beliebteste Betäubungsmittel der Armen. Vgl. Flachsmeier, John Wesley als Sozialhygieniker und Arzt, 3 ff.; Trevelyan, Kultur- und Sozialgeschichte

Der Alkoholmissbrauch, so warnt Wesley, zerstöre allmählich den Körper und die Seele; aber die für die Herstellung hochprozentiger Spirituosen gebrauchten Mengen von Weizen und Gerste treiben auf dem Wege der Verknappung auch deren Preise so in die Höhe, dass viele Menschen dadurch in Not geraten[90].

Wieder verbinden sich religiöse mit sozialen Motiven, die durch Wesleys Analyse der ökonomischen Zusammenhänge verstärkt worden sind. Dieses Mal aber erwartet er Abhilfe weniger von den direkt angesprochenen Destillateuren, sondern vielmehr von den staatlichen Organen, die mit gesetzgeberischen Maßnahmen und wirksameren Kontrollen diesem Übel ein Ende zu machen hätten. Entsprechendes gilt von den wirtschaftlichen Machtgruppen der Unternehmer und Großgrundbesitzer, der Handels- und Finanzgesellschaften, an die Wesley sich nicht mit spezifischen Appellen wendet, die er vielmehr durch staatliche Eingriffe in ihrem Verhalten korrigieren lassen möchte.

3.3.3 Die Verantwortung der staatlichen Organe

Als Institutionen staatlicher Macht wurden von Wesley, der zeitlebens als hochkirchlich eingestellter Anglikaner die politische Richtung des Toryismus favorisierte, in diesem Zusammenhang vor allem der König, seine Minister und das Parlament angesprochen[91]. Ihnen ist von Gott die Macht, damit auch die Verantwortung übertragen, das Volk zu regieren und alles seinem Wohl Dienliche in die Wege zu leiten. Sie, die er öffentlich gegen seiner Ansicht nach unberechtigte Anschuldigungen verteidigte, waren zwar nicht dem Volke, aber doch Gott Rechenschaft schuldig und mit ihren Maßnahmen bereits während ihrer Amtszeit einer Überprüfung unterziehbar[92].

Englands, 305; Mertner, Englische Literaturgeschichte, 326. Vgl. auch das berühmte Bild „Gin Lane" von William Hogarth (1751).

90 Works XI, 54 f. 58 (Thoughts on the Present Scarcity of Provisions); 169-171 (A Word to a Drunkard, 1745).

91 L VI, 161(15. Juni 1755): „I am an High Churchman, the son of an High Churchman, bred up from my childhood in the highest notions of passive obedience and nonresistance." L VII, 305 (24. Dez. 1785): Ein Tory „believes God, not the people, to be the origin of all civil power". In diesem Sinne seien sein Vater und sein älterer Bruder Tories gewesen; „so am I".

92 L V, 371 ff (Dez. 1768; Brief über „The Present State of Public Affairs").

Die wichtigsten Rechte, mit denen Wesley den König von Gott betraut sieht, sind die der polizeilichen Gewalt und der Besteuerung[93]. Darum besteht für ihn die Aufgabe des Königs darin, mit Hilfe seines Besteuerungsrechtes für eine gerechtere Verteilung der Güter und die Beseitigung schlimmer Notlagen in der Versorgung der Bevölkerung mit Lebensmitteln und Arbeitsplätzen Sorge zu tragen. Durch Herabsetzung der Lebensmittelpreise würde die Nachfrage nach anderen Gütern erhöht, deren Absatz verbessert und die Zahl der Arbeitsplätze erhöht werden können[94]. Um die Preissenkung zu erreichen, hält er eine Reihe von staatlichen Eingriffen für erforderlich, für die Regierung und Parlament als die zuständigen Instanzen anzusehen seien[95]. Vor allem aber müsse der Luxus auch auf gesetzlichem Wege eingeschränkt und die Zahl der „pensions" (staatliche Ehrengehälter) drastisch reduziert werden[96]. Indirekt fordert Wesley auch eine Begrenzung der Monopolisierung in der Landwirtschaft und eine Ermäßigung der indirekten Steuern, die vor allem die Einkommen der ärmeren Leute belasten[97].

Trotz geringer ökonomischer Fachkenntnisse hatte Wesley erkannt, dass die Freiheit der Engländer nicht nur eine Voraussetzung für das günstige Wirtschaftswachstum nach 1750 war[98], sondern dass sie zugleich eine große Gefahr für die Versorgung der Bevölkerung mit lebenswichtigen Gütern, ja, für den inneren Frieden der Nation darstellte. Die ersten Unruhen wegen Mangels an Lebensmitteln hatte es schon gegeben, und Wesley brachte trotz seiner unbedingten Loyalität zu König und Parlament und trotz der vielen schlimmen Erfahrungen, die die Methodisten in ihren ersten Jahren mit randalierenden Gruppen hatten machen müssen, viel Verständnis für die Hungernden auf, die sich manchmal mit Gewalt nahmen, was ihnen um eines größeren Profits willen vorenthalten worden war[99]. Die Unruhen verliefen

93   Kingdon, a.a.O. 347. Eine absolutistische Phase hat es in der englischen Geschichte der Neuzeit nicht gegeben.
94   Works XI, 57 f.
95   U. a. nennt Wesley das Verbot der Schnapsbrennerei, die Besteuerung des Pferdeexports (der die Pferdezucht antreibt) und der Pferde der Vornehmen, die Förderung der Rinder- und Schafzucht, die Begrenzung des Pachtzinses. (Works XI, 58.)
96   Works XI, 58f.;cf. L V, 354 (9. Dez. 1772 an den Editor der "Lloyd's Evening Post").
97   Works XI, 56 f.
98   Kluxen, a.a.O. 481.
99   WJW 21, 150 (J IV, 268; 27. Mai 1758): „The mob had been in motion all the day. But their business was only with the forestallers of the market, who had bought up all the corn far and near, to starve the poor and load a Dutch ship, which lay at the quay. But the mob brought it all out into the market and sold it for the owners at the common price. And this they did with all the calmness and composure imaginable and without striking or hurting anyone."

nicht immer friedlich, und „Hetzschriften" unterminierten die Ehre des Königs, so dass allmählich eine Situation entstand, in der Wesley bereits 1775 den Funken für eine Revolution glimmen sah, der nur noch angefacht zu werden brauchte, um das Feuer einer offenen Rebellion zu entzünden[100]. In einem Brief an den Premierminister machte Wesley diesen mit seiner Einschätzung der Lage vertraut, um ihn auf seine Verantwortung für das Volk hinzuweisen und die Dringlichkeit neuer wirtschaftlicher Entscheidungen der Regierung deutlich zu machen, wobei er sich detaillierter Vorschläge enthielt und einer manchmal gehegten Furcht Ausdruck gab, dieses Übel sei wegen des Luxus der Reichen und der allgemeinen Gottlosigkeit von Gott selber geschickt und könne nur durch Beten und Fasten abgewendet werden[101].

Wesleys Verdienst liegt eher darin, auf Übelstände mit Nachdruck hingewiesen und Lösungsvorschläge gesucht zu haben, als im Ergebnis seiner Bemühung um konkrete Änderungspläne. Freilich hat er die Macht der Unternehmer für zu gering gehalten und das von vielfältigen Wirtschaftsinteressen in seinen Entscheidungen tendenziell bestimmte Parlament überschätzt. Die Abhängigkeit der Arbeitnehmer von den Gewinninteressen der Industrie hatte aber zu seiner Zeit auch kein anderer gesehen, wenn auch Edmund Burke[102] und Josiah Tucker ihre Analyse der ökonomischen Situation auf Grund einer stärkeren Beschäftigung mit ihr haben tiefer treiben können. In späteren Jahren hat er wohl auch weniger von solchen öffentlichen Appellen erwartet, ob aus Resignation oder wegen der gebesserten wirtschaftlichen Lage, ist schwer festzustellen. Dennoch bleibt zeitlebens sein Bemühen um die Durchsetzung eines humanitären Geistes in allen Bereichen des Lebens, in dem er sich von der Liebe zu Gott, dem Schöpfer und Herrn aller Menschen, und der Liebe zu seinen Mitmenschen und gerade den Ärmsten und Schwächsten unter ihnen getrieben weiß. Seine Grenzen, eine, wenn auch nicht ganz kritiklose, Überschätzung der staatlichen Autorität und Missbilligung aller demokratischen Bestrebungen und seine begrenzte Einsicht in die Gesetze der Wirtschaft und des Handels, liegen offen zutage; er hat gelegentlich nicht ohne Erfolg versucht, sie zu überspringen bzw. auszuweiten. Er bleibt zu seiner Zeit aber unübertroffen als furchtloser Mahner und rastloser Helfer, der direkt und indirekt eine Gestaltung des individuellen und gesellschaftlichen

---

100 J VIII, 327 und L VI, 159 (Brief vom 14. Juni 1775 an den Premierminister, Lord North); J VIII, 334f (Brief vom 23. Aug. 1775 an Lord Dartmouth, Minister und Freund Wesleys).
101 J VIII, 327 f.; L VI, 159.
102 Edmund Burke mit seinen „Thoughts on the Cause of the Present Discontents", hat 1770 die Ursache für die allgemein verbreitete Unzufriedenheit aufgedeckt. Cf. Kluxen, a.a.O. 471. 473.

Lebens herbeizuführen sich bemühte, in dem der Gehorsam gegenüber Gottes Geboten und die Liebe zu den Menschen an hervorragender Stelle stehen und in dem es die Anstrengung der Fähigsten wert ist, an dieser Aufgabe mitzuwirken. Dabei sieht er die erste Voraussetzung in der Hinkehr der Menschen zu Gott, für die zu wirken er als seinen vornehmsten Auftrag betrachtet, der allerdings die Sorge für das irdische Wohl der Menschen, für ihr diesseitiges Glück, für Frieden und Gerechtigkeit nicht ausschließt, sondern als einen integralen und notwendigen Bestandteil umfasst.

4 Die Erziehungs- und Bildungsarbeit Wesleys und seiner Mitarbeiter

Das neben der Evangelisation und der Sozialhilfe hervorragende Merkmal der Lebensarbeit Wesleys ist sein Einsatz als Begründer, Förderer und Theoretiker verschiedener Bildungsprojekte von sehr unterschiedlichem Charakter, aber mit zwei klaren Zielgruppen: den von allen bestehenden Bildungsmöglichkeiten ausgeschlossenen Armen und den Mitgliedern der methodistischen Gemeinschaften, für die er sich in hohem Maße verantwortlich fühlte. Die bisher zu diesem Thema veröffentlichte Literatur[1] beschränkt sich in der Regel auf eine rein deskriptive Darstellung oder auf die Erörterung der pädagogischen Prinzipien, während das Schwergewicht unserer Darstellung sich auf die Untersuchung des inneren Zusammenhangs mit der theologischen Ethik Wesleys und dem ihr zugrunde liegenden Menschenbild verlagert.

4.1 Die englischen Schulen im 18. Jahrhundert

Genau genommen gibt es nur ein gemeinsames Kennzeichen aller in England bestehenden Schulen dieser Zeit: ihre heute kaum noch vorstellbare Unterschiedlichkeit in Bezug auf Trägerschaft, Ausstattung, Verfassung, Lehrstoff, Qualität des Unterrichtes wie der Lehrerschaft und der pädagogischen Zielsetzungen. Neben der Staatskirche als der ältesten und größten Schulträgerin hatten Freikirchen, Vereinigungen, Gemeinden, Guts- und Fabrikbesitzer und andere Einzelpersonen eigene Schulen gegründet. Die traditionsreichen, vielfach von Stiftungen getragenen *Lateinschulen* waren häufig in einem desolaten Zustand; nicht selten verbrauchten ihre Leiter Stiftungsgelder für private Zwecke. Nur wenige von ihnen entwickelten sich zu anerkannten, qualifizierten Bildungsinstituten[2]. Die berühmtesten Schulen jener Zeit, die so genannten *Public Schools,* waren in Wirklichkeit vornehme Privatschulen mit huma-

---

1   Armytage, Four Hundred Years of English Education; Body, John Wesley and Education; Bready, England Before and After Wesley; Cameron, Methodism and Society in Historical Perspective; Cole/R. Postgate, The Common People; Edwards, John Wesley and the Eighteenth Century; Hubery, Unterweisung und Erziehung; Marsh, Methodism and Early Methodist Theological Education; North, Early Methodist Philanthropy; Trevelyan, Kultur- und Sozialgeschichte Englands; Prince, Wesley on Religious Education; Warner, The Wesleyan Movement in the Industrial Revolution; Whiteley, Wesley's England. In seiner Wesley-Biografie „Reasonable Enthusiast" hat Henry D. Rack einen kurzen Abschnitt im Kapitel X über „Wesley as educator" geschrieben.

2   Trevelyan, a.a.O. 354. 497; Whiteley, a.a.O. 278.

nistischem Lehrplan, deren Besuch nur den Kindern begüterter Familien offen stand[3]. Weniger angesehen als die Public Schools, in der Qualität der
Ausbildung ihnen aber weitgehend überlegen waren die *Dissenting Academies,*
höhere Schulen, die Independente, Quäker, Presbyterianer, Baptisten und
andere nichtanglikanische Gemeinschaften für ihre von den anglikanisch ge-
führten Schulen und Universitäten ausgeschlossenen Kinder gegründet hatten. Im Unterschied zu den Public Schools hatten hier die Naturwissenschaften und moderne Sprachen Eingang in den Unterrichtsplan gefunden, so dass
einige dieser Academies die bestmögliche Ausbildung in jener Zeit anboten[4].
Neben den angeführten Schultypen gab es noch eine nicht geringe Zahl von
privaten Einrichtungen, in denen, vor allem in ländlichen Gebieten, einzelne
Damen (Ladies) und andere nicht-professionelle Lehrer Kindern gegen geringe Gebühren das Lesen, Schreiben und einfaches Rechnen beibrachten[5].
Während dem Adel die auch durchweg wahrgenommene Möglichkeit, sich
Privatlehrer zu halten, offen stand, blieb die Masse der Kinder einfacher Leute, die zur Zahlung von Schulgeld nicht in der Lage war, weithin ohne jede
geregelte schulische Erziehung.

Zur Behebung dieses Notstands hatten sich kirchliche Gesellschaften, vor
allen anderen die Society for Promoting Christian Knowledge, die Aufgabe
gestellt, in *Wohlfahrtsschulen* Kindern armer Familien einen kostenlosen Elementarunterricht erteilen zu lassen[6]. Im ersten Viertel des 18. Jahrhunderts
wurde in dieser Hinsicht ein beachtliches Pensum geleistet[7] – doch, gemessen
an der Gesamtbevölkerung, konnte von einer Lösung des Schulproblems
noch lange keine Redesein. Diese rückte um die Mitte des Jahrhunderts sogar
wieder in weitere Ferne, weil sich das Interesse der die Wohlfahrtsschulen

---

3   Trevelyan, a.a.O. 84. 497; Whiteley, a.a.O. 274 f.

4   Trevelyan, a.a.O. 317. 354. 497; Whiteley, a.a.O. 277; H. Butterfield, HMC I, 26.

5   Trevelyan, a.a.O. 318. In einigen solchen Dorfschulen lehrten die „Damen" nicht einmal Lesen
     und Schreiben, sondern nur praktische Fertigkeiten. Whiteley, a.a.O. 287 f.

6   Diese Arbeit blieb bis zum letzten Drittel des 19. Jahrhunderts fast völlig solchen freiwilligen
     Organisationen überlassen. Nach einer 1833 beginnenden finanziellen Förderung durch den Staat
     sicherte erst 1870 ein Gesetz die allgemeine Elementarschulerziehung. Kluxen, a.a.O. 579; Whiteley,
     a.a.O. 291; Trevelyan, a.a.O. 317. 496.

7   Armytage, a.a.O. 45, berichtet von über 20.000 Kindern, die in 15 Jahren unterrichtet wur-
     den, und weiteren 10.000, denen man eine Lehrstelle beschafft hatte. Eine andere Untersu-
     chung gibt für das Jahr 1722 an, dass etwa 32.000 Schüler in 1.400 Schulen Platz gefunden
     hatten (Whiteley, a.a.O. 286). Die Hauptanstrengungen der S. P. C. K. konzentrierten sich
     auf das Gebiet von London (Beyreuther, Art. Erweckung I, RGG[3] II, 621). Allmählich aber
     verbreitete sie ihr Programm über ganz England, indem sie versuchte, auch das Interesse
     lokaler Behörden und Förderer zu wecken. (Trevelyan, a.a.O. 318 ff.; Loofs, Art. Meth-
     odismus, RE XII, 751.)

tragenden Gesellschaften stärker der äußeren Mission zuwandte[8] und die Qualität der Lehrer und des Unterrichtes infolgedessen an vielen Schulen erheblich sank[9]. Dennoch haben Tausende von Kindern aus den unteren Schichten des Volkes in den Charity Schools ihre einzige Schulbildung erhalten; das eigentlich Weiterführende dieser Einrichtung aber war, dass mit ihr zum ersten Mal in der englischen Geschichte der nicht erfolglose Versuch unternommen wurde, große Teile der schulisch unversorgten Kinder zu erfassen, um ihnen eine Minimalausbildung in den wichtigsten Lernfächern zu vermitteln, den Bedürftigen gute Kleidung zu beschaffen und nach dem Ausscheiden aus der Schule für Lehrstellen zu sorgen[10].

Das Haupthindernis für das Gelingen der Bemühungen um eine Grundausbildung aller Kinder, unabhängig von dem sozialen Status ihrer Familien, scheint darin bestanden zu haben, dass die Einsicht in die Notwendigkeit einer solchen Ausbildung nur bei wenigen vorhanden war. Obwohl die Klassenunterschiede durch das bestehende Schulsystem keineswegs in Frage gestellt, vielfach sogar durch frühzeitige Einprägung in das Selbstverständnis der Kinder erhärtet wurden[11], sah die bei Armen und Reichen gleichermaßen verbreitete Meinung die wichtigste Aufgabe eines armen Kindes darin, möglichst früh Geld zu verdienen und keine Zeit in der Schule zu „verschwenden"[12]. Solange es nicht gelang, eine solche Gesinnung entscheidend zu verändern, war eine grundlegende Reform des Schulwesens nicht zu erwarten; solange musste die gesellschaftliche Ungleichheit trotz aller gut gemeinten Versuche einer Verbesserung der sozialen Lage zu oft den Charakter von Symptomtherapiemaßnahmen behalten.

---

8 Cole/Postgate, a.a.O. 39
9 Whiteley, a.a.O. 286. Der Verf. setzt den Beginn des sinkenden Interesses an den Wohlfahrtsschulen sogar auf das Jahr 1727 an.
10 Trevelyan, a.a.O. 318. 352; Armytage, a.a.O. 43.
11 In manchen Schulen erschienen reiche Kinder mit eigenen Dienern und genossen eine Reihe weiterer Privilegien; auch die Wohlfahrtsschulen waren darauf bedacht, den niederen Schichten die Notwendigkeit der Unterordnung einzuschärfen. Trevelyan, a.a.O. 353; Whiteley, a.a.O. 270.
12 Body, John Wesley and Education, 40; sogar gegen Ende des 18. Jahrhunderts gab es noch „many misgivings about the dangers of teaching poor people ideas above there Station" (Cole/Postgate, a.a.O. 39). In die gleiche Richtung zielte die Kritik eines Mandeville, der in einem Essay schrieb: „Charity-Schools, and every thing else that promotes Idleness and Keeps the Poor from Working, are more Accessory to the Growth of Villainy, than the want of Reading and Writing, or even the grossest Ignorance and Stupidity." (Zitiert bei Armytage, a.a.O. 47).

4.2 Methodistische Schulen und Sonntagsschulen

Sowohl die Einflüsse des deutschen Pietismus (Herrnhut, Halle) und das Vorbild der englischen Society for Promoting Christian Knowledge als auch die eigene Beobachtung der Verwahrlosung und der teils mangelhaften, teils völlig fehlenden Ausbildung vieler Kinder haben Wesleys schon früh zutage getretene Neigung verstärkt, sich mit besonderer Hingabe ihrer Versorgung und Erziehung zu widmen. Sein lebenslanges Interesse an pädagogischen Problemen und Aufgaben geht bis in seine eigene Jugend und Kindheit zurück, in der seine Mutter einen weitaus stärkeren Einfluss auf die Kinder ausübte als sein Vater, der Pfarrer von Epworth, und sie auch selbst unterrichtete. Seine Erfahrungen in der berühmten Charterhouse Schule in London und an der Oxforder Universität haben weitere deutliche Spuren in seiner späteren Bildungsarbeit hinterlassen[13]. Wenn es auch den von Wesley, seinen Mitarbeitern und Nachfolgern betriebenen Schulen nicht gelungen ist, das quantitative und weitgehend auch qualitative Defizit des englischen Erziehungswesens zu decken[14], so haben sie dennoch einen beachtlichen Beitrag zu seiner Verringerung geleistet und wirksame Anstöße gegeben, bis schließlich 1870 ein staatliches Gesetz die allgemeine Elementarschulerziehung sicherte[15].

4.2.1 Methodistische Schulprojekte

Die methodistischen Schulen, die im Wesentlichen durch direkte oder mittelbare Initiativen John Wesleys entstanden sind, bewegten sich, von außen gesehen, durchaus noch ganz im Rahmen des Herkömmlichen[16]. Trotzdem ist es Wesley gelungen, die Entwicklung des englischen Schulwesens in Richtung einer qualifizierten Elementarbildung für alle Kinder des Landes ein wesent-

---

13 Eine ausführliche Darstellung dieser Zeit findet sich bei Schmidt, John Wesley I, 50-78.

14 Friedrich Engels beklagte in seinem Bericht „Die Lage der arbeitenden Klasse in England" (1845) die mangelhafte geistige Bildung „in vernachlässigten Gegenden" der Kohledistrikte. „Die Wochenschulen stehen ihnen (sc. den arbeitenden Kindern) nicht offen, die Abend- und Sonntagsschulen sind illusorisch, die Lehrer taugen nichts. Daher können nur wenige lesen und noch wenigere schreiben." A.a.O. 274. Kluxen, Geschichte Englands, 579, referiert als Ergebnis einer 1838 durchgeführten Untersuchung, „dass ein Großteil der Bevölkerung Analphabeten war und die mannigfaltigen Privatschulen weder ausreichend noch im Ausbildungssystem einheitlich oder zulänglich waren".

15 Kluxen, a.a.O. 579.

16 Warner, a.a.O. 226. Prince, a.a.O. 90. Die hier gezogene Parallele zwischen Kingswood School und den zeitgenössischen Charity Schools lässt sich auch auf andere methodistische Schulen ausdehnen. Auch die Unterrichtsprojekte einzelner Methodisten passen in die Reihe anderer gleichgearteter „Schulen", die vorher entstanden waren. Vgl. Kap. IV, 1.

liches Stück vorwärts zu bringen. Die Ursache für diesen Erfolg ist vor allem in seiner von ethischen Grundüberzeugung zu sehen, die allen Menschen den gleichen Wert beimisst und darum die Benachteiligung Vieler gerade auf dem so wichtigen Feld der Ausbildung nicht untätig hinnehmen kann.

Zu den Projekten methodistischer Sozialarbeit gehörte von Anfang an der Unterricht für Kinder aus armen Familien. Auch während seiner Zeit in Georgia hatte Wesley für die Ausbildung der Kinder seiner Gemeinde gesorgt[17] und bald nach seiner Rückkehr den Bau der ersten Schule für die Bergarbeiter von Kingswood bei Bristol in Angriff genommen (1739), für die sein Freund George Whitefield den Grundstein gelegt hatte[18]. Weitere Armenschulen entstanden bald darauf in Bristol (1739), London (1739), Newcastle upon Tyne und anderen Orten. In Wohnungen, Heimen, Kapellen und anderen Räumen, manchmal auch in eigens dazu errichteten Gebäuden wurde von Lehrern, Pfarrern und Predigern, aber auch von fähigen Laien Unterricht im Lesen, Schreiben, Rechnen und im christlichen Glauben erteilt – kostenlos, wenn die Eltern zu einem finanziellen Beitrag nicht in der Lage waren[19]. Bedürftigen Kindern wurde darüber hinaus auch Kleidung und Verpflegung gegeben[20]. Die wirtschaftlichen Notwendigkeiten für diese Maßnahmen wurden ausschließlich durch Spenden erfüllt, für deren Verwaltung bei größeren Schulen besondere Verwalter eingesetzt worden waren.

Wesleys *Hauptmotiv* für die Gründung solcher Schulen und ihre Förderung innerhalb seiner Einflusssphäre war in erster Linie ein religiös-humanitäres. In seinem für die Öffentlichkeit bestimmten Bericht von 1749 über die methodistische Bewegung heißt es in dem die Schulen behandelnden Abschnitt: „Etwas anderes hatte mich oft mit Besorgnis erfüllt, nämlich die große Menge der Kinder. Die Eltern einiger Kinder konnten es sich nicht leisten, sie zur Schule zu schicken; deshalb blieben sie wie Fohlen einer wilden Eselin! Andere wurden zur Schule geschickt und lernten wenigstens Lesen und Schreiben;

---

17 Warner, a.a.O. 226; WJW 18 (J I) passim.

18 J II, 183 und Anm. 2 (23. Apr. 1739); WJW 19, 74f (J II, 228 und Anm. 1, 26. u. 29. Juni 1739); WJW 25, 638f (L I, 302, 30. Apr. 1739); Hubery, a.a.O. 253. Diese Schule für Bergarbeiterkinder darf nicht mit dem 1748 ebenfalls in Kingswood errichteten Internat für höhere Schulbildung verwechselt werden.

19 Warner, a.a.O. 227; Edwards, John Wesley and the Eighteenth Century, 130 f.; Body, a.a.O. 77ff. Wesleys ausführlicher Bericht über die Foundery School in London findet sich innerhalb des „Plain Account of the People Called Methodists" (1749), WJW 9, 277-279 (L II, 308 ff). Über andere methodistische Schulen u. a. WJW 23, 201f; (J VI, 315); L V, 153f (5. Nov. 1769 an Mary Bishop); L V, 181 f. (30. Jan. 1770 an Lady Maxwell); Body, a.a.O. 146 ff.

20 WJW 9, 278 (L II, 309).

aber gleichzeitig lernten sie alle möglichen Unarten, so dass es für sie besser gewesen wäre, ohne ihr Wissen geblieben zu sein, als es so teuer zu bezahlen. Schließlich entschied ich mich, sie in meinem Hause unterrichten zu lassen, damit sie eine Möglichkeit hätten, Lesen, Schreiben und Rechnen (wenn nicht mehr) zu lernen, ohne unter dem Zwang zu stehen, gleichzeitig Heidentum lernen zu müssen."[21] Cum grano salis trifft diese Beschreibung auf alle methodistischen Schulen zu: Sie wollten ein Elementarwissen gerade denen vermitteln, denen keine Schule offen stand; sie wollten die Kinder vor gefährlichen oder als gefährlich angesehenen Einflüssen einer nichtchristlichen Lebensweise schützen; und sie wollten – das vor allem – die Kinder in die Grundwahrheiten des christlichen Glaubens einweisen und sie zu einem Leben in Übereinstimmung mit dem Willen Gottes anleiten[22]. Diese religiöse Ausrichtung bildete die unaufgebbare und alles andere bestimmende Voraussetzung methodistischer Erziehung nicht nur innerhalb der Familie, sondern auch in den Schulen.[23]

Das historisch Wirksamste der methodistischen Schulen scheint jedoch nicht in den vermittelten profanen und religiösen Bildungsinhalten gelegen zu haben, sondern vielmehr in der Breite und Tiefe des Verantwortungsbewusstseins, das Wesley in den Mitgliedern seiner Gemeinschaften für die Erziehung und Ausbildung der Kinder zu wecken und wach zu halten verstand. Man kann wohl mit Recht behaupten, dass in kaum einer christlichen Konfession der Kindererziehung ein so breiter Raum in der Verkündigung, der Seelsorge und den kirchlichen Aktivitäten gewährt wurde, wie es im Methodismus der Gründungszeit geschah. Die Entwicklung eines solchen Pflichtgefühls vollzog sich gerade in der Zeit, in der das Interesse anderer Gruppen[24] an der Ausbildung der Kinder nachließ oder bereits erloschen war, so dass sie dadurch noch zusätzlich an Bedeutung gewann. Wesley begnügte sich nicht mit Klagen über mangelhafte Zustände oder Anklagen gegen die verantwortlichen Stellen, sondern setzte sich nach Kräften dafür ein, dem Mangel durch

---

21 WJW 9, 278 (L II, 309).
22 Die von Wesley hochgeschätzte Mary Bosanquet, die spätere Frau Fletcher, formulierte diese selbstgestellte Aufgabe so: „We continually impressed on the minds of the children that the only way to be happy was to be like God; to love what he loved, and to hate what he hated." Zitiert nach North, Early Methodist Philanthropy, 100.
23 Das kommt nicht nur in dem oben angeführten Bericht Wesleys zum Ausdruck, sondern auch in der Sorgfalt, die der Teilnahme der Schüler an gottesdienstlichen Veranstaltungen sowie der Beobachtung ihrer persönlichen religiösen Entwicklung gewidmet wird. Vgl. u. a. WJW 9, 278 (L II, 309); WJW 18, 182f (J I, 358f); WJW 23, 333 (J VII, 23; 2. Okt. 1784) u. a.
24 Vor allem der S.P.C.K. und der Stiftungskuratorien (s. o. S. 59 f.). Whiteley, a.a.O. 268 ff.

eigene Anstrengungen der methodistischen Gemeinschaften abzuhelfen. Dazu bediente er sich wiederholter Predigten und Gespräche über Fragen der Erziehung und Ausbildung von Kindern[25] und überprüfte regelmäßig die von ihm gegründeten Schulen[26], führte Gespräche mit den Kindern[27], erteilte selbst Unterrichtsstunden[28], verfasste eigene Schulbücher[29], entwarf Lehr- und Stoffpläne[30], ließ die Eltern in Erziehungsfragen beraten[31], suchte Lehrer aus[32] und half immer wieder, mit auftauchenden Schwierigkeiten aller Art fertig zu werden[33]. Die Leitung der Schulen legte er von vornherein auf mehrere Schultern, ohne jedoch die Oberaufsicht über „seine" Schulen abzugeben[34]; regelmäßig hatten die Prediger Erziehungsfragen in ihren Katalog von Predigtthemen aufzunehmen[35] und besonders über die zweite Kingswood-School, die einzige weiterführende methodistische Schule dieser Zeit und Wesleys Lieblingsprojekt, den Gemeinden Bericht zu erstatten, sowie Sammlungen für sie und andere Schulen durchzuführen, wie er selbst es auch bis in sein hohes Alter hinein tat[36].

Auf diese Weise entstand in allen methodistischen Gemeinschaften des britischen Königreiches nicht nur ein relativ hoher Grad an Kenntnis über diesen Bereich, sondern auch ein wachsendes Bewusstsein von der Notwen-

---

25 Von den Predigten über Erziehungsthemen liegen schriftlich vor: 94: On Family Religion (1783); 95: On the Education of Children (1783); 96: On Obedience to Parents (1784). Auch andere Predigten nehmen Bezug auf dieses Thema, z. B. 120: The Unity of the Divine Being (1789), 10; 50: The Use of Money (1760), II. 6-8. Tagebuchnotizen über solche Predigten (5. Okt. 1766; 16. Nov. 1766; 30. März 1768; 6. April 1772; 17. Juli 1785) und eine Fülle von Hinweisen zeugen von der intensiven Beschäftigung Wesleys mit diesen Fragen.

26 Tagebucheintragungen vom 15. März 1744; 25. Juli 1749; 7. Sept. 1781; 5. März 1784; 1. März und 21. Juli 1786; 9. März und 21. Sept. 1787; 7. März 1788 360 u. ö.

27 15. März 1744; 1. Aug. 1749; 12. Okt. 1760; 5. Okt. 1765; 12. März 1766; 6. Sept. 1771; 25. Okt. 1772; 13. März 1778; 2. Okt. 1784 u. ö.; Simon, John Wesley and the Advance of Methodism, 138.

28 3. Jan. 1736 (Georgia); 11. April 1756; 12. Okt. 1760.

29 3. Jan. und 21. Nov. 1736; 21. Juni 1751; 24. Sept. – 15. Okt. 1750; Whiteley, Wesley's England, 279; Body, a.a.O. 99 f.

30 24. Sept. – 15. Okt. 1750; A Short Account of the School in Kingswood (1768; Works XIII, 283-189); Arminian Magazine IV, 486; Simon, a.a.O. 93.

31 Body, a.a.O. 81.

32 „Plain Account of the People Called Methodists" (1749) XIV. (s.o. Abm. 19); Brief vom 22. Dez. 1786 an John Valton; Prince, a.a.O. 89; Body, a.a.O. 122.130.

33 Tagebuch 23. Mai 1741; 25. Juli 1749; 26. Juli 1750; 21. Juni 1751; 24. Sept. 1753; Brief vom 2. Jan., 27. Mai und 3. Dezember 1769 an Joseph Benson.

34 Plain Account XIV (s. Anm. 32); Tagebuch vom 25. Juli 1749, 10. März 1750, 21. Juni 1751; Body, a.a.O. 81. 114.

35 Hubery, a.a.O. 253.

36 Tagebuch vom 24. Sept. 1753, 28. Sept. 1756; Body, a.a.O. 113 f.

digkeit, sich aus der Verantwortung vor Gott für die Schaffung von Ausbil-
dungsstätten und eine sorgfältige Erziehung der Kinder einzusetzen. Darum
ist es nicht verwunderlich, dass auf der Ebene der Ortsgemeinden eine beachtliche Anzahl von kleineren Elementarschulen entstand, die nicht selten
das einzige Unterrichtsangebot für die Kinder der ärmeren Familien darstellten[37]. Sie glichen nur noch teilweise den anderen schon bestehenden Wohlfahrtsschulen, da sie in den meisten Fällen nicht von den Almosen begüterter
Spender, sondern dem Einsatz vieler für ein neues Leben gewonnener Frauen
und Männer aus den unteren Schichten des Volkes getragen wurden, die gelernt hatten, für die Ausbildung armer Kinder selbst die Verantwortung zu
übernehmen.

4.2.2 Die Sonntagsschulbewegung

Zweifellos gehört die Entstehung der Sonntagsschulbewegung in den Bereich
der Wirkungsgeschichte des Methodismus, auch wenn es ein anglikanischer
Zeitungsverleger war, dem für ihre landesweite Verbreitung das Hauptver-
dienst zukommt[38]. Robert Raikes, Besitzer und Herausgeber des „Gloucester
Journal", gründete mit Hilfe des Pfarrers Thomas Stock 1780 in seiner
Heimatstadt eine Sonntagsschule für Kinder armer Familien und sorgte
vermöge seines Einflusses für schnelle Publizität dieses Unternehmens, so
dass bereits 1785 die „London Society for the Establishment of Sunday
Schools" gegründet wurde und 1786 20.000 englische Kinder regelmäßig in
Sonntagsschulen unterrichtet werden konnten[39].

---

37 North, a.a.O. 99; Warner, a.a.O. 227 ff.

38 Alfred H. Body bezeichnet zu Recht die englischen Sonntagsschulen, die in der zweiten
Hälfte des 18. Jahrhunderts entstanden, als „chiefly the outcome of the Methodist movement". (John Wesley and Education, 40). Simon, John Wesley, The Master-Builder, 267,
berichtet, dass Robert Raikes „commenced his school on the advice and with the assistance
of a Methodist lady". Eine neue Darstellung der Geschichte der Sonntagsschulen gibt Karl
Heinz Voigt: Internationale Sonntagsschule und deutscher Kindergottesdienst, Göttingen
2007.

39 Robert Raikes (1735-1811) gründete seine Sonntagsschule nicht in London, wie W. Thiel
(RGG³ VI, 144 f.) vermuten lässt; seine Arbeit fand auch nicht erst, wie dort angegeben,
nach 1803 „in England weite Verbreitung". Vgl. Body, a.a.O. 40; Bready, a.a.O. 353 f. Armytage, a.a.O. 74, gibt für das Jahr 1795 bereits 750.000 Sonntagsschüler an. John Wesley
notiert am 18. 7. 1784: „I find these (sc. Sunday) schools springing up wherever I go." und
schreibt am 12. 1. 1787: Die Sonntagsschulen „spread wider and wider, and are likely to
reach every part of the kingdom".

Die erste methodistische Sonntagsschule war jedoch schon 1769 von einer Frau, Hannah Ball, in High Wycombe gegründet worden[40]. Anscheinend hatte sie das ohne Wesleys direkten Einfluss getan; dennoch war es mit großer Wahrscheinlichkeit das in seinen Gemeinschaften lebendige Verantwortungsbewusstsein für die Erziehung der Kinder, auf dessen Boden diese Initiative entstanden war, die die anderen Erziehungsmaßnahmen wirksam ergänzte. Denn setzte der Besuch einer Tagesschule voraus, dass die Kinder nicht arbeiten zu gehen brauchten, so stand die Sonntagsschule allen Kindern offen – unabhängig von ihrem Einsatz während der Werktage. Sie lernten dort die Anfangsgründe des Lesens und Schreibens und selbstverständlich die wichtigsten Katechismusstücke; in einigen Sonntagsschulen gehörte auch Rechnen zum Unterrichtsstoff. Das am meisten benutzte Schulbuch war die Bibel, das nicht nur am leichtesten erhältliche und relativ preiswerteste, sondern auch den religiösen Erziehungszielen der Sonntagsschulen angemessenste Werk[41].

Kirchenhistoriker haben in diesem Zusammenhang gelegentlich auf die schon in früheren Jahrhunderten bestehenden Formen sonntäglicher Kinderunterweisung hingewiesen, auf Christenlehre, Beten und katechetische Unterweisung, die nicht nur in reformatorischen Kirchen, sondern auch in römisch-katholischen und nonkonformistischen Gemeinden durchgeführt und teilweise auch durch Lese- und Schreibunterricht ergänzt wurde[42]. Diese Hinweise sind insofern zutreffend, als sie eine inhaltliche Entsprechung zwischen solchen Einrichtungen und den Sonntagsschulen des späten 18. Jahrhunderts feststellen, nicht jedoch, wenn sie einen direkten Kausalzusammenhang andeuten oder vermuten lassen.

Wesley förderte die Einrichtung von Sonntagsschulen mit einer für sein Alter erstaunlichen Bereitschaft, diese neuen Versuche anzuerkennen und als eine weitere Möglichkeit zu würdigen, den Bedürftigen zu helfen[43]. In seiner Zeitschrift, dem „Arminian Magazine", veröffentlichte er 1785 den Bericht von Robert Raikes über die „Sunday Charity Schools", um auch auf diese

---

40 Armytage, a.a.O. 74; Bready, a.a.O. 353; Warner, a.a.O. 233.

41 Edwards, HMC I, 67; North, a.a.O. 105; Thiel, a.a.O. 145; Warner, a.a.O. 234.

42 Bready, a.a.O. 353; North, a.a.O. 103; Thiel, a.a.O. 144; Warner, a.a.O. 233. John Wesley, der auch über profunde kirchengeschichtliche Kenntnisse verfügte, schrieb über die Sonntagsschulen als „one of the noblest specimens of charity which have been set on foot in England since the time of William the Conqueror". Brief vom 9. Jan. 1788 (vgl. 24. März 1790). Hubery, a.a.O. 254.

43 Briefe vom 3. Apr. 1785 an John Fletcher, vom 17. Jan. 1787 an R. Rodda, vom 24. Nov. 1787 an A. Suter, vom 30. Juni 1788 an seine Nichte Sarah und vom 24. März 1790 an C. Atmore.

Weise für ihre größere Verbreitung zu sorgen. Dabei ist angesichts späterer offiziell-methodistischer Kritik[44] bemerkenswert, dass auch am Sonntag die gleichzeitige Vermittlung säkularen und religiösen Wissens ohne jede gesetzliche Enge betrieben wurde und trotz unterschiedlicher Anfeindungen von innerhalb und außerhalb der Gemeinden[45] sich immer mehr Helfer zur Verfügung stellten, um wenigstens in dieser zwar ungenügenden, aber unter den gesellschaftlichen Gegebenheiten möglichen Weise vielen Kindern aus den unteren Schichten des Volkes unentgeltlich eine Grundbildung zu vermitteln[46]. Mehr als um Wissensvermittlung ging es Wesley darum, dass die Kinder zu christlichen Persönlichkeiten herangebildet wurden, von denen er sich eine Erneuerung der gesamten Nation erhoffte[47].

4.3 Erwachsenenbildung im Methodismus

Die Bildungsarbeit blieb von Anfang an nicht auf die Kinder beschränkt; auch Erwachsenen galten die Bemühungen Wesleys, Sachwissen zu vermitteln oder vermitteln zu lassen und sie zu Christen heranzubilden, die die Gewissheit der Liebe Gottes nicht nur fühlen, sondern in der Lage sein sollten, sich mit den Konsequenzen des Glaubens für den gesamten Bereich ihres Lebens und Handelns vernünftig zu befassen. Das geschah auf eine dreifache Weise: durch besondere Schulkurse für Erwachsene, durch Bereitstellung von preiswerter und geeigneter Literatur und durch Predigten und Gespräche in den Gruppen (classes) und Gemeinschaften (societies).

---

44 Die methodistische Konferenz, das oberste Leitungsgremium der Kirche, beschloss 1814, dass (auf Grund des Gebots der Sonntagsheiligung) nur noch religiöse Inhalte, nicht aber Lesen und Schreiben zum Lehrplan der Sonntagsschulen ihrer Gemeinden gehören dürfen. Trotzdem haben eine ganze Reihe von methodistischen Sonntagsschulen dieses Verbot nicht befolgt. Warner, a.a.O. 106, Anm. 2.

45 Als Beispiel für die Gegnerschaft von außen seien die Angriffe des „Gentleman's Magazine" genannt, das in den Jahren von 1797 an den Sonntagsschulen vorwirft, sie seien schuld an „raising discontent and formenting rebellion". Armytage, a.a.O. 74.

46 Schulgeld wurde von den Eltern nicht verlangt. Im Unterschied zu anderen, etwa den von Raikes begründeten Sonntagsschulen erhielten die Mitarbeiter in den methodistischen – bis auf wenige Ausnahmen – kein Entgelt. Tagebuch 27. Juli 1787 und 8. Juni 1790; Brief vom 24. Nov. 1787 an A. Suter. Warner, a.a.O. 234; North, a.a.O. 106, Anm. 2; 108 f.; Edwards, This Methodism, 106 f.; ders., HMC I, 67; Cameron, Methodism and Society in Historical Perspective, 64.

47 „I really hope the Sunday Schools will be productive of great good to the nation." (L VII, 265). „It seems to me that these will be one great means of reviving religion throughout the nation." (L VII, 364); vgl. L VIII, 23 f.; WJW 24, 77. (J VII, 377f); Warner, a.a.O. 234.

4.3.1 Unterricht für Erwachsene

Nach der Gründung der ersten Schule in Kingswood (1739) schrieb John Wesley über ihre Bestimmung: „Es ist beabsichtigt, zu den üblichen Stunden des Tages vor allem die ärmeren Kinder zu unterrichten. ... Die älteren Leute aber, die man schlecht mit den Kindern zusammensetzen kann (wir erwarten nämlich Schüler jeden Alters, einige unter ihnen grauhaarig), werden ... entweder früh am Morgen oder spät am Abend unterrichtet werden, so dass ihre Arbeit nicht behindert wird."[48] Hier handelt es sich offensichtlich um Erwachsene aus derselben Schicht, aus der die Kinder kamen[49], also vor allem um Bergarbeiter und einfache Leute, denen ein Schulbesuch in ihrer Kindheit verwehrt war und die darum Analphabeten geblieben waren. Wesley begnügt sich nicht damit, ihnen, die sich bereits weitgehend außerhalb der scharf gezogenen Grenzen von etablierter Gesellschaft und Kirche befanden, das Evangelium zu predigen, sondern versucht, ihnen in dem engen Rahmen der ihm gegebenen Möglichkeiten zu neuem Selbstbewusstsein und größerer Selbstachtung zu verhelfen.

Auch in einigen der später entstehenden Sonntagsschulen wurden besondere Kurse für Erwachsene eingerichtet, um sie in schulischem Grundwissen zu unterrichten[50]. Aufs Ganze gesehen, sind diese Projekte aber von geringer Bedeutung gewesen, weil sie an Zahl, Umfang und Dauer offensichtlich sehr begrenzt blieben. Ihren für die Einstellung Wesleys zu den Nöten seiner Zeit, die zu erkennen und zu lindern er sich verpflichtet fühlte, signifikanten Wert behalten sie trotzdem.

Besondere Beachtung verdient auch das aus pädagogischer Anschauung und böser Erfahrung zugleich entstandene Vorhaben, in Kingswood eine akademische Ausbildungsstätte einzurichten. Lange Zeit hatte Wesley seinen Schülern empfohlen – teilweise deren eigenem Wunsche entsprechend –, ihr Studium in Oxford oder Cambridge zu absolvieren, die er für die besten aller ihm bekannten englischen und kontinentalen Universitäten hielt[51]. Angesichts der zahlreichen Mängel, die er an ihnen zu tadeln hatte[52], erwuchs diese posi-

---

48 WJW 19, 124f (J II, 323; 27. Nov. 1739); Brief vom 6. Dez. 1739 an N. Price (WJW 25, 701-703).

49 Body, a.a.O. 72-77.

50 Edwards, This Methodism, 107.

51 Plain Account of Kingswood School (1781), Works XIII, 296.

52 Am 4. März 1747 notiert er im Tagebuch, er sehe nicht, wie ein Mensch mit akzeptablem Verstand nicht in sechs Monaten mehr an solider Philosophie lernen sollte als man in Oxford in vier (bis sieben) Jahren lerne. (WJW 20, 162; J III, 284 f.); Works XIII, 297 ff. Wesley stand mit seinen Vorbehalten gegen den üblichen Universitätsbetrieb keineswegs allein: „So

tive Einstellung großenteils, wie er selber eingesteht[53], aus einem Vorurteil zugunsten der beiden traditionsreichen Universitäten, vor allem Oxfords. Erst als sechs methodistische Studenten von dieser Hochschule gewiesen wurden und man einen anderen abgelehnt hatte[54], machte er aus der Not eine Tugend und folgte seiner Überzeugung, dass es „äußerst zweckmäßig für einen jungen Menschen sei, seine Ausbildung am selben Ort zu beginnen und zu beenden", und gründete in Kingswood, wo bereits eine Elementar- und eine höhere Schule bestand, auch eine Akademie für Studenten, die bei fleißigem Einsatz in drei Jahren mehr lernen sollten, als die meisten der Oxforder Kommilitonen in sieben[55]. Allen Einwänden, Schwierigkeiten und Nachteilen zum Trotz führte er sein Vorhaben durch. Der Lehrplan umfasste nicht nur theologische Fächer und alte Sprachen, sondern auch antike Schriftsteller, Geschichte, Philosophie, Mathematik, Physik, Geografie, zeitgenössische und klassische Literatur, so dass der akademische Standard bei erfolgreichem Abschluss durchaus erreicht werden konnte[56]. Im Prinzip wurden auf diese Weise für eine kleine Zahl junger Männer Klassenbarrieren abgebaut, die schon die einfache schulische, vor allem aber die akademische Ausbildung für die Mehrheit der Kinder aus armen Familien unerreichbar machten.

4.3.2 Bildung durch Literatur

Da die Ausbildung der Armen im 18. Jahrhundert ganz freiwilligen Organisationen überlassen war und die Errichtung einer ausreichend großen Anzahl von Schulen deren Möglichkeiten bei weitem überstieg, kam einer anderen Art der Wissensvermittlung besondere Bedeutung zu: der Bereitstellung von guter und preiswerter Literatur für die bestehenden Schulen, sowie für die persönliche Lektüre von Einzelnen und Gruppen. Für die Durchführung dieser Aufgabe, deren Dringlichkeit ihm angesichts der Situation in seinem Lande schon früh bewusst geworden war, hat Wesley sich nach Kräften eingesetzt. Gewiss sah er in der Publikation eigener Schriften vor allem ein ge-

---

the evidence of widely differing men like Swift, Defoe, Gray, Johnson, Eldon, Chesterfield all agree on this point, that both universities (sc. Oxford und Cambridge) were neglectful and inefficient in the Performance of their duties." Whiteley, Wesleys England, 269 f.

53   „I cannot say I am yet quite clear of that prejudice. I love the very sight of Oxford; I love the manner of life; I love and esteem many of its institutions. But my prejudice in its favour is considerably abated: I do not admire it as I once did." Works XIII, 296.

54   WJW 22, 164f u. Anm. 13 (J V, 293 u. Anm. 1; 19. Nov. 1768); Works XIII, 296.

55   Works XIII, 295 ff.

56   Works XIII, 287-289.

eignetes Mittel, die Verkündigung des Evangeliums über den Kreis seiner unmittelbaren Hörer hinaus zu betreiben, den Glauben der Christen zu festigen und zu vertiefen sowie die theologische Auseinandersetzung mit seinen Gegnern zu führen. Daneben aber spielten für ihn die Vermittlung von Sachwissen sowie die Anleitung zum Gebrauch des eigenen Verstandes, dem sein weitgehend argumentativer Stil entgegenkam, eine zusätzlich wichtige Rolle. Sein bekanntes Wort, er wolle der „Mann *eines* Buches" („homo unius libri", d. h. der Bibel) sein[57], ist erst von anderen im Sinne einer Geringschätzung aller übrigen Literatur (miss-) verstanden worden, so dass ein späterer Verehrer sogar meinte, gut daran zu tun, Wesleys mit handschriftlichen Randnotizen versehene Shakespeare-Ausgabe zu vernichten.

Das späte 17. und beginnende 18. Jahrhundert brachten im Presse- und Publikationsbereich einige für die moderne Zeit umwälzende Neuerungen: die ersten Zeitungen und billigen Broschüren wurden gedruckt; sie machten das Entstehen einer breiten öffentlichen Meinung und den Vertrieb zahlreicher Schriften auch in den mittleren und unteren gesellschaftlichen Schichten möglich. 1702 erschien in England die erste Tageszeitung[58]. Wesley machte sich diese technischen Möglichkeiten für eine umfassende und gut organisierte Publikationsarbeit sehr schnell zunutze, um gerade „seine" armen Leute mit Büchern zu versorgen. Verständlicherweise stellten Veröffentlichungen über religiöse und ethische Probleme das Hauptkontingent, daneben aber fand sich ein breites Spektrum anderer Stoffe (Praktische Zeit- und Lebensfragen, Biografien, Reiseberichte, Dichtung, Philosophie, Schulbücher u. a.) in seinem Angebot[59]. Eigene Broschüren behandelten in allgemeinverständlicher Sprache eine lange Reihe verschiedener Themen, die damit nicht mehr nur einem kleinen Kreis von Informierten zur Erörterung offen stand, sondern einer großen Zahl von Lesern bekannt gemacht wurde. Wer die Bücher trotz ihres geringen Preises nicht bezahlen konnte, dem sollten sie geschenkt werden[60]. Die methodistischen Schulen, allen vorab die in Kingswood, ver-

---

57 Im Mai 1765 schreibt er rückblickend: "In 1730, I began to be *homo unius libri*, to study (comparatively) no book but the Bible." (WJW 21, 510; J V, 117).

58 Der "Daily Courant". Butterfield, HMC I, 3; Warner, a.a.O. 230.

59 Lektüreempfehlungen für "Miss L." (29. Sept. 1764; Works XII, 260-262). Eine Liste der von Wesley gekürzten und mit einer Einleitung herausgegebenen Werke: Works XIV, 199-345 ff. (1786); Body, a.a.O. 99 f.; Edwards, John Wesley and the Eighteenth Century, 136; Hubery, a.a.O. 255; Marsh, a.a.O. 6 f.; Warner, a.a.O. 230 f.

60 L VI, 208 (17. Feb. 1776); VII, 219 (13. Juni 1784). Der Wert, den er Büchern beimaß, lässt sich aus einem Brief an einen seiner Prediger gut ablesen: „It is true most of the Methodists are poor; but what then? Nine in ten of them would be no poorer if they were to lay out an

sorgte er für nahezu alle Fächer mit Lehrbüchern, die er selber verfasst oder bearbeitet hatte[61]. Sein Buch „Primitive Physic" sollte (neben Thomas von Kempens „Nachfolge Christi") nach Möglichkeit in allen Familien vorhanden sein[62] und hat in seiner Einfachheit gerade denen, die sich keinen Arzt leisten konnten, wertvolle Dienste getan[63].

In den Jahren 1749 -1755[64] entstand wohl die wichtigste seiner editorischen Leistungen, die *Christliche Bibliothek,* die in fünfzig Bänden „alles, was an höchst Wertvollem in englischer Sprache vorhanden ist, um eine vollständige Bücherei für die bereitzustellen, die Gott fürchten", enthalten sollte[65]. Wesley unterzog sich der Mühe, alle für diese Ausgabe bestimmten Werke selber aus-zuwählen, durchzusehen, gegebenenfalls zu kürzen und mit Einleitungen zu versehen[66]; dabei war er großzügig genug, auch solche Auffassungen stehen zu lassen, die mit den seinen nicht völlig übereinstimmten, wenn sie ihm mit der Heiligen Schrift vereinbar erschienen[67]. Ihm kam es vor allem darauf an, dass die Texte praktisch und verständlich waren und die „Tiefe und Höhe" des christlichen Glaubens darstellten[68]. Daraus geht bereits hervor, dass diese 50 kleinen Bände nur religiöse Literatur enthielten; kontroverse Erörterungen blieben zudem ausgeschlossen, um die einfachen Leser nicht zu überfordern und zu verwirren, sondern sie zu jedem guten Wort und Werk auszurüsten[69]. Neben seinen Erklärungen zum Alten und Neuen Testament, seinen Predig-ten und Abhandlungen sollte vor allem die *Christian Library* zur theologischen Bildung seiner Prediger und Gemeinschaften dienen. Das Verstehen des

---

whole penny in buying a book every other week in the year. By this means the work of God is both widened and deepened in every place." L V, 161 (20. Nov.1769).

61 Body, a.a.O. 99 f.

62 L IV, 83. 272; V, 161; VII, 139.

63 Gisler, John Wesleys Tätigkeit und Bedeutung als Arzt, 222. 256; Hill, John Wesley among the Physicians, 117.

64 Die Vorarbeiten gehen bis in die Georgia-Zeit zurück – so Curnock in einem zusammenfas-senden Rückblick auf diese Zeit (J I, 425). WJW 20, 264 (J III, 391 u. Anm. 3; 3 März 1749).

65 WJW 26, 322 (L II, 151; 4. Aug. 1748). In einem Brief vom 12. 12. 1760 nennt er als Motiv für die Herausgabe der *Christian Library* den Wunsch, „to assist those who desire to live ac-cording to the gospel". L IV, 121.

66 J IV, 48. 91; L II, 152 (nicht in WJW); Works XIV, 222.

67 Works X, 381 ff. 418 ff.; XIII, 389 f. Allerdings waren etwa einhundert Seiten durch Nach-lässigkeit der Setzer bzw. Wesleys Eile bei der Durcharbeitung gegen seine Absicht stehen geblieben (Works X, 418 f.) und wurden mit anderen Abschnitten als Äußerungen Wesleys genommen, die manchen Angriff auf ihn zogen. Seine Toleranz schien vielen unglaublich zu sein.

68 Works XIV, 222 (Liste; s.o. Anm. 59).

69 Cf. Gerdes, John Wesleys Lehre von der Gottesebenbildlichkeit des Menschen, 13.

Glaubens sollte seine praktische Betätigung nicht ersetzen, sondern vielmehr begründen, korrigieren und festigen; darum sollten die Prediger nicht nur selbst fleißig lesen, sondern auch regelmäßig anderen öffentlich vorlesen[70] und die Bücher verkaufen oder verschenken.

Der Darstellung von Wesleys Lehre von der universalen Liebe Gottes und ihrer Verteidigung gegen die calvinistische Erwählungstheorie, aber auch der Verbreitung von Erlebnisberichten „gottesfürchtiger Leute" und christlicher Poesie diente eine Monatszeitschrift, die der Gründer des Methodismus von 1778 an in London erscheinen ließ, das „*Arminian Magazine*". Hier hatten auch kontrovers-theologische Erörterungen, sofern sie nicht wegen ihres Umfangs als selbstständige Schriften erschienen, ihren Platz; doch macht der Inhalt der ersten, noch zu Wesleys Lebzeiten erschienenen Jahrgänge deutlich, dass es ihm auch hier in erster Linie um die Klärung und Festigung der Glaubensauffassungen sowie die geistliche Erbauung ging. Die Konfession der Verfasser – seien sie Lutheraner, Anglikaner, Calvinisten oder Arminianer – sollte keine Schranke für die Veröffentlichung bilden, sofern es sich bei ihnen um „heilige Männer", und das heißt, nach Wesleys Auffassung, um solche Leute handelt, deren Leben und Lehre seinem Verständnis des Willens Gottes entspricht[71].

Wie ernst es Wesley mit der Verbreitung der von ihm verfassten, redigierten oder empfohlenen Werke war, geht daraus hervor, dass er weder Kosten noch Mühe scheute, die Bücher in die Gemeinschaften zu bringen. In London wurde bereits 1740 eine Bücherstube als zentrale Vergabestelle eingerichtet; Prediger und Gemeinschaftsmitglieder fungierten als Vermittler, und eigens dafür eingesetzte Stewards leiteten die Geschäfte[72].

4.3.3 Die methodistischen Gemeinschaften als Bildungsstätten

Bei der einfachen Feststellung, dass in den methodistischen Gemeinschaften für eine so große Verbreitung und einen so intensiven Gebrauch von guter Literatur gesorgt wurde, darf nicht außer Acht gelassen werden, *wer* hier zum Hören, Lesen, Mitdenken und Mitreden angeleitet wurde: es waren vorwie-

---

70 WJW 20, 486 (J IV, 94; 13. Mai 1754); Works VIII, 314; L VI, 208; VII, 144. 294; Edwards, John Wesley and the Eighteenth Century, 136; ders., HMC I, 6y; Orcibal, HMC I, 93; Sigg, John Wesley und „Die Christliche Bibliothek", 381 -385.

71 Arminian Magazine, Nr. 1, 1778, S. IV -VI (John Wesley „An den Leser").

72 WJW 20, 445 (8. Feb. 1753); L VI, 9f (12. Jan. 1773); VII, 48f. (12. Feb. 1781); 138 (9. Sept. 1782); 143 (24. Sept. 1782); Einsetzung eines Book-Committee: WJW 24, 112; (J VII, 441, 10. Okt. 1788); Armytage, a.a.O. 52; Warner, a.a.O. 230.

gend solche Leute, die keine Schule besucht oder nur kurze Zeit Unterricht genossen hatten, von denen manche erst als Erwachsene lesen gelernt hatten, von denen viele finanziell außerstande und auf Grund ihrer Herkunft und Erziehung auch kaum daran interessiert waren, sich Bücher zu kaufen. Durch Wesley wurden die methodistischen Gruppen zu Bildungsstätten, in denen regelmäßig Lektüre betrieben wurde. Lesende Christen sind wissende Christen, und gerade die Ungebildeten sollten von dieser Möglichkeit nicht ausgeschlossen bleiben; gerade für sie publizierte Wesley sein weit gefächertes Bücherprogramm[73]. Mit den unseren Taschenbüchern vergleichbaren Billigausgaben war ein allen Lernwilligen offen stehender Zugang zu besserer Bildung und bewusstem Christsein geschaffen; viele aber hätten ihn wegen weit verbreiteter psychischer und sozialer Schwellen nicht benutzt, wenn mit den Kleingruppen nicht eine entscheidende Voraussetzung für die Effektivität seines Publikationsprogramms entstanden wäre. Die systematische Lektüre regte sie an, über ihre Lebens- und Glaubensfragen nachzudenken und miteinander zu reden[74]. Hier galt niemand mehr als der andere, nicht nur weil die meisten unter ihnen denselben sozialen Status hatten, sondern die Predigt von der Rechtfertigung des Sünders alle menschlichen Rangunterschiede nivelliert hatte[75]. Jeder hatte das Empfinden, als vollwertiges Mitglied der Gruppe zuzugehören; die gegenseitige Solidarität gab ihnen Selbstbewusstsein und Mut zur Selbstäußerung; sie waren nicht mehr in der Masse des gesellschaftlich geächteten Proletariats verloren, sondern wurden als vollwertige Individuen akzeptiert[76]. Der Horizont ihres religiösen, moralischen, politischen und kulturellen Wissens wurde geweitet, so dass von hier aus sogar auf das gesamte englische Bildungswesen eine Reihe von Impulsen und Anregungen ausging[77].

---

73   L VI, 208: "Supply the poor people with all our small books, with money or without" (22. Feb. 1776); VII, 144 (19. Dez. 1782);. 219 (13. Juni 1784); J IV, 94 (13. Mai 1754). Auch zu den Hausbesuchen sollten Bücher mitgenommen werden (Works VIII, 315). 1782 wurde eine Gesellschaft für die Verbreitung religiöser Schriften unter den Armen gegründet: Warner, a.a.O. 232. Inwieweit die Wanderbüchereien der S.P.C.K. Wesley Anregung gegeben haben, konnten wir nicht feststellen. Cf. Armytage, a.a.O. 51.

74   „You must not give an exhortation to the bands, but encourage them to speak." L VII, 94.

75   „Every one here has an equal liberty of speaking, there being none greater or less than another." Works VIII, 261.

76   Cameron, a.a.O. 39; Hubery, a.a.O. 254; Warner, a.a.O. 230.

77   J. Telford stellt fest, dass „no man in the eighteenth Century did so much to create a taste for good reading, and to supply it with books at the lowest price".Encycl. Brit., 11. ed., vol. XXVIII, 530. „ ... one is partly inclined to forget his defects (sc. in den Erziehungsauffassungen) in remembering the tremendous impulse he gave to popular education. No one in

Der Schwerpunkt der von Wesley geschriebenen, herausgegebenen oder empfohlenen Bücher liegt auf der religiösen Bildung und Förderung. Dennoch sind seine Leseempfehlungen keineswegs auf diese Thematik beschränkt. Nicht nur machte er einem Prediger, der alle Lektüre außer der Bibel strikt ablehnte, die Unsinnigkeit seiner Einstellung klar und wies sie als Schwärmerei zurück[78], sondern er riet, regelmäßig und beständig „die nützlichsten Bücher"[79] zu lesen; dazu gehörten auch Lehrbücher der Arithmetik, Geografie, Logik, Ethik und Philosophie (Naturphilosophie/Lockes „Essay on Human Understanding", Metaphysik), Dichtung (Spenser, Shakespeare, Milton u. a.), sogar Zeitungen[80]. Sein Maßstab für die Auswahl war die Nützlichkeit für die Leser, die als übergreifendes Merkmal säkulare und religiöse Literatur umfasst: was seinen Glauben, seinen Charakter und sein Wissen fördert, ist gut, was dem schadet, sei es durch falsche, unverständliche oder verwirrende Aussagen, ist schlecht[81]. Wie in seiner Sozialarbeit hatte er auch in den Erziehungs- und Bildungsmaßnahmen das Wohl des ganzen Menschen und nicht etwa nur das seiner unsterblichen Seele im Blick. Die Bedeutung der Schöpfungslehre für seine theologische Ethik tritt hier zutage und wird im folgenden Abschnitt noch deutlich herauszuarbeiten sein.

4.4 Erziehung und Bildung im Zusammenhang der theologischen Ethik Wesleys

Die bisherige Darstellung der von Wesley initiierten Erziehungs- und Bildungsarbeit ließ schon einen wichtigen Teil seiner Anthropologie erkennbar werden, auf Grund deren er humanitäre Aufgaben als essentiellen Bestandteil christlichen Lebens und Handelns angesehen hat; sie hat ihm dafür auch theoretische Grundlagen und Zielvorstellungen an die Hand gegeben.

Georgian England did more than Wesley to foster its growth." Edwards, John Wesley and the Eighteenth Century, 135. Cf. Armytage, a.a.O. 52; Body, a.a.O. 55; Warner, a.a.O. 232.

78 Wesley: „Then you ought to teach others to read only the Bible, and, by parity of reason, to hear only the Bible: But if so, you need preach no more... This is rank enthusiasm. If you need no book but the Bible, you are got above St. Paul. He wanted others too." Works VIII, 315 (Large Minutes, Q. 32).

79 „the most useful books", ebd.

80 L V, 359 f. (28. März 1768); VII, 82 (8. Sept. 1781); 228 (18. Aug. 1784); Works XII, 261 f. (Letter to Miss L., undatiert); Edwards, HMC I, 6f; Hubery, a.a.O. 255; Warner, a.a.O. 230 f.

81 Mit dem Utilitarismus von Bentham, A. Smith und J. St. Mill hat diese Auffassung wenig zu tun, wohl aber mit der nüchternen Strenge des Puritanismus, von dem Wesley seit seiner frühen Jugend beeinflusst worden war.

4.4.1 Die theologisch-anthropologischen Grundaussagen

In der Geschichte der modernen Pädagogik hat Wesley keinen Platz; seine
Erziehungsmethoden ähneln eher denen in mittelalterlichen Familien und
Schulen als denen der Neuzeit. Dabei darf nicht vergessen werden, dass Pi-
oniere wie Pestalozzi (geb. 1746) oder Fröbel (geb. 1782) ihm nicht bekannt
waren; Rousseaus „Emile" jedoch hatte er gelesen; seine eigenen pädagogischen Prinzipien sowie seine Anthropologie hatten ihn freilich daran ge-
hindert, eine so stark abweichende Position unbefangen zur Kenntnis zu
nehmen und zu würdigen[82]. Den größten Einfluss auf Wesleys eigene Auffassung hat ohne Zweifel seine Mutter ausgeübt, auf deren Rat er auch in
späteren Jahren noch großen Wert legte[83]. Auch deutsche pietistische Einrichtungen (Francke, J. E. Stolte, Herrnhuter) haben großen Eindruck auf
ihn gemacht und seinen eigenen Stil mitgeprägt[84]; schließlich gehören auch
einzelne Aussagen von Comenius, Milton und Locke zu den von ihm über-
nommenen pädagogischen Regeln[85].

Doch wie sahen seine theologisch-anthropologischen Vorstellungen im
Einzelnen aus? Wesleys enge, oft harte Regeln für die Erziehung in den Familien und Schulen resultierten nicht aus einer im 18. Jahrhundert weit verbreiteten Geringschätzung der Kinder[86]; ihnen gab er vielmehr einen Platz in
Familie, Gemeinde und Gesellschaft, der sich von dem bis dahin üblichen

---

82 Über den von ihm mit großen Erwartungen gelesenen „Emile": „But how was I disappoin-
    ted! Sure a more consummate coxcomb never saw the sun! ... he is a mere misanthrope; a
    cynic all over." (J V, 352 f.). „... I knew it was quite contrary to the judgment of the wisest
    and best men I have known." (AM VI, 1783, 380). „Such discoveries I always expect from
    those who are too wise to believe their Bibles." (J V, 353; Vgl. J VI, 23). Inwieweit der Anteil
    des von Wesley geschätzten Samuel Johnson (1709-1784, berühmter englischer Gelehrter)
    hier durchgeschlagen hat, lässt sich kaum feststellen. Johnson über Rousseau: „He always
    appeared to me a bad man. That he was mad I never doubted." (J VI, 23, Anm. 1). Vgl. J V,
    352, Anm. 2, und Body, a.a.O. 19.
83 Vgl. den umfänglichen Briefwechsel: L I, 4 -249 passim; VIII, 268 f., und VI, 47; J V, 189 -
    253; Edwards, John Wesley and the Eighteenth Century, 129 f.
84 Tagebuch vom 24. Juli (WJW 18, 263f.) und 1. Aug. 1738 (266f); 20. April 1748 (WJW 20,
    219f); Schmidt, John Wesley II, 391ff; Cameron, a.a.O. 63.
85 L VII, 81f (8. Sept. 1781); 228 (18. Aug. 1784); Works XIII, 455 ff.; Body, a.a.O. 34. 43; Ed-
    wards, a.a.O. 129.
86 Body, a.a.O. 40; Whiteley, a.a.O. 268: „Eighteenth-century poor parents were quite untrou-
    bled about their children's education; they looked upon their offspring as possible wage-
    earners from the age of four. Wealthier parents then looked upon infancy and adolescence
    as a kind of mental, moral and physical disease rendering the victims unfit occupants of a
    civilized home."

deutlich unterschied[87]. In seinem persönlichen Verhalten Kindern gegenüber war er weniger streng, als man vermuten möchte, und die Anhänglichkeit der Kinder, mit denen er sich beschäftigte, korrigiert das Bild von dem harten Glaubenseiferer, der ihnen alle Freuden vorenthielt[88]. Auch die Strenge war begründet in der Liebe zu den Kindern.[89].

Am deutlichsten wird Wesleys Auffassung von der Seele des Kindes in einer kurzen Abhandlung von 1783, in der er schrieb: „Die Neigung der Natur geht in die falsche Richtung: Erziehung ist dazu bestimmt, sie in die richtige zu lenken. Das bedeutet, die Neigung durch die Gnade Gottes von Eigenwillen, Stolz, Zorn, Rachsucht und Weltliebe in Ergebung, Demut, Sanftmut und Gottesliebe umzuwenden. Und von dem Augenblick an, in dem wir irgendwelche dieser bösen Wurzeln wachsen sehen, ist es unsere Aufgabe, ihr Wachstum zu verhindern, wenn wir sie nicht gleich ausreißen können. Soweit das mit Milde, Sanftheit und Güte geschehen kann, sollte es gewiss geschehen. Manchmal aber werden diese Methoden nicht helfen, dann müssen wir in freundlicher Strenge strafen."[90] Der anthropologische Ausgangspunkt für alle Erziehungsmaßnahmen (wie auch für die Verkündigung des Evangeliums) ist also die Verderbtheit der menschlichen Natur von Geburt an, der es entgegenzuwirken gilt[91]; darum muss der Wille des Kindes gebrochen und ihm Gehorsam aufgezwungen werden[92]. Von hier aus erscheint es nur konsequent und ihrem Wohl angemessen, wenn die Kinder mit allen geeigneten Mitteln zur widerspruchlosen Unterordnung unter eine von Gott beauftragte Autorität gebracht werden und nach Möglichkeit unter ständiger Aufsicht le-

---

87 Predigt 94: On Family Religion (1783) II.2 (WJW 3, 337); Tagebuch 31. Aug. 1768 (WJW 22, 156); L VI, 362 (9. Nov. 1779); VII, 115 (12. März 1782). 127 (25. Juni 1782).

88 Vester, Die Entstehung des Proletariats, 95 f., macht es sich mit seinen pauschalen Vorwürfen allzu leicht. Vgl. Predigt 94: On Family Religion (1783) III.3.6-9 (WJW 3, 339-341).

89 Ebd. II. 4f; L V, 110 (7. Nov. 1768); WJW 22, 327, Anm. 45 und J V, 463, Anm. 1 (30. Mai 1772); WJW 23, 217 (24. Aug. 1781). 235 (5. Apr. 1782).

90 AM IV, 382 f.; Works XIII, 476 f; Predigt 94, III. 3f (a.a.O. 339f).

91 Die Erbsünde wird zwar mit der Taufe abgewaschen, nicht zugleich aber die korrupte Natur geheilt. Works X, 193; XIII, 474-477 (A Thought on the Manner of Educating Children, 1783); Predigt 95: On the Education of Children (1783), WJW 3, 347-360. Vgl. Runyon, Schöpfung, 24-31.111-113.

92 Diese Auffassung teilt Wesley auch mit Luther: „Wenn Luther ... für notwendig hält, dass ‚dem kind on unterlaß sein eygen wil geprochen' werde, so erscheint das zwar gemessen an den Erziehungsidealen der aufklärischen Klassiker der Pädagogik als Unvernunft und Barbarei. Aber er versteht unter dem Eigenwillen' das Gegenteil von Bereitschaft für andere... Der Eigensinn des Kindes, der sich gegen die Autorität der Eltern sträubt, ist die Vorstufe der asozialen Haltung des Erwachsenen und muss deshalb durch kluge, im Notfall auch strenge Zucht unterbunden werden." Elert, Morphologie des Luthertums II, 97.

ben sollen. Erstaunlich ist nicht, dass die Erziehungsmaßnahmen, falls notwendig, auch strenge Strafen einschließen[93], sondern dass Wesley einen solchen Optimismus in Bezug auf ihre Effizienz an den Tag legt, dass sie nämlich „den Verlust der ursprünglichen Vollkommenheit" wenigstens teilweise ausgleichen könnten[94]. Dieser Optimismus, der freilich aus dem Vertrauen auf die Wirksamkeit der göttlichen Gnade gespeist ist, durchzieht die ganze Ethik Wesleys[95]. Die Krankheiten der menschlichen Natur müssen und können nach und nach geheilt werden, wenn Gottes Gnade es (durch Menschen) bewirkt[96]. Angesichts dieses Optimismus sind seine großen Anstrengungen wie seine tiefe Enttäuschung bei Fehlschlägen[97] verständlich.

Aus derselben Wurzel speist sich seine scharfe Gegnerschaft zu Rousseau und dessen Prinzipien. Versucht man, alle unsachlich-polemischen Bemerkungen beiseite zu lassen und den Kern seiner Vorwürfe herauszuschälen, dann zeigt sich, dass er in dem besteht, was Wesley Atheismus nennt: d. h. den Ausgangspunkt nicht bei der Sündhaftigkeit der kindlichen Natur zu nehmen und eine Humanität heranzubilden, die von christlicher Offenbarung und Erlösung unabhängig ist. Dagegen setzt Wesley die Behauptung, dass es nur *ein* Glück gebe, das, wie die einzig wahre Religion, in Gott sein Zentrum habe, und dass die Ursache menschlichen Unglücks seine Sünde sei. Darin, so Wesley, stimmen Schrift, Vernunft und Erfahrung überein.[98] Er will also erst die menschliche Natur ändern, d. h. sie kraft der Gnade Gottes und seiner Erziehungsmethoden so formen, wie sie ursprünglich (vor dem Sündenfall) war und wie sie nach Gottes Willen sein sollte, während Rousseau bei der vorhandenen Beschaffenheit des Kindes einsetzen, seine Individualität respektieren und seiner ursprünglichen (noch von keiner Zivilisation verdor-

---

93 Wesley folgt durchaus den strengen Regeln der zeitgenössischen Pädagogik (Whiteley, a.a.O. 293; Edwards, a.a.O. 132) und dem Rat seiner Mutter, die an ihn geschrieben hatte: „The first thing with children is to conquer their wills, and to bring them to an obedient temper" (Zitiert nach Edwards, John Wesley and the Eighteenth Century, 129 f). Vgl. Predigt 96: On Obedience to Parents (1784) I.10 (WJW 3, 367f). Edwards, a.a.O. 133 f., urteilt: „It would be wrong, however, to suppose that he was narrower in his views and more repressive in his system than contemporary educationalists."

94 Predigt 95: On the Education of Children 33 (WJW 3, 348f, wo er W. Law zustimmend zitiert, dann aber präzisierend hinzufügt: „God, not man, is the Physician of souls."

95 Ebd. Tagebuch vom 4. Aug. 1775 (WJW 22, 461) u. ö.

96 Predigt 95, 4. 14 (WJW 3, 349. 353; Works VII, 88. 91f).

97 Tagebuch vom 25. Juli 1749 (WJW 20, 292); 24. Aug. 1753 (WJW 20, 472); 5. Okt. 1765 (WJW 22, 23); 12. März 1788: Er sprach strenger als sonst in Kingswood, denn „I will have one or the other: a Christian school or none at all." (WJW 22, 32); 6. Sept. 1771 (a.a.O. 289); 8. Sept. 1781: „I can plan, but who will execute? I know not, God, help me!" (WJW 23, 222).

98 Predigt 120: The Unity of the Divine Being (1789), 20-22 (WJW 4, 69f).

benen) Natürlichkeit Geltung verschaffen will[99]. Dass Wesley es mit seinen Methoden erreicht hat, viele Kinder zu fleißigen, gut gebildeten und tüchtigen Bürgern erziehen zu lassen, ist ebenso wenig zu bestreiten wie die Tatsache, dass seine engen Prinzipien und Regeln an seelischen Schäden unzählbarer Menschen – nicht nur in England und nicht nur zu seinen Lebzeiten – mit schuldig gewesen sind.

Diese Ambivalenz seines Wirkens im Erziehungsbereich – einerseits die anregenden Impulse auf das gesamte englische Bildungswesen und die Ausbildung einer steigenden Zahl von Kindern und Erwachsenen gerade aus den unterprivilegierten Schichten, andererseits die Durchsetzung harter und enger Prinzipien in der Erziehung – lässt sich also letztlich auf die religiöse Basis, der Wesley sich unbedingt verpflichtet wusste, zurückführen: die Liebe zu den Benachteiligten und Notleidenden wie die pessimistische Anthropologie, die in der absoluten Unterordnung unter die Autorität Gottes, wie sie sich inhaltlich in den biblischen Geboten und personal in Eltern, Lehrern, Pfarrern und anderen Amtsträgern manifestierte den einzigen Weg zum Glück der Individuen wie der Gesellschaft sah. Weil diese Motivkonstellation für die Sozialethik Wesleys so grundlegende Bedeutung hat, soll sie im Folgenden genauer untersucht und erläutert werden.

4.4.2 Die religiöse Bestimmtheit der Erziehungsarbeit

In einer kritischen Phase seiner Schulen in Kingswood schrieb Wesley in sein Tagebuch: „Ich will töten oder heilen: ich will entweder das eine oder das andere – eine christliche Schule oder gar keine."[100] Die christliche Grundprägung aller Erziehung und Bildung war für Wesley schlechthin unverzichtbar. Warum?

Wie alle Menschen, so sind auch die Kinder nach seiner Überzeugung vor allem als Geschöpfe Gottes zu betrachten, die dazu bestimmt sind, glücklich zu werden, diese Bestimmung aber verfehlen müssen, wenn ihnen nicht die Erneuerung ihres Lebens durch die Vergebung ihrer Schuld und die Veränderung ihrer Natur zuteil wird[101]. Erfolgte die Vergebung der Sünden um der Verdienste Christi willen, wie Wesley in Übereinstimmung mit seiner Kirche

---

99 Zugespitzt formuliert Whiteley, Wesley's England, 273: „The two men were poles apart; the one based his educational System on what he thought the childmind was like, whilst Wesley based his practice on what the child-mind ought to be like."

100 Siehe oben Anm. 97.

101 Predigt 95, 17.

lehrte[102], in der Taufe, ja, soweit es die Erbsünde betrifft, sogar bereits bei der Geburt[103], so bleibt doch, wie wir gesehen haben, die böse Neigung bestehen, die erst durch die dauerhafte Einwirkung der Gnade Gottes in eine gute verwandelt werden kann. Diesem Gnadenwirken Gottes Raum zu schaffen wurde von Wesley um der Liebe zu den Menschen willen als Hauptmotiv seines Handelns angesehen. Wie fragwürdig auch manche seiner Methoden, diesem Auftrag gerecht zu werden, uns heute erscheinen mögen – daran, dass die Liebe zu Gott und den Menschen das wesentliche Motiv für ihn war, kann kaum gezweifelt werden. Nur die Liebe zu ihnen kann Liebe in ihnen wecken; auch wenn Strafen notwendig sind, muss Liebe ihren Vollzug motivieren und mildern[104]. Die spartanische Lebensweise in seinen Schulen[105] hatte vor allem den Zweck, die Kinder vor einer falschen Liebe zur Welt zu bewahren, die ihrem Glück nur hinderlich wäre[106]. Da Wesley in einer lebendigen Verbindung zu Gott den einzigen Weg sah, dieses Ziel zu erreichen, musste er alle seine Bemühungen darauf richten, Kinder und Erwachsene dahin zu bringen, wo diese Beziehung entstehen konnte: in die Begegnung mit dem Evangelium. Verkündigung und Seelsorge hatten daher einen festen Platz in seiner gesamten Erziehungs- und Sozialarbeit[107]. Seine tief sitzende Abneigung gegen alle bloß „äußere Frömmigkeit" und die Überzeugung von der Notwendigkeit eines inneren, lebendigen Glaubens zeigen sich darin, dass er sich nicht mit der

---

102 Cf. Art. 9 und 11 der 39 Articles; Treatise on Baptism (1756) II (Works X, 190-192); Weißbach, Der neue Mensch, 48.

103 „But it is equally true that ‚by the righteousness of one, the free gift came upon all men' (all born into the world, infant or adult) ‚unto justification'. Therefore no infant ever was or ever will be ‚sent to hell for the guilt of Adam's sin', seeing it is cancelled by the righteousness of Christ as soon as they are sent into the world." (21. Nov. 1776; L VI, 239 f).

104 Predigt 94: On Family Religion, III. 3 (WJW 3,339); L V, 110: „An ounce of love is worth a pound of knowledge." Edwards, a.a.O. 137 f.; ders., After Wesley, 102; Gill, The Romantic Movement, 46 f.

105 Spielen war verboten, statt dessen gab es Gartenarbeit oder Spaziergänge. Ferien wurden nicht gewährt. Die Kinder waren unter ständiger Aufsicht. Unterricht und Andachten nahmen die meiste Zeit des Tages in Anspruch: A Plain Account of the People Called Methodists (1749) XIV. 3 (WJW 9, 278); ein Kurzer Bericht über Kingswood (WJW 20, 392-394, Tagebuch 22. Juni 1751); A Short Account of the School in Kingswood (1768) 4f (Works XIII, 284 f.); Body, a.a.O. 88. 92 f.; Whiteley, a.a.O. 278-280. Die Parallelen zur strengen Disziplin der deutschen pietistischen Einrichtungen, die – wie etwa das Waisenhaus in Halle und die Jenaer Schule von J. E. Stolte (Schmidt, John Wesley II, 394 f.) – Wesley stark beeindruckt haben, fallen jedem Kundigen sofort ins Auge; durch ihr Beispiel hat Wesley seine Erziehungstheorie bestätigt und bestärkt gesehen. AM IV, 434 f.; North, a.a.O. 100.

106 Predigt 95: Education of Children, 20f.

107 Plain Account of the People Called Methodists XIV.4 (a.a.O.); Tagebuch 25. Sep. 1772 (WJW 22, 348); Predigt 94: On Family Religion, III. 7-9; u. a.

üblichen Vermittlung von Katechismuswissen begnügt, sondern den Kindern in frühest möglichem Alter die Größe Gottes und seine Liebe zu jedem von ihnen verständlich nahe zu bringen sucht[108]. Dem Einwand, solche Aussagen überstiegen die Verstehensmöglichkeiten der Kinder, begegnet er mit der knappen Auskunft, das gelte auch für Erwachsene, wenn nicht Gott selber ihr Verständnis öffne[109]. Mit großer Freude hat er von Kindern berichtet, deren „Weisheit", Glauben und Lebensernst ihm die Richtigkeit seiner Auffassung bestätigten[110]. Dennoch ist der beherrschende Eindruck, den man von den Kindern unter Wesleys Obhut gewinnt, der von kleinen Erwachsenen[111], denen die Sorge um ihre Seelen manche Freuden der Kindheit genommen hat.

Außer der eben dargestellten Spannung zwischen einer liebevollen Zuneigung zu den Kindern und einem hilfreichen, opferbereiten Einsatz für sie einerseits und großer Strenge, scharfer Disziplin und spartanischer Lebensregelung andererseits findet sich eine weitere, in sich widerspruchsvolle Einstellung, die sich ebenfalls auf andere Bereiche seiner Ethik auswirkt: Neben einer rationalen Analyse der psychischen und sozialen Fakten und der Bereitschaft, aus ihnen praktische Konsequenzen zu ziehen, steht scheinbar unvermittelt eine Erwartungshaltung, die Gottes Gnade auf übernatürlich-direkte, manchmal sogar magische Weise am Werke sieht.

Von dem Glauben an die reale Existenz von Geistern, Hexen und anderen überirdischen Wesen, den Wesley mit anderen berühmten und gebildeten Zeitgenossen teilte, soll hier nicht die Rede sein[112]. Unter seinen Predigten aber gab es Ausbrüche von Hysterie, Exhibitionismus und andere psychisch begründete Störungen, in denen Wesley Wirkungen überirdischer Mächte, Zeichen eines Kampfes zwischen Gottes Geist und bösen Geistern sehen

---

108 Ein besonders schönes Beispiel dafür, wie das geschehen konnte, findet sich in seiner Predigt 120: The Unity of the Divine Being (1789) 9: „He made all things to be happy. He made man to be happy in Himself." Darum hatte Augustin Recht mit seinem „Fecisti nos ad te et irrequietum est cor nostrum, donec requiescat in te". Wesley fährt fort: „Now, is not this the very principle that should be inculcated upon every human creature ..., as soon as ever reason dawns?" An dem Licht und der Wärme der Sonne, die Gott geschaffen hat, und anhand ähnlicher Beispiele solle schon den kleinen Kindern immer wieder gesagt werden: „He made you, and he made you to be happy in him; and nothing else can make you happy". (WJW 4, 63f)

109 A.a.O. 64f.

110 Tagebuch 29. Mai 1737 (WJW 18, 183); 23. Apr. 1776 (WJW 23, 10); 12. Apr. 1780 (WJW 23, 164); April 1785 (WJW 23, 349).

111 In diesem Punkt allerdings war Wesley lediglich ein Mann seines Jahrhunderts. Wieweit eine lebenslängliche Mutterfixierung seine pädagogischen Prinzipien bestimmte, lohnte vielleicht eine gründliche fachmännische Untersuchung.

112 Vgl. dazu Whiteley, Wesleys England, 23 f. 63 -69.

konnte, die gelegentlich auch bei Kindern auftraten[113]. Methodistische Lehrer haben, ohne von Wesley dafür getadelt zu werden, krampfhafte Erweckungen unter Schülern hervorzurufen versucht[114].

Entgegen bis heute wiederholten Behauptungen[115] müssen wir aber feststellen, dass Wesley solche Erscheinungen absichtlich weder hervorzurufen noch zu fördern suchte, sondern als Ergebnisse direkter Einwirkung des Heiligen Geistes auf die Seelen seiner Zuhörer in der Regel anderes konstatierte: eine größere Aufgeschlossenheit für religiöse Aussagen, einen größeren Ernst der Lebensführung, ein Empfinden von Freude, Glück, innerem Frieden, Glaube und die Bereitschaft zum umfassenden Gehorsam gegen Gottes Willen[116]. Kinderbekehrungen auch in zartem Alter von drei bis acht Jahren hielt er für erwiesen[117]; der Heilige Geist vermittle eben auch dann die dafür erforderlichen Einsichten, wenn die Kräfte des Verstandes noch fehlen[118].

Bemerkenswert ist, dass Wesley sich nun nicht mit der Feststellung begnügt, Gottes Geist wirke eben auf übernatürlich-direkte, uns unerklärliche Weise; das hätte in der letzten Konsequenz zum Verzicht auf alle weiteren Reflexionen und Aktionen überhaupt führen müssen. Er hält es auch nicht für ausreichend, sich schlicht etwa an biblische oder traditionell-kirchliche Anweisungen zu halten, obwohl er die Tradition keineswegs gering schätzt und die Heilige Schrift für ihn höchste Autorität besitzt. Nein, er beschäftigt sich intensiv mit den Voraussetzungen und Bedingungen des Verstehens, mit Erkenntnissen über die Entwicklung des menschlichen Geistes sowie mit Unterrichtsmethoden und -mitteln.

---

113 Ausführlich darüber: Schmidt, John Wesley II, 338 ff. Vgl. Runyon, Schöpfung, 167-176; Rack, Reasonable Enthusiast, 277f; Davies, Methodism, 70 f.; Body, a.a.O. 30. Wesleys Einstellung zu jeder Art von Schwärmerei ist gründlich dargestellt in seiner Predigt 37: The Nature of Enthusiasm (1750; WJW 2, 46-60; Lp 711-726). Wesley hat außergewöhnliche psychische Phänomene für ambivalent gehalten, ihre Zuordnung muss über die Frage nach den Ursachen und die kritische Beurteilung nach dem Maßstab des Evangeliums vorgenommen werden. Physische und psychische Phänomene gehören zum Menschsein, sie bedürfen aber der rationalen Überprüfung durch die Heilige Schrift und die Gemeinschaft der Glaubenden. Der Heilige Geist übertrifft die Vernunft, aber er steht ihr nicht entgegen. (Runyon, 179)
114 Eine gründliche Analyse findet sich bei Body, a.a.O. 125 ff. – Davon zu unterscheiden sind Berichte über Bekehrungen von Kindern wie sie in Wesleys Tagebüchern (u.a.) an folgenden Tagen zu lesen sind: 28. Juli 1746; 16. Mai 1752; 13. Juni 1758; 30. Juli 1758; 29. Mai 1759; 23. März 1764; 5. Mai 1768; 17. Juni 1770; 26. Sep. 1770 (Bericht von Mr. Rankin).
115 Z. B. Kluxen, Geschichte Englands, 526 f.
116 Tagebuch 29. Okt. 1751; 5. Mai 1768; 12. April 1780; 12. April 1785; 20. April 1788.
117 L VI, 39 Brief vom 8. Sep. 1873); Works XIII, 354 f. (S. o. Anm. 114)
118 Tagebuch 28. Juli 1746.

Unter den neueren Philosophen ist es vor allem John Locke (1632-1704), mit dessen „Essay on Human Understanding" (1690) er sich ausführlich befasst[119]. Neben Lockes Verehrung Gottes und seines Wortes hat Wesley dessen Ablehnung der „ideae innatae" (Herbert von Cherbury, Descartes) hervorgehoben, weil ihm daran gelegen ist, um der Wichtigkeit und Notwendigkeit der Offenbarung willen sowohl das Verlangen nach Wissen als universales menschliches Prinzip als auch die Begrenztheit dieses Wissens herauszustellen[120].

Beidem versucht Wesleys Erziehungstheorie dadurch zu entsprechen, dass er dem Verlangen des Menschen nach möglichst vielseitigem, umfassendem Wissen in seiner Bildungsarbeit Rechnung trägt und zugleich die bleibende Bedeutung der Erleuchtung des Verstandes durch den Heiligen Geist betont. Vor allem die religiösen Inhalte unseres Wissens (Gott, Schöpfung, Vorsehung, Gnade) können nur aus der Offenbarung hergeleitet werden[121], während Erfahrung und Reflexion die Quellen unserer Kenntnis von endlichen Dingen darstellen[122].

Diese Erkenntnisprinzipien sind in Wesleys Ethik deshalb so bedeutungsvoll, weil sie vor Stolz und Überheblichkeit bewahren und zugleich ein unstillbares Verlangen nach Bildung und Wissen als legitim, weil gottgewollt, feststellen[123]. Deshalb kann er auch, ohne dadurch in einen Widerspruch zu geraten, alle Anstrengungen unternehmen, um die Lernfähigkeit der Kinder und Jugendlichen zu untersuchen, Lehrbücher und Unterrichtsmethoden entsprechend kritisieren und korrigieren und zugleich die Möglichkeit besonderer Erkenntnisse auf frühen Altersstufen und mit nicht aus Sinneswahrnehmung oder Reflexion resultierenden Inhalten akzeptieren, die, freilich nie in Widerspruch zur Botschaft der Bibel, auf Eingebung des Heiligen Geistes beruhen[124]. Deshalb ist er auch durchaus aufgeschlossen für die modernen

---

119 L II, 314 (Brief vom 4. Jan. 1749 an Conyers Middleton); VII, 82 (8. Sep. 1781); Works XIII, 455 ff (Remarks on Mr. Locke's „Essay on Human Understandig", 1781). Er nimmt Aristoteles gegen Locke in Schutz (456. 460), korrigiert viele Einzelaussagen Lockes, vor allem die über die personale Identität des Menschen, die nach Locke erst durch das Bewusstsein entsteht, nach Wesley aber schon vor und unabhängig von diesem gegeben ist (458). Bezeichnend ist, dass Lockes „Some Thoughts Concerning Education", die Rousseau beeinflussten, in Wesleys Pädagogik keine Aufnahme fanden.
120 Predigt 95 (Education of Children), 5f (WJW 3, 350).
121 Ebd.; Predigt 69: The Imperfection of Human Knowledge (1784; WJW 2, 568-586) .
122 Remarks upon Mr. Locke's Essay etc., Works XIII, 455f.
123 Predigt 69: The Imperfection of Human Knowledge, 1-4 (WJW 2, 568f; Works VI, 337).
124 Works VII, 81 ff.; XIII, 283 f. 289 ff.; VI, 337 ff.; L IV, 247; V, 359 f.

Schulfächer der Naturwissenschaften und lebenden Sprachen[125]. Trotz seiner harten Gegnerschaft gegen den seiner Auffassung nach atheistischen Deismus hat Wesley also wesentliche Impulse der frühen Aufklärung in seine Bildungstheorie aufgenommen und damit zur Herstellung eines positiven Verhältnisses zwischen moderner Wissenschaft und kirchlicher Tradition beigetragen[126]. In einer Verhältnisbestimmung von Religion und Bildung geht Wesley sogar soweit zu behaupten, dass das zweite selten ohne das erste gefunden werde[127]. Folgerichtig ist er nicht nur darum bemüht, die von ihm Bekehrten zu verstehenden Christen heranzubilden, sondern auch eine lebendige Frömmigkeit als Voraussetzung echter Bildung darzustellen und zu wecken. Die zu Gottes Ehre gegründeten Schulen sollten zugleich verantwortliche Mitglieder der Gesellschaft heranziehen[128].

Kultur und Frömmigkeit, Bildung und Glauben, weltliches Wissen und die Gesinnung Christi sollen miteinander versöhnt und als solche Kindern und Erwachsenen vermittelt werden[129], besonders aber denen, für deren Selbstwertgefühl und sozialen Aufstieg er mehr getan hat als irgendeiner unter seinen Zeitgenossen.

---

125 M. Schmidts Feststellung, dass der Unterricht in Kingswood „sich naturgemäß an den allgemeinen britischen Bildungskanon der Zeit anschloss" (John Wesley II, 399), ist darum nur bedingt richtig. Vgl. Hubery, Unterweisung und Erziehung, 255; Body, a.a.O. 141 f.

126 Weitere Einflüsse mit geringerer Wirkung, wie etwa die von Milton, Comenius, Fleury und Poiret, können im Rahmen dieses Buches nicht erörtert werden.

127 Predigt 150: Hypocrisy in Oxford (1741), II.8 (WJW 4, 402f; Works VII, 459). Die Predigt liegt in einer englischen und einer lateinischen Fassung vor, wurde vermutlich nicht gehalten.

128 Das von Wesley für Kingswood ausgesuchte Motto lautete: „In gloriam Die Optimi Maximi in usum Ecclesiae et Rei Publicae" und Charles Wesley dichtete anlässlich der Eröffnung der ersten Schule in Kingwood: „Come, Father, Son, and Holy Ghost, To whom we for our children cry" in der dritten Strophe: „Unite the pair so long disjoined, Knowledge and vital piety; Learning and holiness combined, And truth and love, let all men see / In those whom up to Thee we give, Thine, wholly Thine, to die and live." (WJW 7, 644).

129 Works VII, 127; L I, 339; II, 309; AM VI, 381 f.; Body, a.a.O. 47; Schmidt, John Wesley II, 396; Prince, a.a.O. 87.

5 John Wesleys Kampf gegen die Sklaverei

Unter den sozialen Problemen des 18. Jahrhunderts war die Sklaverei trotz der immer stärker drückenden Nöte, die aus der beginnenden und rasch wachsenden Industrialisierung resultierten, das an seiner Ungerechtigkeit und Unmenschlichkeit gemessen größte und wahrscheinlich auch am schwierigsten zu lösende. Das Ausmaß des Elends wuchs mit jeder Schiffsladung ihrer Freiheit brutal beraubter Afrikaner; der steigende Bedarf an Arbeitskräften vor allem in den überseeischen Plantagen in Amerika ließ diesen wichtigen Wirtschaftszweig in dem Grade von Sklavenimporten abhängig werden, wie der Anteil der Afrikanern an der Gesamtzahl der Arbeiter stieg. Wirtschaftliches Kalkül von Politikern, Sklavenhändlern und -besitzern sowie das fast vollständige Fehlen eines Bewusstseins von der Unrechtmäßigkeit der Versklavung wirkten Hand in Hand bei der Multiplikation dieses Übels.

Nach einem kurzen Überblick über die Entstehung der Sklaverei in der Neuzeit wollen wir die Haltung der Kirchen und Wesleys ihr gegenüber untersuchen und schließlich die theoretische Begründung seines späten, aber entschlossenen Einsatzes für die Abschaffung des Sklavenhandels und der Sklaverei analysieren und auf ihre Prinzipien hin befragen.

5.1 Sklavenhandel und Sklaverei im England des 18. Jahrhunderts und seinen Kolonien

Nachdem die Portugiesen bereits um 1500 mit dem Ankauf von schwarzen Sklaven an der afrikanischen Westküste begonnen hatten und sie bald darauf auch nach Amerika transportierten, beteiligte sich auch die gegen die iberische Vorrangstellung auf den großen Meeren immer stärker aufkommende Seemacht England seit der Mitte des 16. Jahrhunderts an dem Handel und brachte bald mehr als die Hälfte des Umsatzes auf den amerikanischen Markt, wo es seit etwa 1620 seine eigenen Kolonien zur Abnahme zwang[1]. Königliche Privilegien, Parlamentsgesetze und internationale Verträge, vor allem die zum Utrechter Frieden gehörende Asiento-Klausel von 1714, die den Engländern neben Spanien das Monopol für den Handel mit schwarzen Sklaven sicherte, hatten das nationale Interesse an diesem Geschäft so gestei-

---

1   Pfaff-Giesberg, Geschichte der Sklaverei, 69 f. Übersichtlich David Turley, Art. Sklaverei V. Reformation bis Neuzeit, TRE 31, 383-393 (Literatur!), und Ralph E. Luker, Art. Sklaverei IV. Kirchengeschichtlich, RGG⁴, Band 7, 1385-1387.

gert, dass ein großer Teil der britischen Bevölkerung von ihm profitierte und eine starke Lobby im Unterhaus seine Sicherung und Entwicklung zum Ziel ihrer politischen Arbeit machte[2]. Zwischen 1680 und 1688 brachten die englische Afrika-Kompanie und die nicht konzessionierten Interlopers (wilde Händler) über 200.000, zwischen 1783 und 1793 allein die von Liverpool auslaufenden Schiffe etwa 300.000 Sklaven nach Amerika[3]. „Der Gewinn einer ganzen Rundreise, einschließlich der in Afrika verhökerten Waren und der von Westindien mitgebrachten allgemeinen Fracht, betrug oft weit über hundert Prozent des ursprünglich eingesetzten Kapitals."[4] Angesichts dieser Interessenlage erscheint es nicht verwunderlich, dass eine von Wilberforce initiierte Gesetzesvorlage zur Abschaffung des Sklavenhandels 1791 im Unterhaus scheiterte, zumal auch nach England Tausende von Sklaven gebracht worden waren[5]. Erst 1807 wurde der Sklavenhandel vom englischen Parlament verboten, 1833 die Aufhebung der Sklaverei für das ganze Reich angeordnet[6].

England galt – vor allem nach dem *Habeas Corpus Amendment Act* (1679) – nicht zu Unrecht als einer der Staaten mit den weitestgehenden Rechten für den Einzelnen. Dass König, Kabinett und Parlament der Verletzung elementarster, im britischen Verfassungsstaat für die eigenen Bürger gesetzlich gesicherter Rechte nicht entgegentraten, wenn es sich bei den Betroffenen um schwarze Afrikaner handelte, ist zwar nicht zu billigen, aber aus der wirtschaftlichen und politischen Situation durchaus zu verstehen. Wie aber verhielten sich Kirchen und Christen dem Sklavenhandel und der Sklaverei gegenüber?[7]

5.2 Die Stellung der Kirchen zur Sklaverei

Die anglikanische Staatskirche hat Sklavenhandel und Sklaverei ohne Widerspruch hingenommen. Vereinzelte Proteste von Pfarrern oder von Bischof Warburton[8] als einzigem unter seinesgleichen verhallten wirkungslos oder erfuhren deutlich Widerspruch von kirchlicher Seite. So schrieb der auch für

---

2 Lean, John Wesley, 126 f.; Kluxen, Geschichte Englands, 388 ff.; Pfaff-Giesberg, a.a.O. 70 f.
3 Kluxen, a.a.O. 397; Lean, a.a.O. 127.
4 T. Trevelyan, Kultur- und Sozialgeschichte, 376.
5 Bis 1778 14.000 bis 15.000. (Sherwin, John Wesley, Friend of the People, 172.)
6 Kluxen, a.a.O. 466. 529.
7 Die Unterscheidung von Sklaverei und Sklavenhandel ist deshalb sinnvoll, weil der Protest sich zunächst gegen den letzteren und seine Grausamkeiten und erst später gegen die Sklaverei als solche richtete.
8 William Warburton, 1698-1779, seit 1759 Bischof von Gloucester.

die Kolonien zuständige Bischof von London 1727 gegen die Forderung, christianisierte Sklaven sollten von ihren christlichen Besitzern freigelassen werden: „Die Freiheit, die der christliche Glaube schenkt, ist eine Freiheit von der Bindung an Sünde und Satan ..., was aber ihren äußeren Stand betrifft, wie auch immer er vorher beschaffen gewesen sein mag ..., an ihm ändert sich dadurch, dass sie getauft und zu Christen werden, in keiner Weise etwas."[9] Hier wurde in einer für die Argumentation der Kirchen nicht nur im 18. Jahrhundert typischen Weise die theologische Begründung, die Paulus für einen bewussten Verzicht auf eine grundsätzliche Veränderung der sozialen Strukturen seiner Zeit geliefert hatte, aus ihrem zeitbedingten apokalyptischen Kontext herausgelöst und zur generellen Rechtfertigung eines gesellschaftlichen Status quo herangezogen. Dass die ethischen Anweisungen des Paulus aus dem Zusammenhang seiner tiefen Überzeugung vom nahe bevorstehenden Weltende heraus verstanden werden müssen und nicht in den Rang zeitlos gültiger, alle Christen verpflichtender Regeln erhoben werden dürfen, ist in der neueren theologischen Forschung nicht mehr ernsthaft umstritten[10]. Für Paulus waren in der eschatologischen Existenz der in Christus Getauften alle sozialen und rassischen Unterschiede radikal relativiert (Gal 3,28), aber diese Wirkung des Evangeliums blieb ohne Konsequenzen für die soziale Struktur der Gesellschaft. Der Sklave, der Christ wurde, sollte auf eine mögliche Freilassung ausdrücklich verzichten, vielmehr seinem Herrn um des Kyrios Christus willen umso ergebener dienen (1 Kor 7; Kol 3); sein Sklavesein war der Ort seiner Bewährung als Christ, den er nicht verlassen sollte (1 Kor 7,25).

Da auch das Alte Testament und die Evangelien keinen grundsätzlichen Protest gegen die Sklaverei enthalten, vielmehr deren Existenz an vielen Stellen kommentarlos als gegeben ansehen, hat sich die Kirche immer wieder auf sie berufen, um Verzicht auf soziale Veränderungen zu rechtfertigen. Geistliche und weltliche Freiheit, geistliche und weltliche Gerechtigkeit wurden, wenn man von den Schwärmern in Korinth und zur Zeit der Reformation absieht, als voneinander unabhängige, unvermittelte Gegebenheiten betrachtet. Der paulinische Verzicht auf eine Herleitung der Sklaverei aus dem Willen Gottes[11] hat kirchengeschichtlich bis zur Neuzeit keine Rolle gespielt; er hat nicht einmal verhindern können, dass die Sklaverei in der Kirche von

---

9 Zitiert bei Cameron, Methodism and Society in Historical Perspective, 94, Anm. 33.
10 Vgl. G. Bornkamm, Paulus, 212ff; Conzelmann, Der erste Brief an die Korinther, 153; Schrage, Ethik des NT, 240-244.
11 Wendland, Ethik des NT, 84.

England wie im Frühkatholizismus als ein Bestandteil der göttlichen Welt-
ordnung angesehen wurde[12]. Wohl hatten einige anglikanische Christen bekehrte Sklaven freigelassen, sich dafür aber auch von ihrem Bischof zurecht-
weisen lassen müssen[13], der sich mit seiner Berufung auf das Neue Testament
in eine lange Reihe ähnlicher Stellungnahmen einfügte. Bis zur Mitte des
18. Jahrhunderts war innerhalb der anglikanischen Staatskirche kein Widerspruch ihrer führenden Männer, geschweige denn der Versuch einer Veränderung oder gar Beseitigung der Sklaverei zu erkennen – mit Ausnahme von Bischof Warburton und einiger Pfarrer, die sich gegen Grausamkeit und für die
Emanzipation christlicher Sklaven einsetzten. Die offizielle und von der überwiegenden Mehrzahl ihrer Mitglieder vertretene Auffassung blieb davon aber
unberührt[14].

5.3 Der Beginn des Kampfes gegen die Sklaverei

Es ist das unbestrittene Verdienst der Quäker, als erste ihre Stimme gegen
diese unmenschlichste Gestalt der Herrschaft von Menschen über Menschen erhoben zu haben, eine Stimme, die mehr ausdrückte als ein gewisses
Mitleid mit dem schweren Los der Sklaven. Bereits 1671 sprach George Fox
sich für ihre Emanzipation aus, 1727 verurteilte die *Society of Friends*, als
Kirche und öffentliche Meinung in dieser Hinsicht kaum Spuren eines
Problembewusstseins zeigten, in einer formellen Erklärung die Sklaverei;
1761 beschloss sie sogar, sich von allen Mitgliedern zu trennen, die mit dem
Sklavenhandel in Verbindung standen[15]. Außer ihnen und den Mennoniten
in Nordamerika gab es nur vereinzelte Christen anderer Konfessionen, die
bereits um die Jahrhundertwende dezidiert Position gegen das tief verwurzelte Übel bezogen[16].

---

12 Schulz, a.a.O. 189; Lotz, Sklaverei, Staatskirche und Freikirche, 85; Whiteley, Wesleys Eng-
    land, 28; Cameron, a.a.O. 94.
13 S. o. , Anm. 9.
14 Whiteley, a.a.O. 28; Lotz, a.a.O. 23; Cameron, a.a.O. 94; Edwards, John Wesley and the
    Eighteenth Century, 115.
15 Edwards, After Wesley, 63; Warner, The Wesleyan Movement in the Industrial Revolution,
    41 f.; Wendland, RGG[3] VI, 103; Cameron, a.a.O. 53.
16 Neben dem bereits genannten anglikanischen Bischof Warburton waren das vor allem Ri-
    chard Baxter und einige andere Geistliche (Edwards, John Wesley and the Eighteenth Cen-
    tury, 113 ff.), sowie der für einen früheren Einfluss auf Wesley wichtige Gouverneur der Ko-
    lonie Georgia, General Oglethorpe (Warner, a.a.O. 41).

Der Wirksamkeit dieser noch quantitativ geringen Proteste aus religiösen Motiven kam eine neue philosophisch-literarische Strömung zugute, die in der französischen Aufklärung, vor allem bei Diderot und den Enzyklopädisten sowie bei Rousseau, ihren Ursprung hatte: die Idealisierung des Natürlichen. Romane (Defoe), Reiseberichte (J. Thomson, G. Addison), einzelne Traktate und öffentliche Stellungnahmen (S. Johnson, F. Hutcheson, J. Beattie u. a.) verstärkten die Tendenz einer Idealisierung des „edlen Wilden" (noble savage), die gerade durch eine Reihe von Übertreibungen, die von der Mehrzahl ihrer Leser nicht überprüft werden konnten, den gängigen Vorurteilen von der qualitativen Unterlegenheit der Schwarzen entgegenzuwirken imstande war[17]. Die romantische Begeisterung für den natürlichen Menschen und die neu aufkommende Forderung nach allgemeinen, naturgegebenen Menschenrechten schufen allmählich eine Bewusstseinslage in breiten Schichten, die für die beginnende Anti-Sklaverei-Bewegung eine günstige Voraussetzung darstellte. Dennoch muss festgestellt werden, dass ohne die religiöse Motivation, die die führenden Vertreter dieser Bewegung bestimmte, ihr schließlicher Erfolg kaum denkbar erscheint. Inhalt und Stärke dieser Motivation sollen im Folgenden an der Einstellung John Wesleys zur Sklaverei und an seinem Einsatz für ihre Abschaffung exemplifiziert werden.

5.4 John Wesleys Einstellung zur Sklaverei

5.4.1 Die frühe Phase (bis etwa 1770)

Im Unterschied zu anderen sozialen Problemen seiner Zeit ist die Sklaverei erst relativ spät John Wesley in einer Weise bewusst geworden, dass er sich für ihre Humanisierung und Beseitigung einzusetzen begann. Dennoch waren die Wurzeln für seine spätere Haltung und sein aktives Eintreten zugunsten der Anti-Sklaverei-Bewegung und der Abschaffung der Sklaverei bereits in den frühen Jahren seines Dienstes als anglikanischer Pfarrer in der nordamerikanischen Kolonie Georgia erkennbar.

Als er 1736 seine Arbeit in der Kolonie aufnahm, gab es dort keine Sklaven, da General Oglethorpe und sein Kuratorium von Treuhändern ihre Ein-

---

17 Edwards, John Wesley and the Eighteenth Century, 113; Warner, a.a.O. 42; Nicolson, Das Zeitalter der Vernunft, 301; Cameron, a.a.O. 95.

fuhr nicht gestatteten[18]. Wesley unterstützte – im Unterschied zu Whitefield – diese Politik vorbehaltlos, da er bei Besuchen in Südkarolina und durch Lektüre des „Negroe's Advocate" Einblick in die Grausamkeiten der Sklaverei gewonnen hatte[19]; ja, er zog sich sogar den Zorn einer Reihe von Siedlern zu, weil er auch Formen von weißer Sklaverei anzugreifen gewagt hatte[20]. Dennoch vermissen wir jede Spur eines grundsätzlichen Angriffs oder einer generellen moralischen Verurteilung der Sklaverei. Damit fügte er sich weitgehend in das Bild der anglikanischen Position und der Haltung der *Society for Propagating Christian Knowledge* ein, in deren Auftrag er seinen Dienst in Georgia aufgenommen hatte[21]. Auch seine intensiven Verbindungen zu führenden Vertretern der Herrnhuter Brüdergemeine haben an dieser Einstellung nichts ändern können, da diese ebenfalls gegen den formell zu Recht bestehenden Zustand nicht anging[22].

Diese frühe Phase der Tätigkeit Wesleys zur Verbesserung der Situation schwarzer Sklaven war also gekennzeichnet durch einen milden Protest gegen gewisse Übelstände, das Einverständnis mit dem Verzicht der Kolonialverwaltung auf Einfuhr von Sklaven und ein seelsorgerliches Bemühen um einzelne Schwarze. Dabei führte er, wie er es mit seinen weißen Gemeindegliedern tat, Einzelgespräche mit ihnen über Gott und die Seele, plante einen Predigtdienst speziell für Sklaven und erteilte ihnen Unterricht in den Grundlagen des christlichen Glaubens[23]. Er sorgte dafür, dass Bildungsarbeit unter ihnen durchgeführt werden konnte, indem er für eine Schule für Schwarze sammelte, sich mit anderen Pfarrern in Verbindung setzte, die unter Sklaven tätig waren, und Literatur für sie beschaffte[24]. Eine solche pastorale und pädagogische Betreuung wurde von ihm, soweit sich dazu Zeit und Gelegenheit boten, auch nach seiner Rückkehr aus Amerika (1738) fortgesetzt[25]. In seiner

---

18 J I, 181, Anm. 2. Das Mandat der Treuhänder endete 1752, und nach der Revolution entstanden in Georgia bald die großen Baumwollplantagen, deren Eigentümer die Sklaverei als wirtschaftlich unverzichtbar ansahen.

19 J I, 181, Anm. 2. (12. März 1736); 260 (20. Aug. 1736, Diary).

20 J I, 244, Anm. 1 (10. Aug.).

21 Warner, a.a.O. 41.

22 Lotz, a.a.O. 23.

23 Tagebuch 23. Apr. 1737 (Auf einer Reise nach South Carolina; WJW 18, 501f; J I, 350 f); 27. Apr. 1737 (WJW 18, 503f; J I, 352 f); 26. Dez. 1737 (auf der Rückreise nach England; WJW 18, 207; J I 413).

24 29. Juni 1740 (WJW 19, 425; J II, 362 Diary); 27. Juli 1755: Brief aus Virginia (WJW 21, 21f; J IV, 125); 1. März 1756: Weiterer Brief aus Virginia (WJW 21, 42f; J IV, 149 f); 28. Jan. 1757: dito (WJW 21, 84f; J IV, 194 f).

25 29. Nov. 1758 (WJW 21, 172); 7. (!) Mai 1780 (WJW 23, 169; J VI, 277 f.).

evangelistischen und seelsorgerlichen Praxis machte er bereits keinen Unterschied mehr zwischen Weißen und Schwarzen, Freien und Sklaven; von beiden Gruppen wurden Menschen durch seine Predigt für den christlichen Glauben gewonnen, Sklaven wurden getauft und zum Abendmahl gemeinsam mit den Weißen zugelassen[26]. Methodistische Prediger und Sklavenbesitzer in Amerika sammelten Sklaven in Gruppen („classes") und nahmen sie in ihre Gemeinschaften auf[27].

Mit erstaunlicher Vorurteilsfreiheit wurden also Schwarze, denen die Mehrheit der englischen Bevölkerung Gleichwertigkeit und Gleichberechtigung absprach, als Schwestern und Brüder, denen das Evangelium von der Liebe Gottes uneingeschränkt galt, im Glauben angenommen. Eine gewisse Parallelität zu den paulinischen Gemeinden ist hier unverkennbar.

Trotz der negativen Erfahrungen, die Wesley mit den amerikanischen Ureinwohnern („Indianer") während seiner Missionstätigkeit in Georgia gemacht hatte, ließ er es sich nicht nehmen, die besonderen Qualitäten, die ihm bei schwarzen Zuhörern aufgefallen waren, öffentlich herauszustellen[28]. Die menschliche Wertschätzung auf Grund von eigenen Erfahrungen erleichterte die Zuwendung zu ihnen als Menschen mit einer unsterblichen Seele, die es zu retten galt, weil sie von Gott dazu geschaffen waren[29]. Zu einem öffentlichen Protest gegen die Sklaverei ist es in dieser ersten Phase dennoch nicht gekommen[30], vielleicht weil Wesley noch zu stark in kirchlichen Traditionen und politischem Konservatismus befangen war; doch lässt sich ein solcher Schluss nicht mit Notwendigkeit ziehen. Wichtiger ist, dass er mit der Gleichstellung der Schwarzen im religiös-kirchlichen Bereich, die vor allem schöpfungstheologisch und soteriologisch motiviert war, die Basis für die spätere Ablehnung und Bekämpfung der Sklaverei als solcher gelegt hatte.

---

26 WJW 21, 21f (s.o. Anm. 24); 10. März 1786 (WJW 23, 386; J VII, 144).
27 Simon, John Wesley, The Master-Builder, 44. 261.
28 WJW 18, 502 (23. Apr. 1737); J I, 415 (7. Jan. 1738); WJW 21, 172 (29. Nov. 1758) u.a. Vgl.
     seine spätere Äußerung über die Möglichkeiten erfolgreicher Missionsarbeit unter Indianern: „I am throughly persuaded that true, genuine religion is capable of working all those happy effects which are said to be wrought there; and that, in the most ignorant and savage of the human-kind." (1768; L V, 121).
29 WJW 21, 172 (J IV, 292).
30 So taufte Wesley 1760 einen Sklavenbesitzer und zwei Sklaven, wo eine Reflexion über die sozialen Konsequenzen nahe gelegen hätte. Warner, a.a.O. 240.

5.4.2 Die späte Phase (nach 1770)

Bevor die Quäker 1783 dem englischen Parlament den ersten Antrag auf Abschaffung der Sklaverei präsentierten[31], proklamierte die erste methodistische
Konferenz in den Vereinigten Staaten 1784 den Widerspruch gegen die Sklaverei als ein Verhalten, das „zu den Gesetzen Gottes, des Menschen und der
Natur in Widerspruch steht und für die Gesellschaft schädlich ist"; und „dass
sie den Weisungen des Gewissens und reiner Religion widerspreche und das
tue, von dem wir nicht wollten, dass andere es uns oder den unseren antä-
ten"[32]. Die methodistischen Prediger und – so der Beschluss der Generalkon-
ferenz 1784 – schließlich alle Methodisten wurden aufgefordert, nicht nur jede Beteiligung am Sklavenhandel zu unterlassen, sondern alle in ihrem Besitz
befindlichen Sklaven freizulassen, wie es einige schon vorher getan hatten[33].
Die Bedeutung dieser Beschlüsse wird von Siegfried Schulz zutreffend so umrissen: „Zum ersten Mal in der Geschichte der Menschheit und Christenheit
wird nicht nur gegen die Institution der Sklaverei protestiert – so schon im
5. Jahrhundert v. Chr. die griechischen Sophisten –, nicht nur wieder einmal
versucht, sie zu humanisieren – so die heidnische Stoa, das frühkatholische
Urchristentum und die römisch-katholische Kirche –, und die Sklaverei nicht
nur in der eigenen religiösen Gemeinschaft radikal beseitigt – so schon die
spätjüdischen Essener –, sondern die Antisklaverei-Bewegung in Kirche und
Gesellschaft eingeleitet ... Damit aber war nichts anderes als die Welt verändernde Glaubenspraxis entdeckt und die durch Ideologie legitimierte Herrschaft der Sklavenhalter gebrochen."[34] Freilich ließen sich diese mutigen Beschlüsse wegen der unterschiedlichen Staatsgesetze, die teilweise eine
Emanzipation verboten, nicht überall und vollständig durchführen; ebenso
hatten Methodisten, Quäker, Mennoniten und Baptisten wegen ihrer negativen Einstellung zur Sklaverei unter mannigfachen Anfeindungen zu leiden
und Spaltungen in den eigenen Reihen hinzunehmen[35]; dennoch war ein

---

31 Warner, a.a.O. 43.
32 Zitiert bei Cameron, a.a.O. 97. Vgl. Warner, a.a.O. 245; Wendland, Sklaverei und Christen-
    tum, RGG[3] VI, 103; Madron, John Wesley on Race, 26.
33 Cameron, a.a.O. 97 f. 99; Schulz, a.a.O. 230; Warner, a.a.O. 244; Madron, a.a.O. 26; Lotz,
    a.a.O. 32.
34 Schulz, a.a.O. 231 f.
35 Cameron, a.a.O. 97. 99 f.; Schulz, a.a.O. 233; Warner, a.a.O. 245. Whitefield, der enge Mit-
    arbeiter Wesleys in früheren Jahren, verurteilte zwar Grausamkeiten gegen Sklaven, war
    aber selbst Sklavenbesitzer, befürwortete die Einführung der Sklaverei in Georgia und hin-
    terließ bei seinem Tode fünfzig eigene Sklaven (Warner, a.a.O. 240; Lotz, a.a.O. 32; O.
    Sherwin, a.a.O. 171 f.).

wirksames Signal gesetzt, das Hunderten von Sklaven die Freiheit wiedergab
und eine Bewegung einleitete, die schließlich zum Verbot der Sklaverei in
England (1833) und den USA (1865) führte[36].

Das theologische Manifest, das diesen Entscheidungen zugrunde lag, war
eine kleine, mehrfach aufgelegte und weit verbreitete Schrift Wesleys: „Gedanken über die Sklaverei"[37]. Den Anstoß zu ihrer Abfassung hatte er von einem Quäker, Anthony Benezet, erhalten, dessen Schriften er Anfang der
siebziger Jahre in die Hand bekam und sorgfältig studierte[38]. Eigene Beobachtungen und Erfahrungen, Berichte über Afrikareisen und über Praktiken
amerikanischer Sklavenhalter und -händler sowie eigenständige theologische
Reflexionen befähigten ihn, eine eindeutige und viele Zeitgenossen überzeugende Stellungnahme zu diesem Problem abzugeben. Wie sehen seine Argumente im Einzelnen aus?

Nach einer Definition und einem knappen Überblick über die Entstehung
der Sklaverei beginnt er mit der Widerlegung von verbreiteten Vorurteilen
über die Herkunftsländer, die Lebensweise und den Charakter der Afrikaner,
indem er Fakten aus Reiseberichten zusammenstellt, die die geographischen,
wirtschaftlichen, gesellschaftlichen und politischen Zustände verschiedener
Länder der afrikanischen Westküste sowie die Verhaltensweisen ihrer Bewohner betreffen. Dass Auslassungen und Überzeichnungen dieses Bild
schöner erscheinen lassen, als es der Wirklichkeit entsprach, ist weniger der
erwähnten Tendenz zur Idealisierung des Natürlichen zuzuschreiben, gegen
die Wesley sich im Zusammenhang seiner Beschäftigung mit Rousseau ausdrücklich gewehrt hat, sondern eher einer in der Absicht, das von Vorurteilen
völlig entstellte Wissen über die Schwarzen zu korrigieren, begründeten ein-
seitigen Auswahl und unkritischen Übernahme literarischer Schilderungen[39].
Und außerdem widersprach die verbreitete Auffassung, dass Schwarze keine
vollwertigen Menschen seien, zutiefst der Grundüberzeugung Wesleys, nach
der der Wert eines Menschen sich nicht nach allgemein geschätzten Qualitä-

---

36 Kluxen, Geschichte Englands, 466.
37 Thoughts upon Slavery (1774), Works 11, 59-79.
38 A. Benezet (1713-1784) stammte aus reicher hugenottischer Familie, wurde in London er-
    zogen, schloss sich den Quäkern an und emigrierte mit seinen Eltern nach Amerika, wo er
    als Lehrer tätig war, Bücher über Erziehungsfragen und zwischen 1762 und 1771 drei Wer-
    ke gegen die Sklaverei verfasste. (WJW 22, 307; J V, 445 f.; Edwards, After Wesley, 64;
    ders., HMC I, 65.)
39 Auch spätere Schriften aus der Antisklaverei-Bewegung versuchten, „den Neger, seinen
    Charakter und seine kulturelle Lage ins beste Licht zu setzen und das Vorurteil, das ihn
    kaum als Menschen betrachtet, zu beseitigen". Lotz, a.a.O. 19 f. Vgl. Schmidt, John Wesley
    II, 333.

ten bemaß, sondern zuerst und vor allem in einer von Gott zum ewigen Leben geschaffenen Seele begründet war, die nach seiner eigenen Erfahrung im
„Werk Gottes an den Schwarzen"[40] diese ebenso besaßen wie Weiße[41].

Der zweite größere Teil der „Gedanken über die Sklaverei" beschäftigt sich
mit den Grausamkeiten der Beschaffung, des Transports und Verkaufs der
Sklaven und ihrer unmenschlichen Behandlung durch ihre Besitzer, durch
die sie auf einen Status herabgedrückt wurden, der dem von Lasttieren kaum
vorzuziehen sei. Er gipfelt in der Frage, ob der Schöpfer beabsichtigt habe,
dass die edelsten Geschöpfe (in) der sichtbaren Welt ein solches Leben führen
sollten[42]. Nicht nur die Sklavenhalter, auch die Urheber einer ungerechten
Gesetzgebung haben für ihre Untaten die Strafe Gottes zu erwarten[43].

Der dritte Hauptteil[44] bildet das Zentrum der gesamten Argumentation
Wesleys und beschäftigt sich unter ausdrücklichem Verzicht auf die Bibel als
Diskussionsgrundlage mit der Überprüfung der Vereinbarkeit von Sklaverei
einerseits sowie Gerechtigkeit und Mitleid (justice and mercy) andererseits[45].
Untersucht man den hier verwendeten Begriff der Gerechtigkeit, so zeigt sich,
dass er aus dem Naturrecht hergeleitet ist, das sowohl im angelsächsischen
Protestantismus von seinen calvinistischen Traditionen her zu Hause war, als
auch in der frühen Aufklärung des 18. Jahrhunderts eine wachsende und für
die Entstehung der modernen Demokratie grundlegende Bedeutung gewann[46]. Dieses Recht übertrifft alles positive Recht an Rang und Gültigkeit[47];
mit ihm ist jeder Mensch, gleich welcher Rasse, Religion oder Nationalität er
sei, von Geburt an ausgestattet. Sklavenhaltung ist mit diesem Recht in kei-

---

40 L VII, 225.
41 Die Zusammenfassung dieses Abschnitts lautet: „Upon the whole, therefore, the Negroes
    who inhabit the coast of Africa ... are so far from being the stupid senseless, brutish, lazy
    barbarians, the fierce, cruel, perfidious savages they have been described, that on the con-
    trary, they are represented, by them who have no motive to flatter them, as remarkably sen-
    sible, considering the few advantages they have for improving their understanding; as in-
    dustrious to the highest degree, perhaps more so than any other natives of so warm a
    climate; as fair, just, and honest in all their dealings, unless where white men have taught
    them to be other wise; and as far more mild, friendly, and kind to strangers, than any of our
    forefathers were." (Works XI, 64 f.)
42 Works XI, 68.
43 Works XI, 69.
44 Abschnitt IV der Einteilung Wesleys.
45 „I would now inquire, whether these things can be defended, on the principles of even hea-
    then honesty, whether they can be reconciled (setting the Bible out of question) with any
    degree of either justice or mercy." Works XI, 70.
46 Ernst Wolf, RGG[3] IV, 1363.
47 „Not-withstanding ten thousand laws, right is right, and wrong is wrong still." Works XI, 70.

ner Weise in Übereinstimmung zu bringen. Das einzige Argument, mit dem
die Befürworter der Sklaverei sich der moralischen Beurteilung entziehen und
ihr Tun rechtfertigen, bleibt das einer wirtschaftlichen Notwendigkeit. Dass
diese wirklich bestehe, bestreitet Wesley auf Grund der Erfahrung, nach der
auch Weiße im Klima der westindischen Inseln und der Südstaaten arbeiten
können, und mit dem Hinweis, ein entsprechender Großversuch sei noch gar
nicht unternommen worden. Diese Bestreitung war keinesfalls abwegig, wie
Adam Smith und andere später mit ihrer Forderung zeigen werden, die Sklaverei aus ökonomischen Gründen abzuschaffen[48].

Wesleys wichtigstes Gegenargument bleibt aber auch hier der Hinweis auf
die mit der Sklaverei als solcher verbundene Verletzung elementarer Men-
schenrechte: „Besser kein Handel als ein Handel, der durch Schurkerei zustande kommt. Es ist weitaus besser, keinen Reichtum zu besitzen, als Reichtum auf Kosten der Tugend zu gewinnen. Besser ist ehrenhafte Armut als all
diese Reichtümer, erkauft mit den Tränen, dem Schweiß und Blut unserer
Mitgeschöpfe."[49] Diese Missachtung des Rechtes der Schwarzen sei es auch
gewesen, die sie – wo das der Fall sein sollte – auf einen niedrigen moralischen und sozialen Stand herabgedrückt habe; für ihn tragen die Sklavenhalter die Verantwortung. Dem Argument aus dem Naturrecht wird das aus der
Psychologie hinzugefügt[50].

So überzeugend die Darlegung, gerade wegen ihres Verzichts auf eine bib-
lisch-ethische Dicta-probantia-Methode, bis hierher ist, ihre Schwäche zeigt
sich in den folgenden Ratschlägen, die Wesley für eine Beseitigung der Sklaverei erteilt und mit denen er sich an die Hauptschuldigen wendet: an die
Kapitäne der Sklavenschiffe, die Sklavenhändler und Sklavenhalter. Allgemeine Appelle an die Öffentlichkeit und die englische Nation hält er für ebenso ineffektiv wie eine Anrufung des Parlaments. Gewiss haben beide, Parlament und Öffentlichkeit, in der Sklavenfrage bis zum Zeitpunkt des
Erscheinens dieser Abhandlung kläglich versagt; dass Wesley aber von den
am Weiterbestehen der Sklaverei vital Interessierten eine Änderung zu errei-

---

48 Lotz, a.a.O. 25.
49 Works XI, 74.
50 Beachtenswert ist, dass die in anderen Anti-Sklaverei-Publikationen häufig angeführte Gol-
    dene Regel (s. o. Beschluss der amerikan. Konferenz und Schulz, a.a.O. 229) von Wesley nicht
    benutzt wird, obwohl er sie sonst durchaus verwendet. Vielleicht hält er sie wie andere biblische
    Anweisungen für zu wenig verbindlich für die hier zu führende Argumentation mit den Befür-
    wortern der Sklaverei, oder er ist sich dessen bewusst, dass die Bibel Belege für deren Beibehal-
    tung hergibt und diese Ambivalenz besser durch Vermeidung einer biblizistischer Argumentation
    zu umgehen war.

chen hofft, ist nur aus seinem Optimismus zu verstehen, der die Kraft moralischer Appelle und ihre Wirkung auf Menschen, ihr soziales Gewissen und ihre Verantwortungsbereitschaft vor sittlichen Instanzen weit überschätzt. An
der – abgesehen von einigen bewusst christlichen Sklavenbesitzern, die dem
Aufruf zur Emanzipation folgten – ausbleibenden Reaktion der Angesprochenen und an der zunehmenden Feindschaft gegenüber Methodisten und
anderen Befürwortern der Abschaffung hat Wesley bald selbst ablesen können, wie notwendig es sein würde, andere Wege zu suchen. Er belässt es nicht
mehr bei öffentlichen Stellungnahmen[51] und Predigten[52], bei Aufrufen zu Gebet und Fasten für die Sklavenbefreiung[53], sondern setzt sich mehr und mehr
für die Anti-Sklaverei-Bewegung und die Unterstützung ihrer Führer – vor allem Granville Sharp, Thomas Clarkson und William Wilberforce - ein, die
auch politische Maßnahmen für notwendig halten und im Parlament durchzusetzen versuchen[54] und die er vor dem wachsenden Widerstand ihrer mächtigen Gegner warnt, nicht ohne sie auf die Hilfe Gottes hinzuweisen, mit der
sie rechnen dürften[55]. In Amerika und England haben sich methodistische
Konferenzen mit Unterschriftensammlungen und Petitionen an die Parlamen-
te für das Verbot der Sklaverei eingesetzt[56], eine Maßnahme, die Wesley als
einen „wahrhaft christlichen Plan" gutgeheißen hat[57].

Was als Liebesarbeit unter den Schwarzen begonnen hatte, wurde nicht zu-
letzt durch Wesleys großen Einfluss innerhalb und außerhalb seiner Gemeinschaften zu einer breiten Bewegung, die mit allen zur Verfügung stehenden
Mitteln der Agitation, aber auch der partiellen Emanzipation, Fürsorge und
Bildungsarbeit auf eine grundlegende Änderung dieses großen sozialen Missstandes hinarbeitete und an deren Anfang die Denunziation der Sklaverei als
Sünde gegen Gottes Gebot und als Verletzung des natürlichen Rechts aller
Menschen sowie die Liebe zu den Notleidenden standen; sie vor allem war es,
die ihren Trägern auch im Verlauf ihrer Bemühungen die notwendigen Im-
pulse für die Durchführung ihrer selbst gewählten Aufgabe verlieh. John

---

51 L VI, 126 f (30. Nov. 1774); VII, 201 (10. Dez. 1783).
52 Auch in Bristol, dem Sklavengroßmarkt in England, hat er sich nicht gescheut, gegen die
    Sklaverei zu predigen. WJW 24, 69 f (6. März 1788, mit einem außergewöhnlichen Gewit-
    ter).
53 Ebd..
54 24. Feb. 1789 (WJW 24, 121f); L VIII, 6f (Aug. 1787); 23 (24. Nov. 1787); 264f (24. Feb.
    1791; letzter Brief Wesleys); 275f. (18. Aug. 1787); AM XI, 1788, 208 f.; Madron, a.a.O. 24
    ff.; Kluxen, a.a.O. 528 f.
55 L VIII, 6f (Aug. 1787); 275f. (18. Aug. 1787); 264f (24. Feb. 1791).
56 Warner, a.a.O. 244f; Cameron, a.a.O. 96..
57 L VIII, 275f. (18. Aug. 1787).

Wesleys Methode, zuerst ein Bewusstsein für bestehendes Unrecht zu schaffen, um Menschen zu dessen Beseitigung zu inspirieren, hat schließlich doch zum Erfolg entscheidend beigetragen[58].

---

58 Dennoch sollte man um der historischen Richtigkeit willen von Wesley nicht als „dem Bahnbrecher dieser Bewegung" sprechen, wie Schneeberger (Theologische Wurzeln, 156) es tut. (Bei Edwards, loco citato, steht nur „a pioneer"!)

6 Gefangenenfürsorge und Gefängnisreform

Im Unterschied zu den Sklaven, die erst relativ spät Wesleys größere Aufmerksamkeit und vielfältiges Engagement weckten, haben Insassen britischer Gefängnisse bereits in der Zeit des Oxforder Studentenkreises seine und seiner Freunde Fürsorge zu spüren bekommen[1]. Diese Aufgabe, die ihn sein ganzes Leben lang nicht mehr losgelassen hat, wurde nach seiner Rückkehr aus Georgia und seiner Aldersgate-Erfahrung 1738 mit verstärkter Intensität wieder aufgenommen, wozu vermutlich auch der um die Verbesserung der Lage deportierter Gefangener bemühte General Oglethorpe einen weiteren Anstoß gegeben hat[2]. Doch wollen wir auch hier zunächst einen Überblick über die allgemeine Situation des englischen Gefängniswesens im 18. Jahrhundert zu geben versuchen.

6.1 Das englische Gefängniswesen im 18. Jahrhundert

Die Lage der Schuld- und der Strafgefangenen war aus drei Gründen besonders unglücklich: dem überaus harten Strafrecht, der undurchsichtigen Prozessordnung und -durchführung und den katastrophalen Zuständen im Strafvollzug.

6.1.1 Das Strafrecht

Die nach der Glorreichen Revolution von 1689 eingeführte Unabsetzbarkeit der Richter, die ihnen eine größere Unabhängigkeit verschaffte, sowie die Stärkung der Legislative gegenüber der Macht des Königs und seiner Minister hatten zweifellos zu einer Erhöhung der Rechtssicherheit der englischen Staatsbürger geführt, deren sich Zeitgenossen in anderen europäischen Staaten nicht erfreuen konnten. Die Überzeugung von der die königlichen Privilegien und Machtbefugnisse übersteigenden Geltung des Rechts war durch die Ereignisse vor der Revolution bei vielen lebendig geworden[3]. Auf der an-

---

1 S. o. S.# 20f. L I, 125 ff.; Nuelsen, Geschichte des Methodismus, 29 f. Simon, Advance, 65; ders., Master-Builder, 92 f.; Schmidt, John Wesley I, 87; Telford, Life, 60.
2 General Oglethorpe lenkte mit einer bereits 1729 veranlassten parlamentarischen Untersuchung „die Aufmerksamkeit der Öffentlichkeit auf die skandalösen Zustände in den Schuldgefängnissen" und nahm viele Schuldner und Verarmte mit in die von ihm gegründete und regierte Kolonie Georgia. Trevelyan, Kultur- und Sozialgeschichte Englands, 336.
3 Bill of Rights (1689), von Wilhelm III. von Oranien und Maria II. angenommen. Kluxen, Geschichte Englands, 376 f.; Trevelyan, a.a.O. 340 f.

deren Seite aber nahm die Härte des Strafrechtes Ausmaße an, die geeignet waren, eben diese Rechtssicherheit und das Ansehen der Gesetze und der Vollzugsbehörden wieder zu mindern. So verlängerte im Laufe des 18. Jahrhunderts das Parlament die Liste der todeswürdigen Verbrechen auf über zweihundert Delikte[4], unter denen größere und kleinere Eigentumsvergehen einen nicht geringen Platz einnahmen. „Jemand konnte gehängt werden, weil er ein Kaninchen geschossen, eine Brücke beschädigt, einen jungen Baum gefällt oder fünf Shilling gestohlen hatte."[5]

Viele Strafbestimmungen über Delikte, von denen die meisten heute als Bagatellfälle, manche gar als nicht strafbar gelten würden[6], trafen also Leute vor allem aus den ärmeren Schichten des Volkes, die von Not und Hunger zu Taten der Selbsterhaltung getrieben wurden, für die sie im Falle einer Anzeige und Verhaftung mit der Todesstrafe zu rechnen hatten. Die nicht seltenen öffentlich vollzogenen Hinrichtungen[7] waren zahlreich besuchte Volksfeste, zu denen viele sich aus der näheren und weiteren Umgebung einfanden[8].

Hart traf die Strenge der Justiz auch den zahlungsunfähigen Schuldner, der sich schnell innerhalb der Gefängnismauern außerstande gesetzt fand, für die Auslösung seiner finanziellen Verpflichtungen selber Sorge zu tragen[9]. Das Schuldrecht sorgte zusätzlich dafür, dass sich vor allem Bürger ohne großes Einkommen vor dem Richter einzufinden hatten und von ihm gegen alle Vernunft, aber dem Gesetz entsprechend ins Gefängnis geschickt wurden.

Zur Härte des Gesetzes traten die Unzulänglichkeiten eines immer unübersichtlicher werdenden Strafrechts, einer mangelhaften polizeilichen Ordnungsmacht (meist mussten Soldaten gerufen werden) und nicht selten auch der Bestechlichkeit der Justiz, so dass „von sechs vor Gericht gestellten Dieben ... fünf auf die eine oder andere Weise entkommen (konnten), während

---

4   Trevelyan, a.a.O. 338; Nicolson, a.a.O. 433, nennt 253 „Kapitalverbrechen"; Mertner, Englische Literaturgeschichte, 326, „etwa 200 Arten".

5   Nicolson, a.a.O. 433. Vgl. Bready, England Before and After Wesley, 127; Lean, John Wesley, 130; Simon, Advance, 66.

6   Wearmouth, Methodism, 131.

7   Wearmouth, Methodism, 100 ff., gibt für die Jahre 1764 bis 1789 einige Zahlen von Todesurteilen an. So wurden etwa 1764 von Old Bailey ca. 42 und von den County Assizes ca. 160 solcher Verurteilungen ausgesprochen, 1785 waren es zusammen fast 500, die teilweise in Deportation umgewandelt wurden.

8   Trevelyan, 339. Zu solchen „Hanging Shows" in Tyburn (London) wurden sogar Zuschauerplätze für Geld angeboten (Bready, a.a.O. 127).

9   Selbst Samuel Wesley, Johns Vater, Pfarrer in Epworth und ein fleißiger Mann, musste wegen Schulden mehrere Monate im Gefängnis zubringen.

der eine, der Pech hatte, gehängt wurde"[10], von denen nicht zu reden, die gar nicht erst gefasst wurden. Diese jedem menschlichen Rechtsempfinden Hohn sprechende Lage wurde auch dadurch nicht wesentlich verbessert, dass eine Reihe von Gerichten dazu überging, statt der Todesstrafen Deportationsurteile auszusprechen, die oft genug den Beginn eines qualvollen Sterbens bedeuteten[11]. Da die Gesetzgeber im Parlament auf der einen Seite und die Mehrzahl der durch kleinere oder größere Delikte zu Kriminellen Gewordenen auf der anderen zwei getrennten Gesellschaftsschichten angehörten, konnte das an sich Unverständliche geschehen, dass statt der notwendigen Humanisierung und Vereinfachung des Strafrechts dem „blutigen Gesetzbuch" „Bestimmung um Bestimmung zugefügt" und das Recht weitgehend zu einer Farce gemacht wurde[12].

6.1.2 Die Prozesse

Ein objektives Verfahren gegen Straftäter war bereits dadurch erschwert, dass die Mehrzahl der für die Rechtsprechung Verantwortlichen der herrschenden Schicht entstammte, deren Interessen – und die der Staatskirche, wie Methodisten oft genug erleben mussten – sie bei ihrer Tätigkeit außer Acht zu lassen weder imstande noch gewillt waren[13]. „Trotz William Pitts stolzer Behauptung, dass die Gesetze des Landes den Hohen und den Niedrigen, den Reichen und den Armen gleiche Sicherheit und gleichen Schutz gewährten, konnte ein Junge von zehn Jahren zum Tode verurteilt werden, und Hunger leidende arme Kerle, die fast gezwungen waren zu stehlen, um zu leben, konnten für immer aus ihrem Heimatland verbannt werden."[14]

Manche Gefangene mussten monate- oder jahrelang auf ihren Prozess warten[15]. Wer dagegen genügend Geld besaß, um sich einen geschickten Anwalt leisten zu können, fand in der Regel eine Lücke in der Prozessordnung, die es ihm erlaubte, sich einer Bestrafung zu entziehen – wenn es überhaupt zu einer Anzeige und Prozesseröffnung gekommen war[16]. Der anglikanische Episkopat, weit davon entfernt, solche Ungerechtigkeiten abschaffen und Rechtsgleichheit durchsetzen zu helfen, hielt es für seine Pflicht, Richter und

---

10   Trevelyan, a.a.O. 338.
11   Wearmouth, a.a.O. 112. 132.
12   Trevelyan, a.a.O. 338; Whiteley, Wesley's England, 29; Kluxen, a.a.O. 258. 608 f.
13   Wearmouth, aaQ, 163; Whiteley, a.a.O. 29.
14   Wearmouth, a.a.O. 166.
15   Bready, a.a.O. 132.
16   Trevelyan, a.a.O. 338.

Justizbehörden zu einer effektiveren Anwendung der Gesetze aufzufordern, was faktisch auf eine noch häufigere Pönalisierung geringfügiger Vergehen, zunehmend auch im Bereich der öffentlichen Ordnung, hinauslaufen muss-te[17]. Wenn wir bedenken, dass die damalige Rechtsprechung trotz der erst jüngst durchgeführten Gewaltenteilung noch in hohem Maße unter dem Einfluss der Exekutive stand, dass die Geschworenen nur die quaestio facti und die Richter allein die quaestio juris zu bestimmen hatten[18] und dass zwischen kirchlicher Hierarchie und staatlicher Obrigkeit eine enge Verbindung bestand, wird erst die fatale Eindeutigkeit der zitierten Aufforderung sichtbar, die nicht auf eine Verbesserung, sondern eine stärkere Absicherung der bestehenden Rechtssituation gerichtet war.

In welchem Maße Justizbehörden bereit waren, selbst die bestehenden Gesetze zum Schütze der Bürger im vermeintlichen Interesse der staatlichen Ordnung zu manipulieren, haben auch die Methodisten der Anfangszeit häufig zu spüren bekommen, wenn Belästigungen, Störungen und Tätlichkeiten, die von anderen Gruppen gegen sie begangen wurden, nicht verhindert und geahndet, manchmal sogar noch gebilligt und gefördert wurden[19]. Ehe gegen Ende des 18. Jahrhunderts und in den folgenden Jahrzehnten Reformen die Rechtssituation verbesserten, wurde obrigkeitliche Härte bis zur brutalen Gewaltanwendung als probates Mittel gegen Eigentumsdelikte und öffentliche, oft in Notlagen begründete Unruhen betrachtet.

Trotz der nach 1689 verbesserten Rechtsstellung der Bürger Englands und des allgemein wachsenden Rechtsbewusstsein sorgten doch die Mängel der Strafgesetze und des Systems der Rechtsprechungs- und Vollzugsorgane immer wieder für Maßnahmen, die auch bei verständnisvoller Beurteilung als

---

17 Aufruf der Bischöfe aus den State Papers, George II, Domestic, 36. 153; zitiert bei Wearmouth, a.a.O. 97.

18 Kluxen, a.a.O. 375..

19 Wesley beschreibt in seinem Tagebuch eine große Anzahl von zum Teil erschreckenden Rechtsbrüchen solcher Art (z. B. WJW 19, 349-351; 20, 10-14. 285-290). Wearmouth, Methodism, 163, kennzeichnet die häufig an den Tag gelegte Haltung der Justiz so: „The quiescence, not to say indifference and unconcern, of the local magistrates in regard to disturbances contrasted suspiciously with the judicial vengeance, including death sentences, inflicted on those accused of offences much less serious in degree and extent. And the contrast with the energetic action taken by magistrates to suppress mob agitations for increases in wages is cynically remarkable. One law for the poor, another for the rich: it was more than that; if the poor in mob fashion sought to sweep the Methodists and their homes and hearths and businesses away, smashing down everything, then the destructive passion was welcomed tacitly, it would seem, but if the masses agitated angrily and openly for social, economic betterment, the so-called laws were used like a slave-driver's whip".

teilweise illegale, oft aber illegitime Entscheidungen gegen das Recht der
Staatsbürger zu bezeichnen sind.

6.1.3 Der Strafvollzug

Die schlimmsten Grausamkeiten aber entstanden durch den desolaten Zustand vieler Gefängnisse. Abgesehen von einigen Ausnahmen erhielten die
Gefängniswärter kein festes Gehalt und waren darauf angewiesen, sich auf
andere Weise ein Einkommen zu verschaffen. Weil die zuständigen Behörden
„sich die Mühe und die Kosten ersparen wollten, die Gefängnisse durch an-
ständig bezahlte Beamte verwalten zu lassen"[20], erpressten die entsprechend
ambitionierten Pächter die Gefangenen mit dem Ziel, Gebühren von ihnen
zu erhalten, oder sie verschafften ihnen bestimmte Erleichterungen (z. B. eine
zeitlich begrenzte Abnahme der Fesseln) gegen entsprechende Bezahlung; sie
verkauften Alkohol und Rauschgift und gestatteten Prostitution (Männer,
Frauen und Kinder waren in der Regel nicht getrennt untergebracht); berühmte Gefangene ließen sie gegen Gebühren vom Publikum besichtigen.
Andere, die ihre „Gebühren" nicht bezahlen konnten, wurden von einigen
Gefängnispächtern zu Tode gequält; andere durften nach einem Freispruch
oder nach dem Ablauf der Haftzeit das Gefängnis nicht verlassen, weil sie
dem Verwalter noch Geld schuldeten[21]. Angesichts einer solchen Brutalität,
gegen die sich die Betroffenen selten oder gar nicht wirksam zur Wehr zu setzen vermochten, scheint es durchaus verständlich, dass viele Gefangene ihre
Hoffnung auf das Eintreten eines unregelmäßig wiederkehrenden Ereignisses
setzten: die staatliche Öffnung der Gefängnisse wegen Überfüllung[22].

Die Lage der Gefangenen wurde aber nicht nur durch die Grausamkeit der
Gefängnisverwalter, sondern auch durch die Art ihrer Unterbringung und
durch katastrophale hygienische Zustände belastet, die nicht selten zu schweren Erkrankungen und Sterbefällen führten. Untersuchungsgefangene und
bereits Verurteilte, Schuldgefangene und Kriminelle wurden in alten Türmen
oder Burgen, in Räumen unter Rathäusern oder finsteren Kellern von Gast-
häusern untergebracht; sanitäre Anlagen waren selten oder gar nicht vorhanden; Schmutz und Gestank herrschten allenthalben; der Mangel an äußeren

---

20 Trevelyan, a.a.O. 336.
21 Bready, a.a.O. 367. 132; Trevelyan, a.a.O. 336; Voigt, Aus der Geschichte der Gefängnisre-
    form in England, 376; Wearmouth, a.a.O. 132.
22 Bready, a.a.O. 367.

Sicherheitsvorkehrungen wurde durch Ketten, Eisen und Zwangsjacken ausgeglichen. Dass die so ausgestatteten und häufig überfüllten Räume der ideale Nährboden für ansteckende Krankheiten waren, braucht kaum ausdrücklich erwähnt zu werden[23]. Der spätere Gefängnisreformer John Howard hatte sich 1773 vergeblich darum bemüht, „die Richter in Bedfordshire und den benachbarten Grafschaften zu veranlassen, den Gefängnispächtern reguläre Gehälter zu zahlen, statt den Gefangenen Gebühren abzupressen"[24]. Nicht die einfachsten und unabdingbaren Voraussetzungen für eine Verbesserung der Zustände in den Gefängnissen wurden geschaffen, ja nicht einmal als notwendig erkannt; in der Öffentlichkeit war nur wenigen bekannt, was in den Haftanstalten vor sich ging.

6.2 Wesleys Hilfsmaßnahmen für Gefangene

6.2.1 Predigt und Seelsorge

Die Zielsetzungen des sich zunächst als Evangelisationsbewegung manifestierenden Methodismus wirkten sich auch auf die Arbeit an den Gefangenen aus: es ging ihm um die Rettung der einzelnen Seelen und die Fürsorge für das persönliche Wohlergehen der Menschen. Die Ursachen der skandalösen Zustände wurden von Wesley erst Jahre später analysiert und offen gelegt. Vor allem in den Gefängnissen von London und Bristol, in denen er seine Tätigkeit als Verkündiger des Evangeliums und Seelsorger der Gefangenen ausübte, hat er vom Frühjahr 1739 an Gottesdienste gehalten, unzählige Gespräche mit Einzelnen, vor allem zum Tode Verurteilten geführt, mit ihnen gebetet und ihnen geholfen, ihr schweres Geschick nicht nur zu tragen, sondern es als ein Geschehen zu betrachten, durch das Gott sie zur Buße und ewigen Rettung führen wolle. Seine Predigten, in denen er vor allem die Gnade Gottes anbot, die allen Menschen ohne Ausnahme und ohne eigene Verdienste gelte, blieben nicht ohne Echo; viele wurden von ihnen berührt und fanden den Weg zum christlichen Glauben, der die Kraft besaß, ihnen

---

23 Als bei einer Gerichtsverhandlung vor dem Old Bailey im Jahre 1750 auch Richter, Geschworene, Anwälte und einige Zuschauer von einer solchen Krankheit befallen wurden, ließ man die Gefängnisse reinigen und mit Ventilatoren versehen. Eine weitergehende Reform fand nicht statt. (Simon, Advance, 132).

24 Trevelyan, a.a.O. 336, Anm. 2.

die Todesangst zu nehmen und sie mit innerem Frieden aufs Schafott gehen zu lassen[25]. Sein Wirken führte auch dazu, dass immer wieder Strafgefangene um Gespräche mit ihm nachsuchten und ihn baten, in ihrem Gefängnis zu predigen[26].

Wesley verstand seinen Auftrag, vor allem zu den Armen gesandt zu sein, offensichtlich so, dass auch und gerade solche Verurteilten zu ihnen gehörten. Und wie ihm bald die Kanzeln seiner Kirche eine nach der anderen verschlossen blieben, so stieß er auch in der Gefängnisarbeit schon früh auf den Widerstand von Behörden und Pfarrern. Mit dem Vorwurf, er verführe die Leute, verboten ihm die für Newgate in Bristol zuständigen Sheriffs seine täglichen Gebetsgottesdienste und beschränkten seine Tätigkeit dort auf eine Predigt pro Woche[27]. Der Alderman desselben Ortes gestattete ihm nicht, ein Gespräch mit einigen zum Tode Verurteilten zu führen, um das diese ihn gebeten hatten[28]. Einen anderen Besuch bei Todeskandidaten verhinderte der für das Gefängnis zuständige Pfarrer[29].

Da sich Wesley offensichtlich nicht mit der für einen Geistlichen üblichen Form kirchlicher Präsenz begnügte, sondern sich der Gefangenen persönlich annahm, sich bei einigen sogar für ihre Begnadigung einsetzte[30] und eben auch seine sonstige Tätigkeit nicht das Wohlgefallen der kirchlichen Instanzen fand, versuchte man im Zusammenwirken staatlicher und kirchlicher Amtspersonen, seine Arbeitsmöglichkeiten in den Gefängnissen zu beschneiden oder zu zerstören.

Der Inhalt seiner Predigten, soweit sein Tagebuch darüber Auskunft gibt, orientierte sich durchweg an Texten, die die uneingeschränkte Liebe Gottes zu allen Menschen verkündigen[31]. Er reflektierte die Botschaft von der Rechtfertigung des Sünders allein aus Gnade auf ihre Gültigkeit gerade für die

---

25 Das Predigen unter freiem Himmel und die Gottesdienste in Gefängnissen wurde im selben Jahr begonnen; die Begleitung einzelner zum Tode Verurteilter wurde fortgesetzt. WJW 25, 626f; L I, 294. 303 (9. April 1739); WJW 19, 20f; J II, 100 (8. Nov. 1738); WJW 19, 51-53; J II, 184 ff (April 1739); WJW 19, 282; J III, 29 (29. Juni 1742).

26 WJW 19, 245; J II, 521 (11. Jan. 1742); WJW 21, 342f; J IV, 478 (21. Okt. 1761); WJW 21, 466; J VI, 79 (21. Sep. 1775).

27 WJW 19, 53; J II, 188 (2. Mai 1739); WJW 19, 58; J II, 200 (16. Mai 1739).

28 WJW 19, 143; J II, 340 f (2. Apr. 1740).

29 WJW 19, 165; J II, 377f. (19. Aug. 1740); Vgl. WJW 19, 189; J II, 440 (1. Apr. 1741); WJW 19, 245; J II, 521 (11. Jan. 1742).

30 WJW 23, 427; J VII, 230 (23. Dez. 1786).

31 Auslegung des Johannesevangeliums in mehreren Predigten (J II, 173); er bietet ihnen „free Salvation" an (J II, 70 f.; 19. Sep. 1738), predigt über den „Freund der Sünder" (J III, 43; 4. Sep. 1742), über den Schächer am Kreuz (J V, 239, 20. Nov. 1767), über die Freude im Himmel angesichts des einen Sünders, der Buße tut (J VII, 41; 26. Dez. 1784).

kirchlich und gesellschaftlich Verfemten und setzte sie in aktuelle Verkündigung um. Nicht überall fand er damit Gehör, die Verbitterung war oft zu groß; aber viele dankten ihm seinen Einsatz mit persönlicher Zuneigung und nahmen das Geschenk Gottes an.

Seine Tätigkeit wurde sehr schnell von anderen Methodisten als beispielhaft angesehen und aufgenommen; der Besuch von Gefangenen gehörte bereits 1743 zu den Regeln der Gemeinschaften, nach denen ihre Mitglieder ihre religiöse und soziale Betätigung ausrichteten[32]. Aber damit sind wir schon bei dem zweiten Bereich der methodistischen Tätigkeit für die Gefangenen, dem der humanitären Hilfe, die bei nichttheologischen Mitarbeitern Wesleys meist im Vordergrund stand.

6.2.2 Humanitäre Hilfe für Gefangene

Wie in der Armenhilfe und der Erziehungsarbeit gelang es Wesley auch im Bereich der Gefangenenfürsorge, eine wachsende Zahl von Mitarbeitern zu gewinnen, denen der Besuch von Kranken und Gefangenen eine nahezu selbstverständliche Betätigung ihres Glaubens war. Einige von ihnen zeigten einen beispiellos uneigennützigen Einsatz, der ihnen nicht nur den Spott anderer, sondern auch körperliche und seelische Belastungen, Gefährdungen ihrer Gesundheit und finanzielle Einbußen einbrachte. Sie besuchten die Gefangenen, um nicht nur die Bibel mit ihnen zu lesen und zu beten; sie reichten Petitionen für sie ein, stellten Verbindungen zu Angehörigen und zur Außenwelt her, sprachen ihnen Trost und Mut zu und begleiteten zum Tode Verurteilte auf ihrem Weg zum Schafott, den sie unter dem Gejohle der schaulustigen Menge zurückzulegen hatten[33].

Die Fürsorge der Methodisten galt aber nicht nur inhaftierten Landsleuten, sondern auch ausländischen Gefangenen; Franzosen, Holländer und Amerikaner, die als Soldaten in englische Hände gefallen waren, hatten oft unter noch schlimmeren Lebensbedingungen zu leiden, als sie oben geschildert worden sind. Auch ihnen galten Verkündigung, Seelsorge und humanitäre Hilfe der Methodisten[34]. In Gottesdiensten wurde für sie gesammelt, um

---

32 Works VIII, 271; Warner, The Wesleyan Movement in the Industrial Revolution, 237.
33 WJW 20, 253ff; J III, 382 ff. (Okt. 1748); WJW 23, 427; J VII, 230 (23. Dez. 1786); L VIII, 13f (30. Sep. 1787); Simon, Advance, 65; Voigt, a.a.O. 378.
34 WJW 20, 468; J IV, 75 (17. Juli 1753); WJW 21, 231; J IV, 355 f (15. Okt. 1759; französische Gefangene); WJW 21, 285; J IV, 417 (24. Okt. 1760, dto); WJW 23, 145; J VI, 250 (21. Aug. 1779, amerikanische Gefangene); WJW 23, 291; J VI, 453 (10. Okt. 1783, holländische Gefangene).

von den gespendeten Beträgen Kleidung, Nahrung und Matratzen kaufen zu können. Um andere zur Nachahmung anzureizen, wies Wesley öffentlich auf die Notlage und mögliche Maßnahmen zu ihrer Linderung hin, und er hatte Erfolg damit[35]. Wie wirksam methodistische Verkündigung und Sozialarbeit die Situation der Gefangenen trotz des eng gesteckten gesetzlichen Rahmens verbessern könnten, zeigt das Beispiel von Abel Dagge, dem Gefängnisverwalter von Newgate in Bristol; ihm hat Samuel Johnson in seinem „Life of Savage" ein literarisches Denkmal gesetzt[36]. Anlässlich einer Predigt hatte Wesley mit eigenen Augen die Veränderung dieser Haftanstalt feststellen können: das ganze Gebäude war sauber, Trunkenheit und Prostitution waren beseitigt, Streitigkeiten wurden auf Grund von Anhörungen der Beteiligten und nicht mehr durch Schlägereien beigelegt, Sonntagsheiligung und regelmäßige Gottesdienste gehörten zur festen Ordnung; vor allem aber wurden Arbeitsmöglichkeiten für die Häftlinge beschafft; Material erhielten sie auf Kredit, den sie mit dem erarbeiteten Gewinn wieder zurückzahlen konnten[37]. Statt zum Nichtstun und Warten verurteilt zu sein, aus dem so viele schädliche Verhaltensweisen resultierten, hatten sie nun sinnvolle Aufgaben, ein eigenes Einkommen und damit die Möglichkeit, Schulden zu tilgen und sich auf die Zeit nach der Entlassung aus der Haft vorzubereiten.

Von Anfang an gehörte der Dienst an Gefangenen zum festen Repertoire methodistischer Aktivität, der 1778 von der Konferenz durch einen offiziellen Beschluss noch einmal bestätigt und für alle Prediger verbindlich gemacht wurde[38]. Eine umfassende Gefängnisreform war damit noch nicht in Gang gesetzt, aber eine nicht geringe Zahl von einsatz- und gebewilligen Menschen hatte das Los der Gefangenen als Herausforderung ihrer christlichen Nächstenliebe begriffen, der zu folgen sie sich entschlossen hatten. Sie waren es auch, die auf Grund eines veränderten Bewusstseins und eigener Erfahrungen aus der Gefängnisarbeit sich willig und fähig zeigten, in späteren Jahren Reformer wie John Howard und andere in ihren vielfältigen Bemühungen zu unterstützen.

---

35 L IV, 73 f (20. Okt. 1759); 84 (18. Feb. 1760).
36 J II, 173, Anm. 1 (2. Apr. 1739). Dagge hatte vorbildlich für den inhaftierten Dichter Savage gesorgt, der als Schuldgefangener in Newgate war. Vgl. L IV, 127 f (2. Jan. 1761).
37 J IV, 416 f (14. Okt. 1760).
38 Voigt, a.a.O. 378; Warner, a.a.O. 237.

6.2.3 Wesleys Publikationen über Gefängnisse und Gefangenenhilfe

Es ist Wesley nicht nur vorgeworfen worden, er habe keine neuen Methoden der Gefangenenhilfe geschaffen[39], das Schweigen der deutschen Veröffentlichungen über die Geschichte der Gefängnisreform legt auch die Annahme nahe, ihre Verfasser hätten ihm keine erwähnenswerte Bedeutung in dieser Geschichte zugemessen[40]. Wenn der unparteiische Historiker jedoch das im voran gegangenen Abschnitt Dargelegte bedenkt und sich, wie es jetzt geschehen soll, Wesleys öffentliche Äußerungen zu diesem Thema näher ansieht, werden u. E. nicht nur sein wesentlicher Einfluss auf die Verbesserung der Situation in den Gefängnissen – und zwar in Bezug auf akute Notlagen ebenso wie auf grundsätzliche, in Gesetzeswerk, Gerichtsverfahren und Strafvollzug begründete Missstände – sondern auch die ihm durch seine theologische und seine politische Einstellung von vornherein gezogene Grenze seiner Reformtätigkeit erkennbar werden.

Wesley hat es nicht dabei belassen, Gefangene pastoral und karitativ zu versorgen, sondern er hat öffentlich und mit wünschenswerter Klarheit Protest gegen empörende Übelstände eingelegt. Bevor John Howard 1777 seinen aufrüttelnden Bericht „The State of Prisons in England and Wales" veröffentlichte, hatte John Wesley, von dem er den Anstoß für seine Reformarbeit empfangen hatte, auf seinen Reisen viele Gefängnisse besucht und gründlich angesehen und sich einen Überblick über die dort herrschenden Zustände verschafft. Seine in mehreren Zeitungen und eigenen Publikationen dargelegten Beschwerden richteten sich in erster Linie gegen folgendes:

(1) Gegen den Zustand .der meisten Gefängnisse, für die es nichts Vergleichbares „auf dieser Seite der Hölle" gebe[41]. Dunkelheit, Unsauberkeit und Gesundheitsschädlichkeit, das Fehlen jeder Annehmlichkeit machen sie zu einem Tal des Todes, in dem Menschen, getrennt von allen Freunden und Bekannten, in der Gemeinschaft „solcher Herren und solcher Genossen" leben müssen[42].

(2) Gegen die Wirkung eines Gefängnisaufenthalts auf das sittliche Verhalten. Die Strafentlassenen gehen gewöhnlich „aus dieser Schule" tauglich gemacht für alle Arten von Verbrechen, brutalisiert und vollkommen zugerüstet

---

39 Warner, a.a.O. 236.
40 Voigt, a.a.O. 374 ff., gibt einzelne Auskünfte über dieses Schweigen und seine Gründe.
41 L IV, 127 (2. Jan. 1761); A Farther Appeal, Part 2, II. 29 (WJW 11, 240-242; Works VIII, 173).
42 Ebd. (1745).

für alle bösen Worte und Taten[43]. Die Strafe diente also nicht zur Besserung der Bestraften, sondern hat sie erst recht auf den Weg weiterer Straftaten gebracht.

(3) Gegen die langen Gerichtsverfahren. Das betraf vor allem Zivilgerichtsverfahren. Während Kapitalverbrechen oft an einem Tag verhandelt und abgeschlossen wurden, hatten andere oft Monate oder Jahre auf ihren Prozess zu warten, ohne dass das Gericht sich um die daraus entstehenden Schwierigkeiten kümmerte[44]. Die Unübersichtlichkeit der Gesetze und die daraus resultierenden unterschiedlichen Gerichtsurteile über gleiche Fälle führten zu einer zusätzlichen Rechtsunsicherheit.

(4) Gegen die ungleiche Behandlung Armer und Reicher. Wesley: „Wenn (von zwei Prozessgegnern) der eine reich und der andere arm ist, steht dann die Gerechtigkeit nicht weit entfernt? Und ist es nicht äußerst unwahrscheinlich, wenn nicht unmöglich, dass der Arme sein Recht erhält?"[45] Die Anwälte seien selten ehrenhaft und nähmen viel Geld von ihren Klienten. Wer den für die Prozesseröffnung notwendigen Anwalt nicht bezahlen könne, suche vergeblich sein Recht. Der Unterdrücker, der ihm alles genommen habe, sei so sicher vor ihm, als wäre er schon gestorben. Selbst eine sehr unwahrscheinliche Verurteilung des Reichen würde ihm nicht helfen, da dieser in die Berufung gehen und der ganze Kampf von vorn beginnen würde[46].

(5) Gegen die unmenschliche Behandlung Kriegsgefangener. Französische, holländische und amerikanische Gefangene gehörten ebenso zu den von Wesley besuchten Gruppen wie britische. Dabei ließ er sich nicht von Vergeltungsgefühlen leiten, die gerade Kriegsgefangenen gegenüber regelmäßig beobachtet werden können, sondern schloss sie ebenso wie andere Notleidende in seine Fürsorge ein. Er veröffentlichte Berichte über ihre Notlage und die Hilfsmaßnahmen, um andere zur Mithilfe anzureizen[47]. Eine viel beachtete Predigt richtete er an seine Landsleute, um eine veränderte Einstellung zu den Kriegsgefangenen zu bewirken. Ihr Text lautete: „Die Fremdlinge sollt ihr nicht unterdrücken; denn ihr wisset um der Fremdlinge Herz, weil ihr auch Fremdlinge in Ägyptenland gewesen seid!"[48] Seine öffentlichen Ankla-

---

43 Ebd.
44 A Farther Appeal, Part 2, II. 20 (WJW 11, 234; Works VIII, 165f).
45 WJW 11, 233; Works VIII, 164 f.
46 WJW 11, 233; Works VIII, 164 f.
47 WJW 21, 231; J IV, 355 f (15. Okt. 1759); WJW 21, 285; J IV, 417 (24. Okt. 1760); WJW 23, 150; J VI, 256 (6. Okt. 1779); L IV, 78 (4. Nov. 1759).
48 Ex. 23,9; J IV, 355 f (15. Okt. 1759).

gen blieben nicht ohne Wirkung auf Einzelne, Gemeinden und Behörden, die sich zu Aktionen bewegen ließen[49].

Hier fällt dem Beobachter wie bei Wesleys Appell zur Abschaffung der Sklaverei auf, dass er nicht (nur) mit biblisch-theologischen Argumenten für die Durchführung einer von ihm als richtig und gut betrachteten Maßnahme eintrat. Den französischen Gefangenen zu helfen, sei nötig nicht nur „für die Glaubwürdigkeit unserer Religion und zur Ehre Gottes", sondern auch „zum Ruhm ihrer Stadt und ihres Landes"[50]. Und nachdem er eine anonyme Spende von 20 Pfund erhalten hatte, äußerte er die Überzeugung, die Gabe werde „eine viel höhere Genugtuung" für den Geber sein, selbst wenn es keine andere (jenseitig-zukünftige) Welt gäbe, als wenn er sie für andere Dinge ausgegeben hätte. Und er fügte hinzu: „Männer der Vernunft, urteilt!"[51] Auch hier also versuchte Wesley, über den Kreis der religiös Motivierbaren hinaus alle die zur sozialen Aktivität anzuregen, von denen er meinte, Hilfe erhoffen zu können.

Direkte Angriffe auf die parlamentarische Gesetzgebung oder die Exekutive des Königs und seiner Minister, die letztlich für die unhaltbaren Zustände verantwortlich waren, sie herbeigeführt und verschlimmert hatten, sucht man bei Wesley allerdings vergeblich. Vor dem Hintergrund seines großen Respekts vor der Monarchie und dem Parlament und seines politischen Konservatismus erscheint sein Auftreten mutig und unkonventionell, realistisch in Bezug auf schnell durchführbare Maßnahmen und an der sozialen Sensibilisierung und Mobilisierung von potentiellen Partnern orientiert. Sein Beitrag zur Einleitung von Reformen und zur Bereitstellung eines beträchtlichen Reservoirs von Förderern und Mitträgern solcher Reformen[52] ist in der Literatur bisher nicht in angemessener Weise zur Darstellung gekommen. Und sein indirekt geäußerter Wunsch, es möge überhaupt keine Gefängnisse geben[53], ist

---

49 J IV, 356 und Anm. 1 (15. Okt. 1759); WJW 23, 150; VI, 256 (6. Okt. 1779); L IV, 73 f (20. Okt. 1759). 78 (4. Nov. 1759). 84 (18. Feb. 1760).

50 L IV, 74. Das Possessivpronomen bezieht sich auf die Helfer.

51 „And how much more noble a satisfaction must result from this to the generous benefactor (even supposing there were no other world, supposing man to die as a beast dieth) than he could receive from an embroidered suit of clothes or a piece of plate made in the newest fashion! Men of reason, judge!" L IV, 84.

52 Vgl. Warner, a.a.O. 238. Über Howard ausführlicher Bready, a.a.O. 130 ff. 365 ff.

53 „I visited one in the Marshalsea Prison – a nursery of all manner of wickedness. Oh shame to man that there should be such a place, such a picture of hell upon earth! And shame to those who bear the name of Christ that there should need any prison at all in Christendom!" WJW 20, 444f; J IV, 52 (3. Feb. 1753). Die Nation ist hier bei ihrem Anspruch genommen, eine christliche zu sein.

auch durch modernere und humanere Gesellschaftsordnungen noch nicht in Erfüllung gegangen.

B DIE PRINZIPIEN DER SOZIALETHIK WESLEYS

Die Untersuchung der wichtigsten Bereiche, innerhalb deren Wesleys soziale Aktivität wirksam geworden ist, hat eine der notwendigen Voraussetzungen dafür geliefert, seine Sozialethik im Gesamtzusammenhang seiner theologischen Existenz zu deuten und zu würdigen. Dieser erste Hauptteil unserer Arbeit hätte auch noch auf andere Problemfelder derselben Disziplin, etwa die von Ehe und Familie und vom Staat, ausgedehnt werden können, die sich aber von den in den Kapiteln II -VI dargestellten dadurch unterscheiden, dass Wesley sie nicht nur mit deutlich geringeren eigenständigen Beiträgen behandelt, sondern sich ihnen auch mit weniger gedanklicher und praktischer Energie gewidmet hat. Die Begrenzung auf den genannten Themenkreis lässt sich von daher durchaus begründen, so dass die jeder Darstellung aufgegebene quantitative Beschränkung nicht als einziges Argument für unser Vorgehen angeführt zu werden braucht.

Der zweite Hauptteil, der sich, wie bereits angekündigt[1], mit dem inneren Zusammenhang der sozialethischen Prinzipien im Gesamtrahmen der Theologie Wesleys befassen soll, wird nun die zweite notwendige Voraussetzung für eine fundierte Beurteilung der Sozialethik zu schaffen versuchen. Dabei werden wir uns in der unvermeidlichen Beschäftigung mit so umfassenden dogmatischen Themen wie der Lehre von der Gnade, vom Gesetz, von der Heiligung u. a. streng auf den Aspekt ihrer Bedeutsamkeit für die Sozialethik beschränken[2]. Die vorangegangene Untersuchung der wesleyschen Sozialpraxis wird uns zugleich als Kriterium für die Brauchbarkeit seiner Theorien und als weitere Erkenntnisquelle neben seinen eigenen theoretischen Äußerungen dienen, während diese wiederum das theologische Fundament sichtbar machen, das der praktischen Arbeit – manchmal unausgesprochen – zugrunde liegt.

---

1 S. o. S. 11.

2 Darstellungen dogmatischer Texte Wesleys und Untersuchungen theologischer Einzelbereiche liegen, wie das Literaturverzeichnis ausweist, in größerer Anzahl vor; für weitergehende Forschungsarbeit steht geeignetes Material (Quellen, Sekundärtexte) zur Verfügung.

7 Voraussetzungen der Sozialethik

In diesem Kapitel soll nicht von den sozialen Beziehungsfeldern die Rede sein, ohne die sozialethisches Handeln selbstverständlich nicht möglich wäre[3], sondern vielmehr von den im Menschen selbst liegenden Voraussetzungen, deren Vorhandensein ihn erst instand setzt, Notwendigkeit und Sinn sittlichen Verhaltens einzusehen und die entsprechenden Konsequenzen zu ziehen. Gibt es in Wesleys Augen solche Voraussetzungen erst beim Glaubenden, der sich auf dem Wege der Heiligung befindet, oder bereits bei dem unbekehrten, „natürlichen" Menschen, und worin unterscheiden sich beide hinsichtlich der ethischen Qualität ihrer Entscheidungen und Taten?

7.1 Die vorlaufende Gnade

7.1.1 Die Unfähigkeit des natürlichen Menschen zum Guten

In Bezug auf die Fähigkeit des natürlichen Menschen, dessen Existenz durch die Erbsünde und die noch fehlende Rechtfertigung markiert ist, gute Werke zu tun, teilt Wesley die Auffassung der Reformatoren, dass „alle eigenen Werke ... ganz unheilig und sündig in sich selber" sind und dass „nur schlechte Früchte auf einem schlechten Baum wachsen"[4]. Ihre Qualität erhalten die Taten des Menschen von der Bestimmtheit seiner Existenz. Nicht ist der Mensch böse, weil seine Taten böse sind, sondern seine Taten sind böse, weil er selber es ist. „Das Herz des Menschen ist hoffnungslos böse."[5] Die einzelnen Sünden sind nur Blätter und Früchte, die am bösen Baum wachsen[6]. Durch den Sündenfall ist die sittliche Ebenbildlichkeit des Menschen vollständig verlorengegangen[7]. „Du kannst nichts als sündigen, bevor du mit Gott versöhnt bist."[8]

---

3 Vgl dazu Kapitel IV.
4 Predigt 1: Salvation by Faith (1738), 2 (WJW 1, 118; L I, 37 f).
5 Predigt 128: The Deceitfulness of Man's Heart (1790), I.1 (zu Jer. 17,9; WJW 4, 152f; Works VII, 337.
6 Ebd..
7 Zur Imago-Lehre Wesleys vgl. vor allem Warner, The Wesleyan Movement in the Industrial Revolution, 61 ff.; Lindström, Wesley und die Heiligung, 21 ff.; Williams, Die Theologie John Wesleys, 43 ff.; Weißbach, Der neue Mensch, 4 ff; Runyon, Schöpfung, 17-31.
8 Predigt 6: The Righteousness of Faith (1746), III.1, (WJW 1, 214; L I, 143). Wegen der jeder Aktualsünde bereits vorausliegenden Sündhaftigkeit aller Menschen ist auch die Säuglingstaufe notwendig. (Treatise on Baptism, 1756, Works X, 190. 193 ff.)

Die Unfähigkeit des natürlichen Menschen zum guten Handeln hat zwei Ursachen: seine Unfähigkeit zur Liebe und seine Unkenntnis Gottes, anders gesagt: die Verdorbenheit seines Willens und seiner Affekte einerseits sowie eine völlig fehlende Erkenntnis des göttlichen Willens. Die Verdorbenheit der menschlichen Natur beschreibt Wesley gern mit dem Bild der Krankheit, die den ganzen Menschen nach seiner Auflehnung gegen Gott befallen hat[9]; diese Krankheit hat zahlreiche Erscheinungsformen (Gottlosigkeit, Eigenwille, Liebe zur Welt statt zum Schöpfer, Vergeltungsstreben, Egoismus u. a.)[10]; ihre eigentliche Ursache liegt aber in der Entstellung des menschlichen Willens und seiner Affekte[11]. Deshalb kann Wesley sich mit einer rein imputativ verstandenen Rechtfertigung nicht zufrieden geben, sondern muss einen deutlichen Akzent auf die sanative Wirkung der Gnade legen.[12]

Da die Korruption der menschlichen Natur, initiiert durch die Rebellion der ersten Menschen gegen ihren Schöpfer, ohne Gottes gnädiges Einwirken irreparabel ist[13], kann der Mensch durch keine eigene Anstrengung, keine religiösen oder moralischen Bemühungen eine Veränderung seines Wesens erreichen[14]. Der „freie Wille" des natürlichen Menschen ist nur frei, zu sündigen in allem, was er tut[15]. Keineswegs leugnet Wesley mit seiner an den Naturwissenschaften und der aufklärerischen englischen Philosophie[16] geschulten Beobachtungsgabe das Vorhandensein moralisch guter Taten[17]; vor Gott aber, der alles Tun endgültig beurteilenden Instanz, nützt „alle Moralität, alle Gerechtigkeit, Barmherzigkeit und Wahrheit, die möglicherweise außerhalb des

---

9   Primitive Physic, ed. Hill, 23.
10 Predigt 95: On the Education of Children (1783), 5ff (WJW 3, 350ff).
11 Predigt 76: On Perfection (1784), I.2 WJW 3, 72f).
12 Darauf, dass Wesley, freilich aufgeschreckt durch den Quietismus der Herrnhuter, Luthers Gnadenlehre missverstanden hat, hat Schmidt bereits hingewiesen (u. a. John Wesley II, 60), aber auch darauf, dass er mit seinem Anliegen der Unumkehrbarkeit und Untrennbarkeit von Rechtfertigung und Heiligung auf Luthers Seite stand (a.a.O. 184). Ausführlicher werden wir in Kap. VII, Abschnitt 2 auf die gratia iustificans et salvificans eingehen, s. u. S. #113 ff.
13 Predigt 44: Original Sin (1759), III.1 (WJW 2, 182f); Predigt 128: The Deceitfulness of the Human Heart (1790), I.4 (WJW 4, 154f).
14 Predigt 130: On Living without God (1790), 12 (WJW 173f).
15 „Such is the freedom of his will; free only to evil." Predigt 9: The Spirit of Bondage and of Adoption (1746), II.7 (WJW 1, 255).
16 Vgl. vor allem NPh I, IV; I, 90 ff.; II, 218 f..
17 Predigt 22: Sermon on the Mount II (1748) II.4.

christlichen Glaubens existieren, ...überhaupt nichts"[18]. Er ist überzeugt, „dass
alle vor der Rechtfertigung getanen Werke die Natur der Sünde in sich tragen
und dass daher ein Mensch, bevor er gerechtfertigt ist, keine Kraft besitzt, ir-
gendein Werk zu tun, das vor Gott wohlgefällig und annehmbar ist"[19]. Seine
korrupte Natur ist die Saat alles Bösen[20].

Die Tatsünden des Menschen sind also nur die Folge und die Versichtba-
rung der Personsünde, die in ihrem Kern in der Lieblosigkeit besteht. „Keins
unserer Werke kann in dieser (sc. von Gott befohlenen) Liebe getan werden,
solange die Liebe des Vaters ... nicht in uns ist; und diese Liebe kann erst in
uns sein, wenn wir den Geist der Sohnschaft empfangen und in unseren Herzen rufen: Abba, Vater."[21] In gut augustinschem Sinne kann Wesley auch
Hybris und Weltliebe, die an die Stelle von Gehorsam und Liebe zum Schöpfer getreten sind, als Inhalt der „geistlichen Krankheiten" bezeichnen, an denen alle Menschen seit dem Sündenfall leiden[22].

Bei der Untersuchung der wesleyschen Sündenlehre fällt auf, dass – abgesehen von der Interpretation des Sündenfalls[23], wo sie aber auch eine unterge-
ordnete Rolle spielen – metaphysische Spekulationen über den Teufel fast völlig fehlen, ja, gelegentlich sogar ausdrücklich abgelehnt werden[24]. Damit wird
der Akzent deutlicher als in der reformatorischen Theologie auf die Verantwortlichkeit des Menschen und seine nur durch die göttliche Gnade heilbare
Verdorbenheit gelegt. Diese Beobachtung kann im Rahmen einer Untersuchung der Ethik Wesleys kaum überbetont werden, zumal sie in der Forschung u. W. bisher nicht thematisiert worden ist.

Entsprechendes gilt für die andere Wirkung des Sündenfalls, die bei allen
folgenden Generationen fortwirkt: die völlige Verdunklung des menschlichen
Wissens von Gott und seinem Willen. Ohne Anführung einzelner Schriftstel-

---

18 „But it is ... certain, that all morality, all the justice, mercy, and truth which can possibly ex-
ist without Christianity, profiteth nothing at all ..." Predigt 130: On Living without God
(1790), 14. Vgl. Predigt 5: Justification by Faith (1746), III.4 (WJW 1, 192.

19 „Nay, I am persuaded, that all works done before justification, have in them the nature of
sin; and that, consequently, till he is justified, a man has no power to do any work which is
pleasing and acceptable to God." The Principles of a Methodist (1742) 2 (Works VIII, 361).

20 Predigt 19: The Great Privilege of those that are Born of God (1748), II, 8 (WJW 1, 439).

21 „But none of our works can be done in this love, while the love of the Father . . . is not in us;
and this love cannot be in us till we receive the 'Spirit of adoption, crying in our hearts,
Abba, Father'." Predigt 5: Justification by Faith (1746), III, 6 (WJW 1, 193).

22 Predigt 95: On the Education of Children, 5 (WJW 3, 350).

23 Vgl. Predigt 128: The Deceitfulness of the Human Heart (1790), I.3 (WJW 4, 154).

24 Brief an seinen Vater (19. Dez. 1729; WJW 25, 241f).

len, aber doch in bewusster Anlehnung an neutestamentliche Vorstellungen[25] beschreibt Wesley den Zustand des natürlichen Menschen als Schlaf: „Seine geistlichen Sinne(sorgane) sind nicht wach: sie unterscheiden weder geistlich Gutes noch Böses."[26] Analog zur natürlichen Erkenntnis, die ohne funktionierende Sinnesorgane ausgeschlossen ist[27], ist dem geistlich „schlafenden" Menschen jede Erkenntnis göttlicher Dinge unmöglich: Der „natürliche Mensch" „weiß überhaupt nichts von Gott ... Das Gesetz Gottes ist ihm hinsichtlich seiner wahren, inneren, geistlichen Bedeutung völlig fremd. Er hat keine Vorstellung von jener evangelischen Heiligung, ohne die niemand den Herrn sehen wird, noch von dem Glück, das nur die finden, deren ‚Leben mit Christus in Gott verborgen ist'"[28]. Die Folge dieser Blindheit besteht nun nicht nur in einer vollständigen Unkenntnis des göttlichen Willens, sondern auch in dem Fehlen eines Bewusstseins seiner selbst als eines Sünders; er lebt vielmehr in einer verhängnisvollen Sicherheit, die den Abgrund nicht wahrnimmt, an dessen Rand er steht[29]. Ohne Bild gesprochen: da ihm der Wille Gottes in seiner essentiellen Bedeutung verschlossen ist, kann er die Diskrepanz zwischen Gottes Anspruch an ihn und seinem eigenen sittlichen Verhalten nicht erkennen und wird dem Gericht Gottes verfallen. Diese trügerische Sicherheit wird noch dadurch verstärkt, dass neutestamentliche Aussagen über Gottes Gnade und die Versöhnung durch Christus quietistisch missdeutet werden und jede Änderung der ethischen Einstellung unnötig erscheinen lassen[30]. Auf diese Weise deckt Wesley die entscheidenden Hintergründe des „toten Christentums", der bloß „äußeren Frömmigkeit" seiner Zeit (und nicht nur seiner Zeit) auf, die zwar die Konventionen des christianisierten Abend-

25 Vgl. Eph 5,14; 1 Thess 5,6; Röm 13,11.
26 Predigt 9: The Spirit of Bondage and of Adoption (1746), I.1 (WJW 1, 251). Vgl. Runyon, Schöpfung, 85.
27 „Our Senses are the only Source of those Ideas, upon which all our knowledge is founded. Without Ideas of some Sort or other we could have no knowledge, and without our Senses we could have no Ideas." NPh II, 204.
28 „He is utterly ignorant of God. .. He is totally a stranger to the law of God, as to its true, inward, spiritual meaning. He has no conception of that evangelical holiness, without which no man shall see the Lord; nor of the happiness, which they only find whose 'life is hid with Christ in God'." Predigt 9, I.1. Vgl. Hebr 12,14; Kol 3,3. Auf die Möglichkeit einer natürlichen Gotteserkenntnis via negationis, die er in seiner Naturphilosophie andeutet (NPh II, 206 f.), kann hier nicht näher eingegangen werden; sie wird im nächsten Abschnitt VII, 1b kurz zu behandeln sein.
29 Predigt 9, I.2.
30 Predigt 9, I.7. .

landes gepflegt und weiterentwickelt hat, ohne jedoch den ethischen Impetus des Evangeliums zu begreifen und zur Wirkung kommen zu lassen[31].

Von dieser Position aus, die den natürlichen Menschen als zum Guten unfähig und als unwissend in Bezug auf den göttlichen Willen kennzeichnet, scheint jeder allgemeingültigen Ethik von vornherein der Boden entzogen zu sein. Wie ist eine Verantwortung des Menschen zu behaupten und zu begründen, wo sittliche Einsicht und Kraft fehlen? Die Lösung dieses für jede Ethik grundlegenden Problems hat Wesley in seiner Lehre von der vorlaufenden Gnade zu bieten versucht.

7.1.2 Die Wirkung der zuvorkommenden Gnade

Haben wir im vorangehenden Abschnitt versucht, von einigen der zahlreichen Aussagen Wesleys über den natürlichen Menschen aus seine Auffassung von der Notwendigkeit der Gnadenwirkung Gottes auf den Menschen darzulegen, so geht es im folgenden darum, seine Lehre von der zuvorkommenden Gnade zu untersuchen und sie in den Punkten zu erläutern, die für die Sozialethik Wesleys von fundamentaler Bedeutung sind. Im konsequenten Verfolg seiner exklusiven Sündenlehre hatte Wesley alle Taten des nicht gerechtfertigten Menschen als vor Gott wertlos erachten müssen, da eine Fähigkeit zum Guten in ihm nicht vorhanden ist. Dieses Problem wird bereits an der Konferenz 1745 im Zusammenhang mit der Corneliusperikope (Acta 10) verhandelt und folgendermaßen gelöst: Die Werke des Cornelius vor seiner Rechtfertigung waren keine „splendid sins" (glanzvollen Sünden), noch waren sie ohne die Gnade Christi getan. Verallgemeinert: „Die Werke dessen, der das Evangelium gehört hat und nicht glaubt, sind nicht so getan, wie Gott gewollt und befohlen hat, sie zu tun. Und doch wissen wir nicht, wie gesagt werden kann, sie seien dem Herrn ein Gräuel bei dem, der Gott fürchtet, und von diesem Prinzip aus das Beste tut, was er kann."[32]

Die entscheidende Bemerkung, die diese Interpretation vor dem Abgleiten in einen pelagianischen Synergismus bewahrt, liegt in dem Hinweis auf die

---

31 Vgl. Röm 6,15; 1 Ptr 2,16.

32 „The works of him who has heard the gospel, and does not believe, are not done as God hath 'willed and commanded them to be done'. And yet we know not how to say that they are an abomination to the Lord in him who feareth God, and, from that principle, does the best he can" Minutes vom 2. 8. 1745, Works VIII, 283. (Es handelt sich hier offensichtlich um die Ablehnung herrnhutischer Aussagen.)

Wirkung der Gnade Christi auch in dem noch nicht Gerechtfertigten[33]. Dieser Hinweis ist nicht in allen dieses Thema behandelnden Äußerungen Wesleys zu finden, vor allem in denen nicht, die im Zusammenhang mit der Schöpfungslehre stehen. So schreibt er in einer Predigt, die Menschen seien zu vernünftigen Geschöpfen gemacht worden, zu Geschöpfen, die „Gottes fähig" („capable of God") sind[34]. Darin liegt nicht nur ihre Besonderheit allen anderen Geschöpfen gegenüber, sondern zugleich ein Rest der Gottesebenbildlichkeit, die im Übrigen mit dem Fall Adams verloren gegangen ist. Dieser Imago-Rest lässt sich nach drei Richtungen spezifizieren:

1. Jeder Mensch, ob Christ oder Nichtchrist, hat eine „geistige Natur" („spiritual nature"), zu der Verstand, Gemüt und eine gewisse Freiheit der Selbstbestimmung gehören[35], sonst wäre er eine Maschine, ein Stock oder ein Stein[36]. Jeder Mensch hat ein „natürliches Gewissen" mit dessen Hilfe er in gewissem Maße zwischen moralisch Gutem und Bösem zu unterscheiden vermag[37].

Jeder Mensch hat „ein gewisses Verlangen, Gott zu gefallen" („some desire to please God"). Das gilt auch für die Menschen, die Gott noch nicht kennen, wenn der Grad dieses Verlangens auch unterschiedlich hoch ist[38].

Das Verlangen nach Gutem und die Abneigung gegen Böses sind durch den Fall nicht völlig zerstört worden, so dass auch Heiden ein Sittengesetz haben, dessen Inhalt aber vor allem in der Verurteilung moralisch verwerflichen Handelns dem Mitmenschen gegenüber bestehe[39]. Deswegen habe auch

---

33 Wesley schreibt (in Anlehnung an Fletchers „Checks to Antinomianism"): „ ‚... by the righteousness of one, the free gift came upon all men' (all born into the world, infant or adult) ‚unto justification'. Therefore no infant ever was or ever will be ‚sent to hell for the guilt of Adam's sin', seeing it is cancelled by the righteousness of Christ as soon as they are sent into the world" L VI, 239 f (11. Nov. 1776). Näheres zu diesem Problem habe ich in meinem Aufsatz „John Wesleys Synergismus" in der Festschrift für Peter Meinhold zu sagen versucht. L. Hein (Hg.), Die Einheit der Kirche, Wiesbaden 1977, 96 -102 (abgedruckt in: Mitteilungen der Studiengemeinschaft für die Geschichte der EmK 1980, Heft 1, 4-13.)

34 Predigt 128: The Deceitfulness of Man's Heart , I.2 (s.o. Anm. 5).

35 „... understanding, and affections, and a degree of liberty; of a selfmoving, yea, selfgoverning power." Predigt 129: Heavenly Treasure in Earthen Vessels (1790), I.1 (WJW 4, 163).

36 Ob hier eine direkte Anspielung auf Flacius' „truncus et lapis" vorliegt, ist nicht erkennbar; wahrscheinlich aber haben herrnhutische Anschauungen das Hintergrundmaterial geliefert, gegen das Wesley polemisiert.

37 Predigt 129, I.

38 Ebd.

39 NPh I, 91. Predigt 2: The Almost Christian (1741), I.1-3: Die „heathen honesty" lehrt die Menschen „that they ought not to be unjust; not to take away their neighbour's goods, either by robbery or theft; not to oppress the poor, neither to use extortion toward any; not to cheat or overreach either the poor or rich, in whatsoever commerce they had with them; to

niemand in der Christenheit das Recht, das Urteil Gottes über „Heiden und
Mohammedaner" vorwegzunehmen[40], vielmehr haben alle Christen darauf zu
achten, dass sie sich durch die Kraft der Gnade Gottes erneuern lassen, wenn
sie selber nicht Gottes Gericht verfallen wollen[41].

Wesleys Aussagen über einen möglicherweise in allen Menschen vorhandenen Imago-Rest bleiben aber einerseits in ihrem Widerspruch zu seiner
Lehre von der völligen Verderbtheit der Nichtwiedergeborenen unreflektiert,
andererseits schreibt er die in diesem Kontext beschriebenen Fähigkeiten an
anderen Stellen der Wirkung der vorlaufenden Gnade zu. Da er zudem behaupten kann, es gebe keinen Menschen ohne Gnade[42], dürfte seine Position
sich dahingehend präzisieren lassen, dass auch das Verlangen, Gott zu gefallen, das Bewusstsein eines moralischen Wertes menschlicher Taten und seine
begrenzte Willensfreiheit im Bereich ethischer Entscheidungen letztlich auf
die Wirksamkeit der gratia praeveniens zurückzuführen sind; dieser Akzent
gewinnt, wie Eicken richtig beobachtet hat[43], im Fortgang seines theologischen Nachdenkens zunehmend an Bedeutung. Dabei lässt die von Wesley
verwendete Begrifflichkeit den Schluss zu, dass die Feststellung solcher
Merkmale ethischen Handelns das Ergebnis eigener Beobachtungen darstellt,
während die Theorie von der zuvorkommenden Gnade diese Phänomene zu
interpretieren und mit der Sünden- und Gnadenlehre zu vermitteln sucht. Die
folgenden Belege sollen unsere Analyse genauer verifizieren.

Das Verlangen, Gott zu gefallen, sei – so Wesley in einem Brief vom No-
vember 1762 an Bischof Warburton – „gewöhnlich" vorhanden[44]; sogar ein
gewisses Maß an christlichen Tugenden könne bei Menschen vor ihrer Rechtfertigung festgestellt werden, die aber auf die Wirkung der Gnade Gottes zu-
rückgehen[45].

---

defraud no man of his right; and, if it were possible, to owe no man anything". (WJW 1,
131f).

40 „It is far better to leave them to Him that made them ... who is the God of the Heathens as
well as the Christians, and who hateth nothing that he has made." Predigt 130: On Living
without God (1790), 14 (WJW 4, 174f).

41 Ebd.

42 „... no man living is without some preventing grace." L VI, 239 (21. Nov. 1776).

43 Rechtfertigung und Heiligung bei Wesley, 14.

44 „Men usually feel desires to please God before they know how to please him." L IV, 348.

45 „... there may be a degree of longsuffering, of gentleness, of fidelity, meekness, temperance
(not a shadow thereof, but a real degree by the preventing grace of God), before we ,are accepted in the Beloved' ..." Predigt 11: The Witness of the Spirit, II (1767), V.4 (WJW 1, 298).
Vgl. Predigt 76: On Perfection (1784) II.3 (WJW 3, 77).

Entsprechendes gilt vom *Gewissen* des Menschen: zwar lässt Wesley noch in einer späteren Predigt offen, ob es natürlich gegeben oder von der Gnade Gottes hinzugefügt sei[46], weil er sich an dieser Stelle anscheinend auf keine grundsätzliche Auseinandersetzung einlassen will; seine persönliche Überzeugung aber ist, dass kein Mensch in einem Status bloßer Natürlichkeit, d. h. völlig ohne Gottes Gnade lebe[47]. Durch die Gnade, nicht von Natur aus, sind die Menschen zu sittlichem, pflichtgemäßem Handeln fähig. Außerhalb der Heilsoffenbarung Gottes in der Heiligen Schrift ist den Menschen ein „natürliches Licht" („Light of Nature") gegeben, das aus der Gnade fließt[48]. Der Inhalt der auf diese Weise vermittelten Erkenntnis bezieht sich nicht auf die Verbesserung natürlicher Wahrnehmung oder Einsicht, sondern auf den Willen Gottes und die eigenen Übertretungen dieses Willens[49]; d.h. sie ist Gewissenserkenntnis[50]. Dieser „innere Zeuge" in der Brust des Menschen befähigt ihn, in begrenztem Maße zwischen recht und unrecht zu unterscheiden[51]. Er macht den Menschen ansprechbar für moralische Appelle: „Sollten wir nicht tun, was nach unserer Überzeugung moralisch gut ist, und ablassen von dem, was wir für böse halten?"[52] Die innere Wahrnehmung dieses Gewissens bezieht sich auf Vergangenes und Gegenwärtiges, auf innere Einstellungen und äußere Verhaltensweisen; es beurteilt nicht nur, sondern entschuldigt oder klagt an, es billigt oder missbilligt, spricht frei oder verurteilt[53]. Paulus (vor allem Röm 1 f.) aufnehmend, definiert Wesley das Gewissen als „Fähigkeit oder Kraft, von Gott jeder Seele eingepflanzt, die in die Welt kommt, zum Verstehen dessen, was in ihrem eigenen Herzen oder Leben, in ihren Einstellungen, Gedanken, Worten und Taten richtig oder falsch ist"[54].

---

46 Predigt 129: Heavenly Treasure in Earthen Vessels (1790), I.1 (WJW 4, 163).

47 „... there is no man that is in a State of mere nature ... that is wholly void of the grace of God." Predigt 85: On Working Out Our Own Salvation (1785), III.4 (WJW 3, 207).

48 NPh II, 229.

49 Predigt 85, III.4. Ein größeres Maß an Selbsterkenntnis bringe die „convincing grace", die ihrer Wirkung nach nur eine intensivierte „preventing grace" ist und in der Regel von dieser nicht unterschieden wird.

50 „... the first wish to please God, the first dawn of light concerning his will, and the first slight transient conviction of having sinned against him." Predigt 85, II.1.

51 An Earnest Appeal 14, WJW 11, 49.

52 „Ought we not to do what we believe is morally good, and to abstain from what we judge is evil?" A.a.O. 15, S. 49f.

53 Predigt 12: The Witness of Our Own Spirit (1746), 4 (WJW 1, 301f, Lp 216).

54 „... a faculty or power, implanted by God in every soul that comes into the world, of perceiving what is right or wrong in his own heart or life, in his tempers, thoughts, words and actions." Predigt 12, 5. (WJW 1, 302). Vgl. Predigt 105: On Conscience (1788), WJW 3, 479-490.

An dieser Stelle wird deutlich, wo die Vorstellung von einem Imago-Rest
und die von der vorlaufenden Gnade ihren gemeinsamen Grund haben, der
eine grundsätzliche Differenzierung unwichtig, wenn nicht gar unnötig erscheinen lässt: beide machen klar, dass die Fähigkeit des Menschen, Gutes
von Bösem zu unterscheiden und sich für das Gute zu entscheiden, auf jeden
Fall Gabe Gottes ist[55].

Im Gewissen ist dem Menschen aber nicht nur die Fähigkeit zur sittlichen
Unterscheidung und Beurteilung seiner eigenen Einstellungen und Taten gegeben; es ist auch das Instrument, mit dem Gott zu einem bestimmten Verhalten anregt, indem er Zufriedenheit gibt, wenn der Mensch der Stimme
seines Gewissens gehorcht, und Unbehagen, wenn er ihr zuwiderhandelt[56].
Auch dieser „innere Anstoß" („inward check") ist eine Wirkung des Geistes,
der Gnade Gottes[57]. Ohne sie kann das Gewissen seine Aufgaben nicht erfüllen[58]. Permanenter Ungehorsam jedoch kann das Gewissen auch blenden und
schließlich töten, während Gehorsam seinen Blick schärft und seine Emp-
findsamkeit erhöht[59].

Das Hauptproblem der ethischen Verantwortung des Menschen ist damit
aber noch nicht gelöst, das Wesley mit seiner Lehre von der Verkehrtheit
des menschlichen Willens und seiner Unfähigkeit zum Guten in seiner ganzen Schärfe herausgestellt hatte: Zum Tun des Guten gehört nicht nur die,
allerdings unbedingt notwendige, Einsicht. Da Wesley von dieser Auffassung nichts abstreichen will, bleibt ihm, wenn er an der Verantwortlichkeit
des Menschen auch *vor* der Rechtfertigung festhalten will, wiederum nur
der Weg über die zuvorkommende Gnade. In Anlehnung an Artikel X der
Church of England[60] lehrt er, dass, wie die Erkenntnis, so auch das Tun des

55 Vgl. Predigt 43: The Scripture Way of Salvation (1765), I. 2 (WJW 2, 156f): „... ‚natural con-
    science', but more properly, ‚preventing grace'; all the drawings of the Father ... all the con-
    victions which His Spirit, from time to time, works in every child of man ..." Um den Ge-
    schenkcharakter der Gabe des Gewissens zu betonen, kann er auch ausdrücklich auf der
    „preventing grace" als Autor des „natural concience" insistieren: Predigt 105, 8f. (gegen F.
    Hutcheson).
56 „... occasioning a degree of complacency in him that does well, and a degree of uneasiness
    in him that does evil." Predigt 105, 7.
57 Ebd.
58 Predigt 105, 13.
59 Works VII, 191f. Insofern behauptet Outler (Theologische Akzente, 95) nicht ganz korrekt:
    „Die imago Dei bleibt und mit ihr die unveräußerlichen menschlichen Eigenschaften des
    Gewissens, der Vernunft und der Freiheit."
60 „... Wherefore we have no power to do good works, pleasant and acceptable to God, without
    the grace of God by Christ preventing us, that we may have a good-will, and working with

Guten ohne Gnade nicht möglich sei; erst und nur sie befreie den Willen in einem gewissen Maße[61] und befähigt ihn, Gutes zu tun[62]. Diese guten Werke aber sind gut nur in einem abgeschwächten Sinn, denn sie entspringen nicht dem Glauben und der Liebe zu Gott[63], sie haben auch keinen meritorischen Charakter[64], sind aber dennoch notwendig: „Erstens: Gott wirkt, deshalb kannst du wirken. Zweitens: Gott wirkt, deshalb musst du wirken."[65] Dem vorausgehenden Wirken Gottes hat der Mensch in seinem eigenen Handeln zu entsprechen, wenn er die – im Falle der Unterlassung zurückgewiesene – Gnade nicht verlieren will. Damit ist bereits angedeutet, dass die Gnade personal, nicht substanzhaft gedacht ist und dass ein Mitwirken des Menschen notwendig ist, obwohl jede Verdienstlichkeit ausgeschlossen bleibt[66]. Zugleich ist es nach Wesley gefährlich, bei diesen „Bußwerken", wie er sie gelegentlich nennt[67], stehen zu bleiben, da sich jeder auf diese Weise von der Rechtfertigung und damit vom Heil ausschließen würde: „... es ist auf keinen Fall empfehlenswert, hier auszuruhen; es wäre gefährlich für unsere Seelen, das zu tun."[68] Erst die Rechtfertigung aus Glauben und die Heiligung in der Liebe setzen den Menschen instand, so zu handeln, wie Gott es will, also gute Werke im eigentlichen Sinne zu tun[69]. Obwohl die ganze Intention der Gnadenlehre und dann auch der Ethik Wesleys auf diese grundlegende Umwandlung des Menschen gerichtet ist, hat doch die Lehre von der vorlaufenden Gnade, die vor ihm vor allem Augustin und Abaelard entwickelt haben, für seine Ethik eine doppelte Funk-

---

us when we have that good-will." (CC, 17. Abteilung, 1. Band, ed. C. Fabricius, 374 ff.). Vgl. CA 18.

61   „Natural free-will, in the present State of mankind, I do not understand: I only assert, that there is a measure of freewill supernaturally restored to every man ..." (Predestination Calmly Considered, Works X, 229 f).

62   Zur Willensfreiheit bei Wesley ausführlicher: Gerdes, Gottesebenbildlichkeit, 154 ff; Runyon, Schöpfung, 18-21.

63   „But these I cannot as yet term good works because they do not spring from faith and the love of God." A Farther Appeal, Part I, I.2 (WJW 11, 106).

64   Predigt 130: On Living Without God (1790), 14 (WJW 4, 174f).

65   „First, God works; therefore you can work: Secondly, God works, therefore you must work." Predigt 85: On Working Out Our Own Salvation, III. 3 (WJW 3, 206f). Vgl. Phil. 2,12 f.

66   Zum Problem des Synergismus ausführlicher: Weißbach, Der neue Mensch, 70 ff., und mein oben, Anm. 33, genannter Aufsatz.

67   Vgl. Predigt 85, II.3f; A Farther Appeal, a.a.O. (Anm. 66).

68   Predigt 11: The Witness of the Spirit, II (1767), V. 4 (WJW 2, 297).

69   Deshalb ist auch Starkeys Bemerkung, die vorlaufende Gnade sei „redemptive in its eventual purpose" (Holy Spirit, 41) zumindest missverständlich und seine Schlussfolgerung: „The possibility of an extrascriptual redemption is implicit in several of these Wesleyan Statements" (a.a.O. 43) trotz der angeführten Zitate unzutreffend.

tion: sie stellt auch den Nichtglaubenden in die Verantwortung für sein Handeln und sie macht ihn ansprechbar für ethische Appelle, die ohne die Wirkung der gratia praeveniens sinnlos bleiben müßten[70].

7.2 Die erneuernde Gnade

Da die zuvorkommende Gnade das durch den Fall Adams über alle Menschen heraufgeführte Schicksal der grundsätzlichen Verderbtheit seiner Natur und einer vollständigen Unfähigkeit zum Guten nur in einem inhaltlich und zeitlich begrenzten, vorläufigen Maße aufhebt und der Mensch von dieser Stufe der ethischen Erkenntnis- und Leistungsfähigkeit nicht aus eigener Kraft höher steigen kann, ist eine weitere Gnadenwirkung notwendig, die seiner Existenz vor Gott und in der Welt eine andere Qualität verleiht. Eine solche Veränderung im Menschen, die seinen innersten Kern betrifft, vollzieht sich allein durch die rettende, *erneuernde Gnade* Gottes, die den Menschen zum Glauben erweckt und zur Liebe befähigt. Dieses zentrale Lehrstück der wesleyschen Theologie ist in der bisherigen Wesley-Literatur an vielen Stellen dargestellt worden[71]; sie soll hier nur insofern Gegenstand unserer Analyse und Interpretation werden, als sie für die Ethik Wesleys unabdingbare Voraussetzungen enthält, ohne deren Kenntnis auch seine Sozialethik nicht korrekt dargestellt und angemessen gewürdigt werden könnte.

In dem so gesteckten Rahmen sind vor allem zwei Aspekte als relevant zu bezeichnen, nämlich die einer realen, effektiven *Erneuerung* des Menschen durch die im Glauben empfangene Gnade, sowie der Notwendigkeit guter *Werke* nach der Rechtfertigung.

7.2.1 Die Erneuerung des Menschen

Dieser Abschnitt handelt von der Ermöglichung auch coram Deo guter Werke, die, wie wir gesehen haben, dem Menschen vor der Rechtfertigung nicht gegeben ist. Bei grundsätzlicher Zustimmung zur reformatorischen Rechtfertigungslehre, die für Wesley zum bleibenden Fundament seiner Theologie und Verkündigung geworden war, hat er sich doch sehr früh gegen ihre Ver-

---

70 Sie gibt also Wesley nicht nur „die Möglichkeit, sich dankbar über alles Gute zu freuen, das er bei Andersdenkenden, ja bei Heiden sieht" (Eicken, a.a.O. 16).

71 Von den neueren deutschsprachigen Werken nenne ich beispielhaft Lindström, a.a.O. 42 ff.; Schmidt, John Wesley II, 231 ff.; Weißbach, a.a.O. 98 ff.; Williams, a.a.O. 58 ff, und vor allem Runyon, Schöpfung, 81-115.

engung auf eine bloße Imputation gewendet. Die spezielle Ausprägung der Rechtfertigungslehre hat ihren Grund in den beiden für die Ethik wesentlichen Komponenten: der Lehre von der Effektivität der Gnade, die zu einer realen Veränderung des Menschen führt, und der Auffassung von der Notwendigkeit guter Werke nach der Rechtfertigung.

Die Wirkung der durch den Heiligen Geist im Menschen tätigen Gnade Gottes beschränkt sich nicht nur auf die die Rechtfertigung gewissermaßen vorbereitenden Aktionen der gratia praeveniens, sondern sie verändert den Menschen in einer völligen Erneuerung[72], der Wiederherstellung des Ebenbildes Gottes in ihm[73]. Diese Erneuerung erfolgt nicht, im Unterschied zur Rechtfertigung, in einem einzigen Augenblick, sondern in einem (lebens-)langen Prozess der Heiligung[74]. Kann man gelegentlich auch den Eindruck gewinnen, Wesley halte das Erreichen einer vollkommenen Heiligung schon in diesem Leben für möglich[75], so lässt sich dagegen einwenden, dass er diesen Status für sich selbst nie behauptet und ihn bei anderen auch nicht konstatiert, wohl aber als Möglichkeit offen gelassen hat und zudem in der Mehrzahl seiner diesbezüglichen Äußerungen den Prozesscharakter der Heiligung betont, die in der Auferstehung ihren vollkommenen Zustand erreicht haben wird[76]. A. Outler fasst Wesleys Aussagen zutreffend mit folgenden Sätzen zusammen: „Gnade ist reales Handeln Gottes im Herzen des Menschen; sie ist die tatsächliche Wirkung der Liebe Gottes auf die menschliche Existenz. In ihren verschiedenen Dimensionen durchdringt und ergreift sie das

---

72 „ ... the Spirit of the Almighty ... breaks the hardness of his heart, and creates all things new." Predigt 130 On Living without God, 9 (s. Anm.64). Vgl. Predigt 9: The Spirit of Bondage and of Adoption, II.2 (WJW 1, 255f).

73 „To be renewed in the image of God, in righteousness and true holiness." Minutes vom 26. Juni 1744, Frage 1 (Works VIII, 279). Zur Erneuerung der imago Dei vgl. Weißbach, a.a.O. 92 ff, und Runyon, Schöpfung, 17-31.

74 „When we begin to believe, then sanctification begins. And as faith increases, holiness increases, till we are created anew." (Minutes, Frage 2, a.a.O). Die während des irdischen Lebens nicht ganz zu erreichende vollständige Erneuerung der imago Dei wird durch die depravierten Instrumente der Seele, Körper und Geist des Menschen, behindert. Predigt 129: Heavenly Treasure in Earthen Vessels (1790), II.1 (WJW 4, 164.166).

75 Predigt 129, II.1.

76 „All experience, as well as Scripture, show this salvation to be both instantaneous and gradual. It begins the moment we are justified ... It gradually increases from that moment ... till, in another instant, the heart is cleansed from all sin, and filled with pure love to God and man. But even that love increases more and more ... till we attain ,the measure of the stature of the fulness of Christ'." Predigt 85, II.1 (WJW 3, 203f). Vgl. Runyon, Schöpfung, 239-250.

ganze Leben ... Gnade ist Gottes Liebe in Aktion: In Christus, um uns mit ihm selber zu versöhnen; im Heiligen Geist, um uns gänzlich zu heiligen."[77] Diese reale Veränderung des Menschen durch die Gnade hat ihren Ausgangspunkt und ihre bleibende Voraussetzung in der für alle Menschen geschehenen Versöhnung durch Christus und ihrer Annahme im Glauben[78]. F. Loofs verteidigt darum Wesley mit gutem Grund gegen den Vorwurf, er vermische Rechtfertigung und Heiligung, und stellt fest: „J. Wesleys eigene Lehre über das Verhältnis von Rechtfertigung und Heiligung ist völlig korrekt ..."[79] Wie der Glaube, so ist auch die Wiedergeburt als Beginn der Erneuerung Gottes Gabe: nur der Schöpfer kann auch die Neuschöpfung vollbringen[80].

Nachdem der Geschenkcharakter auch der Heiligung in knappen Sätzen herausgestellt ist, muss nun die Frage nach der *Richtung* der im Menschen bewirkten Veränderung, nach dem *Inhalt* der Erneuerung gestellt werden, die der Geist Gottes hervorbringt. Sein Wirken ist auf die Seele und ihre Potenzen Verstand, Wille und Affekte gerichtet, die er vom Bösen wegzieht und zum Guten inspiriert; er verändert auf diese Weise das ganze Denken und Handeln[81]; er erweckt den Menschen vom geistlichen Tod zum geistlichen Leben[82], befreit ihn vom Zwang zur Sünde[83] und damit zur christlichen Frei-

---

77 Theologische Akzente, 97. Die Behauptung, dass Wesley die chronologische Fixierbarkeit der Bekehrung als die Regel angenommen (Elert, Das christliche Ethos, 288) oder beinahe eine Lehre daraus gemacht habe (Lang, Puritanismus, 344), ist in solcher Form nicht haltbar.

78 Die absolute Vorrangstellung der Rechtfertigung für die christliche Existenz hat Wesley seit seiner „evangelischen Bekehrung" (1738) immer deutlicher erkannt und verkündigt. Vor dieser Zeit war Glaube für ihn „an assent upon rational grounds, because I hold divine testimony to be the most reasonable of all evidence whatever. Faith must necessarily at length be resolved into reason". (Brief vom 29. Juli 1725;). Dieser von Hume und Fiddes abgeleitete (Schmidt, England und der deutsche Pietismus, 221), aber auch von J. Taylor vertretene Glaubensbegriff (Lang, Puritanismus und Pietismus, 279 f.) wurde in der Begegnung mit den Herrnhutern, mit Texten Luthers und durch vertiefte Paulusstudien fast völlig umgewandelt und mit biblisch-reformatorischem Gehalt gefüllt: „Christian faith is ... not only an assent to the whole gospel of Christ, but also a full reliance on the blood of Christ; a trust in the merits of His life, death, and resurrection; a recumbency upon Him as our atonement and our life, as given for us, and living in us. It is a sure confidence which a man hath in God, that through the merits of Christ, his sins are forgiven, and he reconciled to the favour of God ...", Predigt 1: Salvation by Faith (1738), I.5 (WJW 1,121).

79 RE³ XII, 799.

80 So im Earnest Appeal, 9 (WJW 11, 48): Der Glaube ist „a new creation; and none can create a soul anew, but He who at first created the heavens and the earth".

81 A Farther Appeal, Part I, I.6 (WJW 11, 107f).

82 Predigt 130, 11 (WJW 4, 173).

heit[84]. Die Macht der Sünde wird gebrochen[85], das Herz mit Liebe zu Gott und allen Menschen erfüllt[86]; seine Heiligung ist keine nur um Christi willen angerechnete (gegen die Herrnhuter), sondern eine verändernde, die Gesinnung Christi bewirkende Erneuerung[87]. Immer wieder werden die Liebe zu Gott und allen Menschen sowie die Gesinnung Christi, beide inhaltlich gleich, als Inhalt dieser Erneuerung genannt, die dann dazu führt, dass „wir vor Ihm in Gerechtigkeit, Barmherzigkeit und Wahrheit wandeln und tun, was vor Ihm wohlgefällig ist"[88]. Die Erkenntnis der Liebe Gottes im Angesicht Jesu Christi befreit von Schuld und Macht der Sünde und von Angst vor Gottes Zorn und gießt seine Liebe ins Herz, so dass der Mensch niemandem Böses zufügt und eifrig danach strebt, Gutes zu tun[89]. Diese Freiheit ist wirkliche Freiheit, ist evangelische Freiheit, die von jedem Glaubenden erfahren wird, keine Freiheit von Gottes Gesetz oder Gottes Werken, sondern vom Gesetz der Sünde und den Werken des Teufels[90]. Gott hat also durch das Werk Christi nicht nur eine *Erlösung für uns* geschaffen, sondern auch eine *Erneuerung in uns,* die uns zu einem Leben im Geiste Jesu befreit und befähigt[91].

Die Frage, ob zur Rechtfertigung und Heiligung auch die richtigen *Vorstellungen* über dieses Handeln Gottes notwendig seien, hat Wesley mit aller Deutlichkeit verneint[92], dennoch hat er den Glauben nicht nur als Vertrauen

---

83 Works XI, 453.
84 L V, 203 (5. Okt. 1770).
85 Predigt 85, II. 1 (WJW 3, 203f). Auch das geschieht nicht in einem Augenblick: „... the believer gradually dies to sin, and grows in grace. Yet sin remains in him; yea, the seed of all sin, till he is sanctified throughout in spirit, soul, and body." (S I, 44, Anm. 6, Minutes 1745).
86 Predigt 10: The Witness of the Spirit I, I.6 (WJW 1, 273f). Vgl. u. VII, 2c!
87 Works X, 203 (Difference Between the Moravians and the Methodists).
88   Predigt 10, I. 6 (WJW 1, 274).
89 Predigt 9: The Spirit of Bondage and of Adoption, III. 2-8 (WJW 1, 260-263).
90 Works X, 367 (A Blow at the Root). Wesley bezieht auch psychologische Kategorien in die Beschreibung der Erneuerung ein: Earnest Appeal 24.
91 Darauf, dass Wesley sich mit der Lehre von der erneuernden Wirkung der Gnade in weitgehender Übereinstimmung mit Luther befindet, hat bereits E. v. Eicken hingewiesen (Rechtfertigung, 9). Luther: „Aber Glaube ist ein göttlich Werk in uns, das uns wandelt und neu gebiert aus Gott, Joh. 1 (13), und tötet den alten Adam, machet aus uns ganz andere Menschen von Herzen, Mut, Sinn und allen Kräften und bringet den Heiligen Geist mit sich" (Vorreden zur Bibel, ed. H. Bornkamm, 148.) S. u. S. 130 u. Anm. 119.
92 Es sei klar, „That a man be saved who cannot express himself properly concerning Imputed Righteousness. Therefore, to do this is not necessary to salvation. That a man my be saved who has not clear conceptions of it. (Yea, that never heard the phrase.) Therefore, clear conceptions of it are not necessary to salvation. Yea, it is not necessary to salvation to use the phrase at all." (Tagebuch 1. Dez. 1767; WJW 22, 114f). Darum können auch Mystiker

auf Gottes Gnade und als Kraft zur Überwindung der Sünde verstanden, sondern ihm auch Erkenntnisfunktion zugeschrieben, die für das christliche Handeln von herausragender Bedeutung ist und ebenso einen wesentlichen Teil der gnadenhaften Erneuerung des Menschen darstellt: Der Glaube ist „eine im Herzen bewirkte göttliche Evidenz oder Überzeugung, dass Gott durch seinen Sohn mit mir versöhnt ist"[93], er erleuchtet den Verstand, so dass ein Mensch sehen kann, was seine Bestimmung (Berufung, „calling") ist, nämlich Gott zu verherrlichen, und offenbart Christus in unseren Herzen durch „eine göttliche Evidenz oder Überzeugung von seiner Liebe, seiner freien, unverdienten Liebe zu mir, einem Sünder"[94]. Diese Erkenntnis ist dem natürlichen Menschen verborgen[95], erst der Glaube ermöglicht ihm die klare, gewisse Erkenntnis seiner selbst und der unsichtbaren Welt Gottes[96]. Doch wie Schwachheit und Versuchungen, so bleibt auch Unvollkommenheit der Erkenntnis des Göttlichen Zeichen der irdischen Existenz des Glaubenden[97].

7.2.2 Die guten Werke

Die dem Glaubenden geschenkte Selbst- und Gotteserkenntnis, sowie die durch die Gnade bewirkte Erneuerung des Menschen als Befreiung von der Macht der Sünde und Wiederherstellung der Gottesebenbildlichkeit befähigen ihn nun auch zu neuem Handeln, zum Tun der guten Werke. Der Zusammenhang zwischen Rechtfertigung bzw. Wiedergeburt einerseits und dem praktischen Vollzug des göttlichen Willens im täglichen Leben der Christen andererseits ist der einer notwendigen Folge. Für Wesley ist beides in gleichem Maße unverzichtbar: die Unumkehrbarkeit der Reihenfolge von Glaube und guten Werken und deren Notwendigkeit für den Glauben. „Erst glaube!" sagt er in einer Predigt, „dann wirst du alles gut machen."[98] „Gute Werke folgen diesem (sc. rechtfertigenden, wahren) Glauben, können ihm aber nicht

---

(ebd.) und Katholiken (Predigt 20, II.15; WJW 1, 460) gerettet werden. Vgl. Predigt 130, 15, wo die Bestreitung der Notwendigkeit klarer Konzeptionen so gerechtfertigt wird: „I believe [God] respects the goodness of the heart, rather than the clearness of the head ..." (WJW 4, 175).

93   „a divine evidence or conviction wrought in the heart that God is reconciled to me through His Son." L II, 382 (Brief an Conyers Middleton, 4. Jan. 1749).

94   „a divine evidence or conviction of his love, his free, unmerited love to me a sinner". Predigt 17: The Circumcision of the Heart.(1733), I.7 (WJW 1, 405).; cf. L II, 381 f.

95   L II, 381.

96   Earnest Appeal, 29; L II, 383.

97   Predigt 19: The Great Privilege of those that are Born of God (1748), III.3 (WJW 1, 442).

98   Predigt 6, III.1 (WJW 1, 214).

vorangehen.“[99] Heiligung kann dann definiert werden als „fortgesetzte Folge von guten Werken“[100]. Mit dieser eindeutigen Festlegung hat er sich auch dogmatisch von seiner eigenen Vergangenheit vor 1738 gelöst und den reformatorischen Standpunkt mit Überzeugung eingenommen und ihn Zeit seines Lebens nicht wieder verlassen[101]. Seine Betonung der Wiedergeburt des Menschen durch das Handeln Gottes hat diese Auffassung von der Unumkehrbarkeit von Glauben und Werken noch weiter befestigt und begründet[102].

Nicht weniger deutlich weist Wesley auf die *Notwendigkeit* der *guten Werke* hin und zwar mit einer doppelten Argumentation: Die guten Werke gehören wesentlich zum rechtfertigenden Glauben hinzu, und: der Glaubende braucht sie zum Wachstum in der Heiligung. Wie es gilt, dass ein schlechter Baum nur schlechte Früchte hervorbringen kann, so auch, dass auf einem guten Baum gute Früchte wachsen müssen. Es ist offenkundig, dass es sich dabei nicht um einen äußeren, an den Glaubenden herantretenden Zwang, sondern um eine im Glauben selbst begründete innere Notwendigkeit handelt. Die Früchte des Glaubens folgen aus ihm unmittelbar[103]; der Glaube ohne Werke ist kein Glaube, ist toter Glaube, ist Teufelsglaube[104]. Die guten Werke des Menschen nach der Rechtfertigung sind im Grunde genommen Gottes Taten[105]; er hat seine Kinder durch Jesus Christus zu guten Werken (neu) erschaffen[106], sein Geist schafft in ihren Herzen und in ihrem Leben die „echten Früchte des Geistes Gottes“[107]. Das Vorhandensein solcher Früchte hat zwar auch hinweisende Funktion[108], die jedoch weniger für Außenstehende, die die Echtheit des Glaubens zu prüfen hätten, als vielmehr für den Glaubenden

---

99 A Farther Appeal, Part I, I.2.
100 Ib.
101 Vgl. Predigt 1: Salvation by Faith (S I, 46, Anmerkungen zu III.1); Edwards, HMC I, 51; North, Early Methodist Philanthropy, 12; Outler, Methodismus, 86; Vulliamy, John Wesley, 51. 56 f. Auf die Unrichtigkeit der Auffassung, den Heiligen Club von Oxford als erste Ausprägung des späten Methodismus zu bezeichnen, ist bereits oben in Kapitel I, S. 22 ff., hingewiesen worden. Die spätere Übereinstimmung mit der reformatorischen Rechtfertigungslehre hat Wesley selbst ausdrücklich postuliert: „I think on Justification just as I have done any time these seven-and-twenty years, and just as Mr. Calvin does. In this respect I do not differ from him an hair's-breadth.“ WJW 21, 509 (14. 5. 1765).
102 WJW 9, 50f (Principles of a Methodist 2)
103 A Farther Appeal, Part I, II. 5.
104 Predigt 35: The Law Established through Faith, I (1750), II. 6 (WJW 2, 27f); cf. Jak. 2,17-20.
105 Predigt 1,1. Vgl. Augustin, der hier allerdings nicht ausdrücklich erwähnt wird.
106 Predigt 106: On Faith (1788),II. 5 (WJW 3, 500f).
107 Predigt 8: The First-fruits of the Spirit (1746), I. 6 (WJW 1, 237).
108 A Farther Appeal, Part I, II. 5.

selbst von Bedeutung ist[109]. Sie sind nicht in dem Sinne Früchte des Geistes und Wesensbestandteil des Glaubens, dass sie ohne den Willen des Menschen zustande kämen – jedenfalls, soweit es sich um „äußere" gute Werke handelt; man kann sie willentlich vernachlässigen[110] und durch Unterlassung das „freie Geschenk Gottes", den Glauben, verwirken[111]. Der Glaubende selbst hat darauf zu achten, dass er die ihm sich bietenden Gelegenheiten zum Tun des Guten nicht ungenutzt vorübergehen lässt, um seinen Glauben auf diese Weise nicht zu verlieren, sondern ihn dadurch zu stärken, dass er ihn in guten Werken betätigt[112]. Es ist also nicht die Kraft des Glaubens, die die guten Werke hervorbringt, sondern der Geist Gottes, der durch den Glaubenden wirkt; je mehr dieser sich als Werkzeug des Geistes gebrauchen lässt, desto mehr wird sein Glaube, seine Verbindung zu Gott, dadurch gefestigt. So sind die guten Werke sowohl die Folge der Erneuerung durch die Gnade als auch ein Mittel, die Heiligung des Gerechtfertigten zu fördern und zu vervollkommnen[113].

Damit verankert Wesley den Glauben nicht nur stärker im Erfahrungshorizont des Menschen – allerdings nicht ohne den Preis einer erhöhten Gefahr der Anfechtung eben durch die Erfahrung[114] – und bewahrt ihn vor dem Missverständnis eines rationalen Schemas, zu dem er in der protestantischen Orthodoxie weitgehend geworden war; er verteidigt ihn auch gegen zwei weitere Richtungen christlicher Theologie, die ihm das rechte Verständnis des Verhältnisses von Glauben und Werken zu verfälschen scheinen: gegen den Quietismus und den Antinomismus, den er bei den Herrnhutern und den Mystikern, sowie gegen die Werkgerechtigkeit, die er im Katholizismus und in seiner eigenen anglikanischen Kirche zu finden glaubte.

Die Erkenntnis, dass der Mensch allein aus Glauben gerechtfertigt werde, hat Wesley konstatierbar und nach eigenen Aussagen der Begegnung mit der ihm durch die Herrnhuter vermittelten lutherischen Theologie zu verdanken. Nicht nur aus diesem Grunde hat er sich ihnen zu bleibendem Dank verpflichtet gewusst. Die relativ frühe Trennung von ihnen hatte neben weniger

---

109 Predigt 11: The Witness of the Spirit II, V. 4, WJW 1, 298.

110 Predigt 43: The Scripture Way of Salvation, III.5 (WJW 2, 164).

111 Minutes, 25. Juni 1744, Works VIII, 277.

112 „The more we exert our faith, the more it is increased." Ebd. Wenn allerdings Zeit und Gelegenheit fehlen, wird ein Mensch auch ohne sie geheiligt, nicht jedoch ohne Glauben. WJW 2, 166f.

113 Zutreffend formuliert P. Scott, John Wesleys Lehre von der Heiligung, 96: „Das Tun der guten Werke ist nicht nur ein Ausdruck des neuen Lebens, es ist auch wesentlich für seine Erhaltung und für sein Wachstum."

114 Die allerdings dadurch in Grenzen gehalten wird, dass der Glaube allein – und nicht die Werke – die conditio sine qua non der Rechtfertigung und Heiligung bleibt!

wichtigen Ursachen nur einen, allerdings für beide Seiten wesentlichen Grund: die unterschiedliche Einordnung der guten Werke in die Lehre und Praxis der Christen. Wesley wirft seinen pietistischen Freunden aus Deutschland vor, sie vertreten einen Solafideismus bzw. Quietismus, d. h. sie leugneten den wesentlichen, notwendigen Zusammenhang von Glauben und Werken, wie auch die Mystiker, denen er in seinen frühen Jahren soviel Aufmerksamkeit und Hochachtung geschenkt hatte, es täten[115]. Obwohl hier kein Platz für die Erörterung der vielfältigen Beziehung Wesleys zu beiden theologischen Richtungen ist, muss über seine Einstellung zur herrnhutischen Lehre von den guten Werken etwas gesagt werden, weil sie ein helles Licht auf Wesleys eigene Lehre wirft. Sie und die Vertreter (vor allem) der romanischen Mystik hat er vor Augen, wenn er in einer Predigt behauptet, es seien auf den Rat des Teufels hin Glaube und Werke so oft in einen Gegensatz zueinander gesetzt worden und dann fortfährt: „Einige haben den Glauben bis zum Ausschluss guter Werke verherrlicht, nicht nur davon, dass sie der Grund unserer Rechtfertigung seien (denn wir wissen, dass ein Mensch durch die Erlösung in Jesus frei gerechtfertigt wird), sondern davon, dass sie die notwendige Frucht des Glaubens seien, ja, dass sie überhaupt einen Platz in der Religion Jesu Christi hätten."[116] Betätigung des Glaubens und Verantwortung für die Welt gehören für Wesley zum unaufgebbaren Bestandteil christlichen Lebens, den er in der Dogmatik der Brüdergemeine vermisst, ja, der von ihr sogar als dem Glauben abträglich zurückgewiesen wird. Dagegen Wesley: „Wenn unserem Glauben keine guten Werke folgen ... ist es offenbar, dass unser Glaube nichts wert ist; wir sind noch in unseren Sünden.'[117]

Wer wie Wesley den rechtfertigenden Glauben als Wirkung der den ganzen Menschen erneuernden Gnade Gottes versteht, muss jede bloße Imputation als zu kurz greifend, ja, als gänzlich unzureichend und *darum* falsch bezeichnen. Dass Wesley hier nicht nur seine eigene Theologie vertritt, sondern zugleich wahrscheinlich, ohne sich dessen bewusst zu sein, Luther gegen ein einseitig gewordenes Luthertum vertritt, ist eine Ironie der Theologiegeschichte. War es doch gerade Luthers Galaterkommentar, den er, gelesen vor

---

115 Über die Beziehungen Wesleys zu den Herrnhutern und den Mystikern ausführlich: Towlson, Moravian and Methodist; Orcibal, The Theological Originality of John Wesley and Continental Spirituality, in: HMC I, 81 ff.; Schmidt, John Wesley II, 13 ff. u. passim.

116 „Some have magnified faith to the utter exclusion of good works, not only from being the cause of our justification (for we know that a man is justified freely by the redemption which is in Jesus), but from having any place in the religion of Jesus Christ." Sermon on the Mount VII, 2 (WJW 1, 592f).

117 Predigt 35, II. 6.

dem Hintergrund seines Kampfes gegen diesen „Solafideismus", mit strengen Worten tadelte[118], bevor er ihn wirklich verstanden hatte; war es doch Luther, der – wie später Wesley – gegen den „Glauben" als „menschliche(n) Wahn und Traum" polemisiert und geschrieben hatte: „Es ist ein lebendig, geschäftig, tätig, mächtig Ding um den Glauben, dass es unmöglich ist, dass er nicht ohne Unterlass sollte Gutes wirken. Er fraget auch nicht, ob gute Werke zu tun sind, sondern ehe man fragt, hat er sie getan und ist immer im Tun. Wer aber nicht solche Werke tut, der ist ein glaubensloser Mensch, tappet und siehet um sich nach dem Glauben und guten Werken und weiß weder, was Glaube oder gute Werke sind ..."[119] Auch für Luther ist der neue Gehorsam Kennzeichen des wirklichen Glaubens[120], und gerade die innere Notwendigkeit, mit der die Werke aus dem Glauben folgen, verbindet Wesleys Theologie mit der seinen[121]. Gerade von hier aus erwächst, verstärkt durch die Herausstellung der Liebe Gottes zum Menschen und der durch sie hervorgerufenen Liebe des Menschen zu Gott und zum Nächsten (s. u. Kap. VIII), der ethische Impetus in der Lehre, Verkündigung und den sozialen Aktivitäten des Gründers des Methodismus.

Kann man sagen, Wesleys Kampf für die Notwendigkeit der guten Werke, wenn auch nicht für die Rechtfertigung, so doch für das Leben aus dem Glauben, habe dem Missverständnis der Gnade als Deckmantel der Bosheit gewehrt[122], so hat er sich gerade damit dem Verdacht ausgesetzt, er lehre die Rechtfertigung aus den Werken. Und in einer kurzen Zeit seines späteren Lebens ist Wesley tatsächlich über die von ihm selbst gezogene Grenze zwischen Glaubensgerechtigkeit und Werkgerechtigkeit hinausgegangen. In der Hitze des Kampfes hatte er vergessen, dass er selbst einmal die Rechtfertigung aus dem Glauben als „Eckstein des ganzen christlichen Gebäudes" bezeichnet[123]

---

118 Tagebuch 15. Juni 1741.
119 Vorrede zum Römerbrief, ed. H. Bornkamm, 148. Cf. WA 12,289,29; WA 47,789,27; WA 39 I, 114,28. Hinweise bei Althaus, Die Theologie Martin Luthers, 214. Cf. CA VI; FC IV; Melanchthon, Loci, CR XXI, 429.
120 Althaus, a.a.O. 214.
121 Uns ist wohl bewusst, dass Luther und Wesley, soweit sich überhaupt systematisch-theologische Parallelen zwischen ihnen konstatieren lassen, nicht immer übereinstimmen (s. u. Kap. VIII zur Frage der Wertung des Gesetzes), an dieser Stelle aber sind sie sich im wesentlichen einig. Deshalb bleibt Piettes Feststellung: „Il (sc. Wesley) abandonne Luther." (La Réaction Wesleyenne, 579) im Zusammenhang mit der Auseinandersetzung um den Solafideismus oberflächlich, weil allein am Wortlaut von Wesleys Äußerungen orientiert.
122 Predigt 20, II. 19. Bonhoeffers Ausdruck „billige Gnade" wäre trotz der historischen Distanz durchaus zutreffend.
123 Predigt 35, II. 6.

und als solchen oft verteidigt hatte[124]. An der Konferenz des Jahres 1770 „entsteht ... der Eindruck, dass die ganze Bewegung zum Verdienstcharakter der Werke zurückgekehrt ist"[125]. Der Streit um die Bußwerke führt zu dem formulierten Ergebnis, dass der, der Gott fürchte und Gerechtigkeit wirke („work righteousness"), zwar nicht auf Grund der Verdienstlichkeit der Werke, wohl aber auf Grund der Werke als Bedingung („works as a condition") von Gott angenommen werde; und auf die Frage, worüber man in den vergangenen Jahren gestritten habe, antwortet Wesley: „Ich fürchte, über Worte."[126] Die Auseinandersetzung mit dem antinomistischen Calvinismus hatte Wesley zu dieser überspitzten Formulierung hingerissen, die missverstanden werden musste. Aber bereits an der nächsten Konferenz ist die Lage wieder geklärt und die Lehre von der Rechtfertigung aus den Werken eindeutig abgelehnt worden[127]. Dennoch glich Wesleys gleichzeitige Betonung der Rechtfertigung allein aus Glauben und der Notwendigkeit guter Werke einer beständigen Gratwanderung, und nicht immer ist das Abgleiten in Richtung eines milden Synergismus vermieden worden[128]. Das liegt nicht nur daran, wie Weißbach richtig beobachtet hat, dass „Wesley das sola gratia bei der Buße wie auch bereits bei der prevenient grace nicht durch das sola fide sichert, sondern durch den Heiligen Geist"[129], sondern auch an seinem Verständnis der Gnade, die den Menschen so erneuert, dass der Glaube nicht nur als Geschenk an den Menschen, sondern zugleich als seine Pflicht erscheint[130]; weil Gott in uns wirkt, können und müssen wir wirken, wenn Gott nicht aufhören soll zu wirken[131]. Mit Bibelstellen[132] und Augustin[133] sucht er seine Auffassung zu erhär-

---

124 „Faith is the condition, and the only condition, of sanctification exactly as it is of justification." (Predigt 43, III. 4). „In strictness, therefore, neither our faith nor our works justify us ... But God himself justifies us." (Principles of a Methodist; Works VIII, 362).

125 Schneeberger, Theologische Wurzeln, 120 f.

126 Minutes of the Conference, zitiert nach Simon, Master-Builder, 277 f.

127 „... we abhor the doctrine of Justification by Works as a most perilous and abominable doctrine ... we hereby solemnly declare, in the sight of God, that we have no trust or confidence but in the alone merits of our Lord and Saviour Jesus Christ, for Justification or Salvation ... and though no one is a real Christian believer (and consequently cannot be saved) who doth not good works, where there is time and opportunity, yet our works have no part in meriting or purchasing our salvation from first to last, either in whole or in part."Zitiert nach Simon, a.a.O. 296.

128 Cf. L VI, 175 (Brief vom 18. Aug. 1775 an John Fletcher); aber: Orcibal, HMC I, 91.

129 Der neue Mensch, 91.

130 „Undoubtedly faith is the work of God; and yet it is the duty of man to believe." L VII, 202 (4. Jan. 1784).

131 Predigt 85, III.7.

132 2 Ko3 6,1 (Authorized Version); Mt 13,12; 1 Thess 1,3 u. a.

ten, dass ethische Passivität und rechtfertigender Glaube einander ausschließen. Diese Dialektik seines theologischen Denkens, die auch in der Lage ist, Paulus und Jakobus den je ihnen gebührenden Platz nebeneinander zuzuweisen[134], macht es ihm möglich, die Lehren von der Rechtfertigung allein aus Glauben (gegen den anglikanischen Legalismus, der ihm Schwärmerei vorwirft) und von der Notwendigkeit guter Werke (gegen jeden mystischen oder pietistischen Quietismus) mit gleichem Nachdruck zu vertreten und damit eine wichtige Ausgangsbasis auch für seine Sozialethik zu schaffen.

133 „Qui fecit nos sine nobis, non salvabit nos sine nobis." Works VI, 513.
134 Minutes 25. Juni 1744, Frage 14; Schneeberger, a.a.O. 123 f.

8 Maßstäbe für die Sozialethik

Hat sich im bisherigen Verlauf der Untersuchung herausgestellt, dass Wesley auf Grund seines Verständnisses der Gnade Gottes allen Menschen grundsätzlich die Möglichkeit verantwortlichen Handelns zuspricht, so ist jetzt nach dem Inhalt des ethisch gebotenen Tuns zu fragen, nach den Motiven und Maßstäben, die ihm Orientierungspunkte und Richtung zu geben vermögen. Sind dem Christen mit den biblischen Geboten auch Anweisungen für sein Handeln vorgegeben, so ist doch angesichts der unterschiedlichen Eingebundenheit historisch gegebener Gebote in ihren geschichtlichen Entstehungs- und Anwendungsbereich – das hat Wesley erkannt – jeweils neu nach dem Grad ihrer Verbindlichkeit zu fragen, als auch angesichts der ethischen Herausforderungen einer neuen Epoche nach Maßstäben zu suchen, die dem sittlichen Handeln in anderen sozialen Umfeldern seine Basis schaffen können.

8.1 Gottesliebe und Nächstenliebe

8.1.1 Gottes Liebe zu allen Menschen[1]

Mit Paulus und Augustin[2] hält Wesley die Liebe für die unerlässliche Voraussetzung alles im strengen Sinne guten Tuns. Wohl kann ein Mensch Gutes tun und Böses meiden, bevor die Liebe Gottes in sein Herz ausgegossen ist, aber der Wert solchen Tuns bleibt vorläufig und relativ. Wohl befähigt die zuvorkommende Gnade zu einer äußeren Frömmigkeit, zu Werken der Buße und guten Taten. „Was aber ist es wert", so fragt er in deutlichem Bezug auf 1 Kor 13, „alles Gute und nichts Böses getan zu haben, alle unsere Güter gegeben zu haben, um die Armen zu ernähren, wenn wir keine Liebe haben?"[3]

---

[1] Dieser Abschnitt hätte in seinem ersten Teil, in dem es um die Liebe Gottes zu den Menschen gehen soll, bereits im vorangehenden Kapitel behandelt werden können, insofern das Gnadenhandeln Gottes am Menschen durch die Liebe begründet und bestimmt ist. Da aber eine Aufteilung des Themas auf zwei Kapitel die Übersichtlichkeit und Geschlossenheit der Darstellung zwangsläufig beeinträchtigt hätte und da die Liebe unter den Maßstäben der Sozialethik für Wesley eine schlechthin grundlegende Bedeutung hat, schien mir die Behandlung im Rahmen dieses Kapitels die überzeugendere Lösung zu sein.

[2] Vgl. Gerdes, Gottesebenbildlichkeit, 15, und Weißbach, Der neue Mensch, 193.

[3] Predigt: True Christianity Defended, I. 10, Works VII, 457.

Wesley unterscheidet zwischen einem durchaus nicht wertlosen, aber doch vorläufigen, äußeren Tun des Guten und einem anderen, der inneren Erneuerung durch Gottes Gnade folgenden, von der Liebe veranlassten und geprägten, das erst im eigentlichen Sinne als gut zu bezeichnen ist. Nur wer aus Liebe handelt, handelt wirklich gut.

Liebe als Inhalt wahrer Frömmigkeit ist ein Erbe, das Wesley zuerst wohl dem Einfluss von William Law verdankt[4] und das nach seiner Bekehrung, wenn auch nicht ohne eine tief greifende Veränderung, bestimmend für seine Ethik geblieben ist. Hatte Law zu einem menschlichen Bemühen um die Liebe zu Gott angehalten, durch das Wesley sich nur noch tiefer in gesetzliche Frömmigkeit getrieben sah[5], so erkannte er in Verbindung mit der Entdeckung der Rechtfertigung allein aus dem Glauben, dass erst und nur dieser Glaube den Weg öffnet, auf dem die Liebe zu Gott und zu den Menschen das Herz erfüllt und zur Triebkraft seines Handelns wird[6]. Nächstenliebe wie die Liebe zu Gott waren fortan nicht mehr – wie es bei den Mitgliedern des Heiligen Clubs der Fall gewesen war – Mittel zur Selbstrechtfertigung vor Gott, sondern der Reflex der frohen Gewissheit, Gottes Liebe erfahren zu haben. Die Angst um die eigene Seligkeit war dem Dank für die aus freier Liebe Gottes geschenkte Rechtfertigung gewichen. Im Glauben findet er nun „jene Liebe zu Gott und zu allen Menschen, die wir anderswo umsonst gesucht hatten"[7]. Der Glaube vermittelt „die Offenbarung Christi in unseren Herzen; eine göttliche Erkenntnis oder Überzeugung von seiner Liebe, seiner freien, unverdienten Liebe zu mir als einem Sünder."[8] Der Glaube ist der gerade Weg zur Religion der Liebe, ist das Wahrnehmungsorgan für die Liebe Gottes[9]. Glaube und Liebe werden nicht im Sinne des Forma-Materia-Prinzips der Scholastik beschrieben, sondern mit der schon in der Rechtfertigungslehre vorwiegend verwendeten Begrifflichkeit der Erneuerung des Menschen nach dem Ebenbilde Gottes, deren Ursache die Liebe Gottes und deren Konsequenz die Liebe des (erneuerten) Menschen zu Gott und zum Nächsten ist[10]. Erst der Glaubende vernimmt etwas von der unbegrenzten Liebe Gottes, die

---

4   Diesen Zusammenhang hat Gerdes, a.a.O. 27, deutlich gemacht; vgl. Weißbach, a.a.O. 192 f.

5   L I, 238 ff (14. Mai 1738, an William Law); Gerdes, a.a.O. 27; Green, The Young Mister Wesley, 51 ff.; Schmidt, John Wesley I, 218 ff.

6   Wesley glaubte sogar, an der Liebe als dem Inhalt wahrer Religion konsequenter festgehalten zu haben als Law selbst. Cf. L III, 332 (6. Jan. 1756, an William Law).

7   An Earnest Appeal 8.

8   Predigt 17: The Circumcision of the Heart (1733), 7.

9   An Earnest Appeal, 7.

10   Auf diese Thematik ist Schneeberger, a.a.O. 138 f., näher eingegangen.

sich in sein Herz ergießt und ihn zum Handeln aus der Liebe befähigt. Glaube und Liebe gehören nun untrennbar zusammen, ersetzen sich aber gegenseitig nicht, noch kann die Reihenfolge von Glaube und Liebe umgekehrt werden. „Infolge unserer Erkenntnis, dass Gott uns liebt, lieben wir ihn und unseren Nächsten wie uns selbst."[11] Die in die Herzen ausgegossene Liebe Gottes bewirkt unsere Gegenliebe und die Liebe zu den Mitmenschen[12]. Dankbarkeit gegen den Schöpfer und Wohltäter[13], den Erlöser von Sünde und Schuld, der uns zuerst geliebt hat[14], macht frei von der Sorge um sich selbst, frei zur Sorge um andere Menschen: daraus „entspringt wahre, uneigennützige Güte zu allen Menschen"[15]. Die Vorordnung der im Glauben empfangenen Liebe Gottes bewahrt Wesley vor dem Rückfall in die Werkgerechtigkeit, in der die Liebe des Menschen zum Mittel seiner Rechtfertigung wird; die Betonung der aus dem Glauben folgenden Liebe bewahrt ihn vor einem selbstgenügsamen Quietismus, dem es in erster Linie um die eigene Seligkeit geht.

Ausgehend von diesem Prae der Liebe Gottes, die allem menschlichen Lieben vorausgeht und zugleich allen Menschen gilt, wehrt Wesley noch zwei andere Auffassungen ab, die zwar inhaltlich völlig verschieden voneinander sind, aber das eine gemeinsam haben, dass sie die Liebe Gottes entwerten: die calvinistische Prädestinationslehre und den atheistischen Humanismus.

Die philosophisch im Sinne einer doppelten Vorherbestimmung erweiterte *Prädestinationslehre,* wie sie Wesley vor allem in der puritanischen Tradition begegnete, erscheint ihm als eine Verkehrung des Evangeliums: sie mache die Predigt vergeblich, denn die Erwählten brauchten die Verkündigung nicht, den Verworfenen helfe sie nicht[16]. Sie zerstöre den Trost des Glaubens ebenso wie den Eifer um gute Werke, vor allem aber die Liebe zum größten Teil der Menschheit[17]. Gewiss differenziert Wesley die prädestinatianischen Positionen zu wenig und erkennt ihren Wert für die Gewissheit derer, die „omnino perire non possunt", nicht[18]; dafür erscheint sie ihm zu sehr als Schlag ins Angesicht

---

11 „It is in consequence of our knowing God loves us, that we love him, and love our neighbour as ourselves." Predigt 120: The Unity of the Divine Being (1789), 17.

12 Die Ähnlichkeit mit der Soteriologie Abaelards liegt auf der Hand, ohne dass uns etwas von einem direkten Einfluss auf Wesley bekannt wäre. Cf. Peppermüller, Abaelards Auslegung des Römerbriefs.

13 Predigt 120, 16.

14 An Earnest Appeal, 57.

15 Predigt 120, 22.

16 Predigt 110: Free Grace (1739), 10ff (WJW 3, 547ff).

17 Predigt 110, 18..

18 „... die auf keinen Fall nicht verloren gehen können". Siehe Hoffmann, Seinsharmonie und Heilsgeschichte bei Jonathan Edwards, 35 f.

der Liebe Gottes zu allen Menschen, die aus dem liebenden Vater einen all-
mächtigen Tyrannen mache[19]. Eine solche Meinung sei mit der Liebe zu
Christus und dem Werk der Gnade unvereinbar[20]. Die Lehre von der universalen Liebe Gottes ist für Wesley ein solcher Kardinalpunkt seiner Dogmatik
und Ethik, dass er darüber sogar exegetisch eindeutige Befunde vernachlässigt[21], dabei andere für seine Position in Anspruch nimmt[22], im Ganzen aber
doch mehr systematisch als exegetisch argumentiert[23]. Obwohl er tolerant genug ist, keinem Christen wegen prädestinatianischer Auffassung seinen
Glauben abzusprechen[24], hält er fest an der Unteilbarkeit der Liebe Gottes,
der der Vater aller Menschen ist[25], der sich aller ohne Ansehen der Person er-
barmt. Die Prädestinationslehre pervertiert nicht nur die Liebe Gottes, sie
zerstört auch das Glück des Christen, das ihm durch die Erfahrung der Liebe
Gottes geschenkt wird[26]. Aus dieser Überzeugung heraus kann er ausrufen:
„Seht die erstaunliche Liebe Gottes zu dem Auswurf der Menschheit! Seine
liebevolle Herabneigung zu ihrer Torheit!"[27] und dieser Verkündigung die entsprechenden Taten folgen lassen. Wesleys gesamte soziale Aktivität erscheint
undenkbar ohne diese „Theologie der Liebe"[28].

Weil Gottes Liebe allein die Macht ist, die Menschen zur Liebe befähigt,
muss Wesley auch jeden *atheistischen Humanismus* ablehnen. Wer die Ursache,

---

19 An James Harvey schreibt er gegen die Auffassung, Menschen würden bereits vor der Geburt für die Hölle bestimmt: „I could sooner be a Turk, a Deist, yea an Atheist, than I could
believe this. It is less absurd to deny the very being of God than to make Him an almighty
tyrant." L III, 387 (15. Okt. 1756 an James Hervey).
20 14. Mai 1765 (WJW 21, 510). Da Wesleys Begründung seiner Ablehnung der Prädestination
eindeutig und ausreichend ist, erscheint der von Lang (Puritanismus und Pietismus, 342)
hergestellte Zusammenhang mit Deismus, Latitudinarismus und Arminianismus als künst-
lich konstruiert. Dass Wesleys „Arminianismus" trotz des Wortgebrauchs eher eine Be-
zeichnung für seine Lehre von der universalen Gnade als für die Erneuerung einer mit Arminius zusammenhängenden Tradition ist, hat Rupp überzeugend aufgezeigt: HMC I,
XXVI f.; cf. Pask, The Influence of Arminius on John Wesley, LQHR 185, 260 ff.
21 Cell, The Rediscovery of John Wesley, 326.
22 Cf. Schmidt, Art. Universalismus, RGG³ VI, 1157 f; Schneeberger, a.a.O. 104 ff.
23 Die Ablehnung der gemina praedestinatio findet sich bereits in frühen Äußerungen Wesleys. (18. Juni 1725 an seine Mutter).
24 14. Mai 1765, Brief an John Newton.
25 Character of a Methodist, 6 (WJW 9, 35f); Advice to the People Called Methodist, 3 (WJW
9, 124). Cf. oben S. 34 f.
26 Predigt 120: The Unity of the Divine Being , 22; Predigt 110: Free Grace, 13.
27 „Behold the amazing love of God to the outcasts of men! His tender condescension to their
folly!" A Farther Appeal, Part III, III.22.
28 Schneeberger, a.a.O. 104.

nämlich die Gottesliebe, leugnet oder streicht, kann mit der Folge, der Liebe zu allen Menschen, nicht rechnen.

Damit wendet er sich vor allem gegen den Humanismus der Aufklärung, wie er ihn in Werken Rousseaus, Voltaires, Humes und anderer kennen gelernt hat. „Man nenne es Humanität, Tugend, Moral oder wie es einem gefällt, es ist nicht besser noch schlechter als Atheismus. Absichtlich und wohlüberlegt trennen Menschen das, was Gott verbunden hat – die Pflichten der ersten und der zweiten Tafel. Das heißt, die Nächstenliebe von der Gottesliebe trennen.“[29] Danach wäre der Mangel an Gottesliebe eine Pflichtverletzung Gott gegenüber, Ungehorsam gegen sein Gebot. Damit aber begnügt Wesley sich nicht, sondern fährt mit deutlich antideistischer Spitze fort, Gott habe die Welt nicht nur geschaffen, sondern überwache und regiere sie ohne räumliche oder zeitliche Begrenzung. „Wir wissen, dass, wie die ganze Natur, so auch alle Religion und alles Glück von ihm abhängen; und wir wissen, dass die, die lehren, Glück ohne ihn zu suchen, Scheusale und Schädlinge der Gesellschaft sind.“[30] Darum sei es eben nicht nur geboten, sondern auch vernünftig (reasonable), Gott zu lieben, der uns beständig liebt und alles gegeben hat, was wir besitzen, der der „Vater alles Guten“ ist[31].

Wesley versucht, den aufklärerisch-atheistischen Humanismus mit dessen eigenen Methoden zu widerlegen, ohne sich dessen bewusst zu sein, dass seine Prämisse, eben der Glaube an Gott als den Schöpfer *und* Erhalter der Welt, den Charakter einer Behauptung behält. Zwar kann er im psychologisch-empirischen Bereich seiner These von der aus der Liebe zu Gott resultierenden Nächstenliebe eine gewisse Evidenz verschaffen, ohne aber die behauptete Exklusivität der Gottesliebe als alleinige Quelle der Nächstenliebe verifizieren zu können, so dass er sich schließlich doch auf einen Konsens der Glaubenden zurückzieht und assertorisch formuliert: „Du, zu dem ich jetzt spreche, glaubst, dass die Liebe zur Menschheit nur aus der Liebe zu Gott entsteht. Du meinst, dass es kein Beispiel dafür gibt, dass jemandes zärtliche Zuneigung jedes Menschenkind umfasst (obwohl dieses ihm nicht durch Bande des Blutes oder durch irgendeine natürliche oder menschliche Bindung besonders teuer ist), ohne dass diese Zuneigung aus einer dankbaren, kindlichen Liebe zu dem gemeinsamen Vater aller fließt“, dass diese Liebe nur aus dem Glauben komme und dass Glaube und Liebe durch den Heili-

---

29 Predigt 120: The Unity of the Divine Being , 20..
30 Erst aus der von Gott geschenkten Liebe entstehe „real, disinterested benevolence to all mankind.“ Predigt 120, 22.
31 An Earnest Appeal, 20.

gen Geist bewirkt werden[32]. Wenn die philosophische Argumentation Wesleys auch nicht restlos überzeugen kann, so hat doch seine an einer Verbindung von paulinischer und johanneischer Theologie[33] orientierte Definition von Glauben und Liebe und ihrer wesentlichen Zusammengehörigkeit eine Basis für seine Ethik geschaffen, die in ihren praktischen Auswirkungen höchste Anerkennung verdient, ja, die zu noch weiterreichenden Ergebnissen hätte führen können, wenn Wesley sich konsequent an sie gehalten und wenn nach seinem Tode der offizielle Methodismus nicht weitgehend und allzu schnell wieder in eine legalistische Orthodoxie zurückgefallen wäre[34].

8.1.2 Nächstenliebe als Wirkung der Gottesliebe

So notwendig nach Wesleys Darstellung die Gottesliebe (in ihrer reziproken Personalbeziehung) für die Entstehung und Betätigung uneigennütziger Nächstenliebe ist, so notwendig ist die tätige Nächstenliebe als Ergebnis im Glauben erkannter und erfahrener Gottesliebe. Wen Gottes Liebe erneuert und mit dem Glauben beschenkt hat, der kann nicht anders, als die empfangene Liebe an seine Mitmenschen weitergeben. Der Glaube als Ausgangspunkt der Heiligung und die Liebe als ihr wesentlicher Inhalt bleiben beide Geschenk des Schöpfers und Erlösers[35]; wie es keine Liebe ohne den Glauben gibt, der sie von Gott empfängt, so auch keinen Glauben, der sie nicht tätig weitergibt. Die von Gott Erneuerten „lieben ihn, weil er uns zuerst geliebt hat', und uns seinen Sohn, seinen einzigen Sohn, nicht vorenthalten hat. Und diese Liebe nötigt sie, alle Menschen zu lieben, alle Kinder des Vaters des Himmels und der Erde...“[36] Liebe zu Gott und Liebe zum Nächsten gehören deshalb so unauflöslich zueinander, dass es die eine ohne die andere nicht gibt[37].

---

32 Advice to the People Called Methodists, 3f (WJW 9, 124).

33 Cf. Rupp, Principalities and Powers, 82.

34 Hierzu ausführlicher in Kap. IX und X, unten S. 159 ff. Dass Wesleys Lehre von der Heiligung, die auf dem eben skizzierten Zusammenhang von Glauben und Liebe basiert, nicht mit der methodistischen Heiligungslehre des 19. Jahrhunderts in eins geworfen werden darf, hat Rupp, a.a.O. 82 f., ausdrücklich und zu Recht betont.

35 An Earnest Appeal, 8. – Predigt 106: On Faith, I. 12 . – Predigt 129: Heavenly Treasure I. 3.

36 A Farther Appeal, Part III, I. 5. Vgl. Predigt 91: On Charity, I. 2; Predigt 120: The Unity of the Divine Being, 17; Brief an den Verfasser von "The Craftsman", Works VIII, 513.

37 „You cannot love God, because you do not love your neighbour. For he that loves God loves his brother also." Brief vom 1. Nov. 1757 an John Glass (?) (L III, 237). Weißbachs Interpretation (a.a.O. 196): „Aber auch diese soziale Bezogenheit der Lehre von der Heiligung (ist) ... nur ein Mittel für die Rettung der einzelnen Seele ..." ist missverständlich und widerspricht

Die Liebe zum Nächsten ist aber nicht nur durch ihre Selbstlosigkeit gekennzeichnet, sondern auch durch ein völliges Absehen von jeder Wertung
dessen, dem sie zugute kommen will. Aus der Verbindung zu Gott, die von
der Liebe bestimmt ist, erwächst die Liebe zu allen Menschen, für die es keine Grenze gibt, nicht einmal im Hass des anderen[38]. Der Gedanke, dass Nati-
onalitäts- oder Rassenunterschiede, gesellschaftliche (Außenseiter-)Positionen
oder religiöse und weltanschauliche Differenzen einen Menschen der Liebe
unwürdig machen, ist im Zusammenhang der theologischen Ethik Wesleys
undenkbar, nach der jeder Mensch seine Liebenswürdigkeit aus seinem Von-
Gott-Geliebtsein erhält[39]. Immer wieder betont er, der Nächste sei „jedes
Menschenkind, jeder Sohn Adams"[40], „jeder, der die Lebensluft atmet"[41]. Weil
die Liebe Gottes unteilbar ist, darum ist auch die Nächstenliebe unteilbar;
wie die Liebe Gottes allen Menschen gilt, so auch die Nächstenliebe. Sie nur
bestimmten Menschen zuteil werden zu lassen, hieße, ihren Charakter als
universale Liebe pervertieren. In einer Predigt über Röm 15,2 heißt es darum: „Lass die Liebe nicht als einen flüchtigen Gast dich besuchen, sondern
die beständige Stimmung deiner Seele sein. Sieh zu, dass dein Herz zu jeder
Zeit und in allen Lagen mit echtem, ungeheucheltem Wohlwollen erfüllt ist;
nicht nur denen gegenüber, die dich lieben, sondern jeder Menschenseele ...
Lass deine Zuneigung nicht begrenzt oder beschränkt sein, sondern lass sie
jedes Menschenkind umfassen. Jeder, der von einer Frau geboren wurde, hat
einen Anspruch auf dein Wohlwollen. Du schuldest es nicht nur einigen, sondern allen."[42]

Weil Gott der Vater aller Menschen ist, sie also alle Kinder desselben Vaters und Brüder sind[43], ist es nicht nur geboten, sondern sogar vernünftig
(reasonable), allen Menschen, wenn wir die Gelegenheit dazu haben, Gutes zu

---

der von Wesley geforderten Uneigennützigkeit und „Selbstverständlichkeit" der Liebe zum
Nächsten. „ ... let all men know that you desire both their temporal and eternal happiness,
as sincerely as you do your own." Predigt 100: On Pleasing All Men (1787), II. 1 (WJW 3,
422f); Vgl. Predigt 120: The Unity of the Divine Being, 22f (WJW 4, 70f); Predigt 4: Scriptural Christianity I. 7; Predigt 18: The Marks of the New Birth (1748), III.1-3 (WJW 1,
425f).

38 „That a man is not personally known to him, is no bar to his love; no, nor that he is known
to be such as he approves not, that he repays hatred for his goodwill." The Character of a
Methodist, 9.

39 „Charity is ... the love of God, and of man for God's sake; no more and no less." L III, 237.

40 Works X, 156 (Popery Calmly Considered).

41 Predigt 65: The Duty of Reproving our Neighbour (1787), II. 2 (WJW 2, 514).

42 Predigt 100: On Pleasing All Men, II. 1 (WJW 3, 422f). Vgl. Predigt 18: The Marks of the
New Birth, III.3.

43 An Earnest Appeal, 20f. – The Character of a Methodist, 9.

tun. Damit versucht Wesley, nicht nur die anzusprechen, die bereits im Glauben Gottes Liebe erkannt und dankbar angenommen haben, sondern den
Vertretern aufklärerischer Denkweise auf ihrer Argumentationsebene zu begegnen und sie von der Richtigkeit seines ethischen Ansatzes zu überzeugen[44].
Doch handelt es sich hierbei nur um einen Nebenaspekt, den er aus dem aktuellen Anlass seiner Auseinandersetzung mit philosophischen Gegnern in
seine Ethik aufgenommen hat. Diese Liebe, die in anderen Menschen entsprechende Reaktionen auszulösen vermag[45], ist frei von jedem Blick auf einen Vorteil oder Gewinn[46], sie ist in der Lage, Menschen zu dem Glück zu
verhelfen, zu dem sie geschaffen wurden. „Als Konsequenz unseres Wissens,
dass Gott uns liebt, lieben wir ihn und unsere Nächsten wie uns selbst ... Das
ist Religion, und das ist Glückseligkeit, die Glückseligkeit, für die wir geschaffen wurden."[47] „Vom Menschen aus gesehen bedeutet Heiligkeit tiefste Erfüllung, Glückseligkeit."[48]

Wie wir gesehen haben, führt Wesley in der Tradition paulinischer Theologie das Erfülltwerden mit der Liebe auf eine Wirkung des Geistes Gottes im
Herzen als dem Personzentrum des Menschen zurück, wobei die Christologie
zwar in den Hintergrund tritt, aber doch einen wichtigen Platz behält: die
Erkenntnis der Liebe Gottes entsteht primär nicht durch die Dankbarkeit
dem Schöpfer gegenüber, sondern durch „die Offenbarung Christi in unseren
Herzen"[49], die die Glaubenden zu dem Bekenntnis führt: „Das Leben, das ich
jetzt lebe, lebe ich durch den Glauben an den Sohn Gottes, der mich geliebt
und sich selbst für mich gegeben hat."[50] Weil nur der Glaube den Weg zu einem Leben aus der Liebe eröffnet, bleibt das Werk Christi für sie konstitutiv.
Diese Bedeutung behält es nicht nur für die Initiation der Liebe in der Rechtfertigung; vielmehr braucht der Christ beständig die Verbindung zu Christus,
die in ihm die Gesinnung Christi lebendig erhält und ihn befähigt, „zu wandeln wie Christus"[51].

---

44 Über den Einfluss der Aufklärung auf Wesleys Theologie ausführlicher: Cannon, The
    Theology of John Wesley, 163 ff.
45 Tagebuch 3. Feb. 1770 (gegen Rousseau).
46 L II, 377 (Brief vom 4. Jan. 1749 an Conyers Middleton).
47 Predigt 120: The Unity of the Divine Being, 17. Vgl. Schmidt, Die Bedeutung Luthers für
    John Wesleys Bekehrung, LuJ 1938, 130.
48 Schmidt, a.a.O. 130.
49 Predigt 17: The Circumcision of the Heart, I. 7.
50 Predigt 106: On Faith, I. 12.
51 „... to walk as Christ walked." Predigt 130: On Living without God, 13. – Principles of a
    Methodist 12 (4). – L V, 208 (Brief vom 18. Nov. 1770). – Vgl. Sellers, Theological Ethics,
    189.

Während des irdischen Lebens ist dieses Bestimmtsein durch die Liebe
ständig gefährdet: Reichtum[52], die Gestörtheit des Verstandes und der Gefühle[53], Schwachheit[54], Versuchungen[55], ja, Sünde auch bei Gläubigen[56] können
die Gesinnung Christi in ihnen beeinträchtigen oder zerstören; nur Gottes
Gnade, die Buße und Erneuerung bewirkt, kann sie wiederherstellen[57]. Die
Vollkommenheit in der Liebe, die der einzige Inhalt der Heiligung ist[58] und
die bei Adam vor dem Fall und den Engeln zu finden ist[59], kann der Glaubende in diesem Leben nicht erreichen[60]. Aber auch die vollkommene Heiligung ist nur als Werk Gottes zu verstehen und nur durch Christus vor Gott
angenehm[61].

Wichtiger als die Spekulation über die möglicherweise zu erreichenden
Grade der Vollkommenheit (im Grunde genommen ein Widerspruch in sich
selbst!) ist in der Ethik Wesleys die Anschauung von der Möglichkeit und der
Notwendigkeit eines Wachstums in der Liebe. Kann er auch für den Totalas-
pekt des lutherischen simul kein Verständnis aufbringen, so ist ihm der Parti-

---

52 Thoughts Upon Methodism (Works XIII, 260 f, 1786). – Predigt 108: On Riches, 4.
53 Predigt 76: On Perfection Works, I. 2 (WJW 3, 72f).
54 Predigt 42: Satan's Devices (1750), II. 3 (WJW 2, 149).
55 Predigt 132: On Faith (Heb 11,1), 7f (WJW 4, 192-194).
56 Predigt 43: The Scripture Way of Salvation, III. 11. – A Plain Account of the People Called
    Methodist, VII. 1 (WJW 3, 268f).
57 Predigt 86: A Call to Backsliders (1778), II. 3 (5) (WJW 3, 225). – Predigt 43: The Scripture
    Way of Salvation, III. 6.
58 Brief vom 21. Feb. 1771 (L V, 223). - Predigt 43: The Scripture Way of Salvation, I. 9. EN
    zu Gal. 5,14.
59 Predigt 5: Justification by Faith, I.1. - Weißbach, a.a.O. 202.
60 Predigt 76: On Perfection, I. 2. – A Plain Account of Christian Perfection , Frage 8 (Works
    XI, 417). – Predigt 132: On Faith (Heb 11,1), 12, (Works VII, 332 f).: Die Seelen der Gläu-
    bigen wachsen in der Heiligung auch nach dem Tode des Menschen! Durch Gottes Gnade
    sei bei einigen wohl auch zu Lebzeiten „entire sanctification" bewirkt worden (J VI, 213;
    VIII, 49), doch spricht Wesley an diesen seltenen Stellen wohl von einem relativen Maße
    der Vollkommenheit, soweit es in diesem Leben überhaupt erreicht werden kann. (Cf. Wat-
    son, Wesley and Luther, 301.) Jedenfalls handelt es sich nicht um eine sündlose Vollkom-
    menheit (mit Watson, a.a.O. 294; Weißbach, a.a.O. 209; Schmidt, Wesleys Bekehrung, 73 –
    und trotz des durch isolierende Betrachtungsweise entstandenen Einwands von Lang, Puri-
    tanismus und Pietismus, 347). Die Unterscheidung von Burtner und Chiles, A Compend of
    Wesley's Theology, 139: „In his terminology the distinction between entire sanctification
    and the consequent life (Christian perfection) is never clear. The former is considered here
    as the second work of salvation through faith; the latter as an ideal of the ethical life." er-
    setzt eine Ungenauigkeit durch eine andere.
61 A Plain Account of Christian Perfection, Frage 9 (Works XI, 417). – Weißbach, a.a.O. 209.

alaspekt um so bedeutungsvoller[62]. „Ja, wenn du ein gewisses Maß an vollkommener Liebe(!) erreicht hast ... denke nicht daran, dort stehen zu bleiben! Das ist unmöglich, Du kannst nicht stillstehen; du musst entweder steigen oder fallen ...“[63] Weil die Natur des Menschen nicht als grundsätzlich gut und vollkommen betrachtet wird[64], muss er sich in der Glaubensverbindung mit Gott immer neu mit der Liebe füllen lassen, sie im Dienst für andere betätigen und dadurch die Gesinnung Christi in sich stärken; das Wachstum in der Liebe ist darum sowohl göttliches Geschenk wie menschliche Aufgabe[65], bis die Liebe zum bestimmenden Motiv und Maßstab seines gesamten Handelns geworden ist. Erst der Glaube, der durch die Liebe wirkt, ist wahrer Glaube, ist ein „lebendiges, rettendes Prinzip“[66]; sein Ziel ist die Verwirklichung der Liebe unter den Menschen[67], ist das Höchste im Leben eines Menschen, so dass Wesley ausrufen kann: „Was ist alles neben liebendem Glauben!“[68] Damit ist die Grundlage für seine Sozialethik und seine zahlreichen sozialen Aktivitäten gelegt.

Nachdem deutlich gemacht worden ist, dass für Wesley das Grundmotiv für die Heiligung und ihr wesentlicher Inhalt die Liebe ist und diese auch die Basis für die Sozialethik als das mitmenschliche Handeln in Verantwortung für andere darstellt, bleibt zu erörtern, auf welche Weise sich die Liebe auswirken soll. Anders gefragt: wie soll der mit der Liebe Gottes Erfüllte in den konkreten Situationen seines Lebens sich verhalten? Zu welchem Handeln soll er sich entschließen, wenn er dem universalen Liebesgebot entsprechen will? In vielen Fällen werden spontane Aktionen, die aus dem Bestimmtsein durch die Liebe entspringen, solche Reflexionen überflüssig machen, in anderen aber wird er genauere Maßstäbe brauchen, die ihm ethisches Handeln erst ermöglichen.

Wesley bietet drei Möglichkeiten an, den Willen Gottes, der inhaltlich durch die Liebe zu allen Menschen gefüllt ist, für die konkreten Situationen des Einzelnen und der Gesellschaft zu erkennen: die göttlichen Gebote, das

---

62 Weißbachs Behauptung, Wesleys Auffassung in dieser Frage sei von der Luthers „grundverschieden“ (a.a.O. 197) übersieht einen wichtigen Teil der lutherischen Rechtfertigungslehre; cf. Althaus, Die Theologie Martin Luthers, 212 f.
63 Predigt 106: On Faith (Heb 11,6), II. 5 (Works VII, 202).
64 Mit Edwards, HMC I, 61, gegen Warner, The Wesleyan Movement, 65; cf. auch oben S. 112 ff.
65 Predigt 13: On Sin in Believers, V. 1 (S II, 377f). Predigt 14: The Repentance of Believers II. 4.
66 An Earnest Appeal, 49.
67 L V, 349 (Brief vom 5. Dez. 1771): „The end of all, and the greatest of all, is love.“
68 „What is all beside loving faith!“ L IV, 197 (Brief vom 11. Dez. 1762 an Charles).

Vorbild Jesu und anderer Menschen und die eigene Einsicht auf Grund rationaler Überlegungen.

8.2 Die göttlichen Gebote

Für die Rechtfertigung der Menschen hat das Gesetz Gottes, die Summe seiner in der Bibel niedergeschriebenen Gebote, keine Bedeutung, weil diese allein auf Grund der Versöhnung durch Christus im Glauben empfangen wird. Daraus aber die Konsequenz zu ziehen, es sei für den Glaubenden ohne Gültigkeit, lehnt Wesley entgegen der von nicht wenigen seiner christlichen Zeitgenossen vertretenen Meinung ausdrücklich ab[69].Zwischen einer Lehre von der Rechtfertigung durch Werke, die ihm zu Unrecht wegen seiner Herausstellung der Bedeutung des Gesetzes vorgeworfen wird, und der antinomistischen Auffassungen versucht Wesley, so von Gottes Geboten zu sprechen, dass er weder in die eine noch in die andere Häresie verfällt[70]. Da es hier weder angebracht noch möglich ist, eine umfassende Darstellung dieses Themas zu liefern, beschränken wir uns auf die Fragestellung nach der Bedeutung des Gesetzes für die Ethik[71], d. h. vor allem für das Handeln nach der Rechtfertigung.

8.2.1 Der Inhalt des Gesetzes

Der Wille Gottes war ursprünglich Engeln und Menschen ins Herz geschrieben. Durch seine Rebellion gegen Gott hat der Mensch ihn in sich ausgelöscht, so dass Gott, der seine Geschöpfe nicht aufgeben wollte, ihnen ein geschriebenes Gesetz gab, das Sittengesetz, das „heilig, gerecht und gut" ist

---

69 „Therefore, that we are justified by faith, even by faith without works, is no ground for making void the law through faith; or for imagining that faith is a dispensation from any kind or degree of holiness." S II, 66 f. Antinomistische Gegner fanden sich sowohl bei den Herrnhutern (Works X, 201 ff.), als auch unter seinen eigenen Freunden und Gemeinschaften (S II, 37. 284) und in der anglikanischen Kirche (George Bell); cf. Works X, 364 ff: (A Blow at the Root); VIII, 349 ff. (A Short History of Methodism); Outler, John Wesley, 377; Loofs, RE XII, 774.

70 „At the request of several of my friends, I wrote ,A Letter to a Gentleman of Bristol', in order to guard them from seeking salvation by works on one hand, and Antinomianism on the other." (Brief vom 3. Jan. 1758). Dabei verteidigt er zugleich seine eigene Position.

71 Ausführlichere Erörterungen finden sich in den Darstellungen der Theologie Wesleys, vor allem bei Outler und Williams.

(Röm. 7,12)[72]. Es wurde den Menschen durch Mose, die Propheten und schließlich durch Christus und die Apostel vermittelt[73], aber auch in einem gewissen Maß, nämlich als Fähigkeit zur Unterscheidung von gut und böse, ins Herz des sündigen Geschöpfes geschrieben[74]. Der Inhalt des Gesetzes ist der gute Wille Gottes als „unveränderliche Rechtheit"[75]. Zu ihm gehört nicht das alttestamentliche Zeremonialgesetz, das nur zeitlich und örtlich begrenzte Geltung besessen und von dem Christus uns befreit habe[76], wohl aber der Dekalog und seine Auslegung durch die Propheten[77] und durch Christus[78]; es ist zusammengefasst im Gebot der Liebe zu Gott und zum Nächsten[79]; darum ist Liebe seine Erfüllung[80].

Christus hat das zwar auch von Gott, aber nicht für immer und alle gegebene Zeremonialgesetz als ein untragbares Joch abgeschafft[81], nicht hingegen das Sittengesetz, das als Gottes Wille unveränderlich bleibt[82]. Die Gläubigen sind wohl frei vom Fluch des Gesetzes und vom „Gesetz" (d. h. der Macht) der Sünde und des Todes, nicht jedoch vom Gesetz Gottes; unsere Freiheit ist die, Gott zu gehorchen, nicht die, ihm nicht zu gehorchen[83], ist die Freiheit vom Zeremonialgesetz, nicht aber vom Sittengesetz[84]. Auch Paulus habe in seinem Brief an die Galater lediglich herausstellen wollen, dass niemand durch die Werke des Gesetzes gerechtfertigt werde, vielmehr ohne sie durch

---

72 Predigt 34: The Original, Nature, Properties, and Use of the Law (1750), I.1– II.6 (WJW 2, 6-10; S II, 42-48)
73 WJW 2, 8 (S II, 44).
74 WJW 2, 7 (S II, 43). Vgl. das oben über die vorlaufende Gnade Gesagte!
75 Predigt 34, II. 5: „unalterable rectitude" (WJW 2, 10; S II, 46). Die bekannte Frage, ob es recht sei, weil es Gottes Wille sei, oder ob Gott es wolle, weil es recht sei, beantwortet Wesley damit, dass er die Unterscheidung von Gott und seinem Willen ablehnt, aber zugesteht, dass man auch sagen könne, Gott wolle etwas, weil es recht sei, nämlich den wesentlichen Beziehungen der Dinge zueinander, die Gott ja geschaffen habe, entspreche. (Predigt 34, III. 6-8). Damit vermeidet Wesley die Gefahr, einen Willkürgott zu lehren, und betont die ontologische Einheit von Gott, Gottes Willen und Gerechtigkeit.
76 Predigt 25: Sermon on the Mount V, I. 1 (WJW 1, 551; S I, 399 f).
77 Predigt 25, II. 2.
78 Predigt 36: The Law Established through Faith, II, I. 1.
79 Predigt 127: On the Wedding Garment, 17; L IV, 155 (Brief vom 7. Jui 1761).
80 Predigt 36: The Law Established through Faith, II, II. 1. – L IV, 79 (Brief vom 21. Nov. 1759).
81 Predigt 65: The Duty of Reproving our Neighbour (1787), (WJW 2, 511f; Works VI, 296).
82 Die biblische Begründung dafür findet Wesley vor allem in Mt 5,17 ff., Röm 3,31 und 7,12.
83 Difference Between the Moravians and Methodists (Works X, 203).
84 Es gebe keine biblischen Belege für die Auffassung der Herrnhuter, ein Gläubiger sei im Sinne einer Dispensierung frei vom Gesetz Gottes (ebd.).

den Glauben an Christus[85]. Darum gehört das Gesetz in die Christuspredigt ebenso hinein wie das Evangelium[86].

Doch aus noch einem weiteren Grunde bleibt das Gesetz für alle Menschen gültig: durch den Sündenfall ist unser Wille verdorben, fehlgerichtet und darum schlecht. Gutes tun kann aber nur, wer in Übereinstimmung mit dem guten Willen Gottes lebt und seinen eigenen Willen, sofern er dem Gottes widerspricht, verleugnet. Dem gefallenen Geschöpf den rechten Weg zeigen kann nur der Schöpfer; das tut er durch das seinen Willen offenbarende Gesetz[87].

Neben der ausdrücklichen Erwähnung des Dekalogs, der Bergpredigt[88], des Liebesgebots und der Goldenen Regel[89] werden konkrete Einzelgebote als Beispiele genannt und in der aktuellen Anwendung ausgelegt[90]. Damit hat Wesley angedeutet, dass der Dekalog als ethischer Maßstab nicht ausreichend ist, sondern der ständig neuen Applikation, aber auch der Ergänzung durch andere biblische Gebote, vor allem der Bergpredigt, durch Vorbilder und eigene Einsichten bedarf; er gibt aber die für alle verbindliche Richtung an, in die ein Leben im Gehorsam gegen Gottes Willen zu gehen hat[91].

8.2.2 Der Gebrauch des Gesetzes

Wenn das Gesetz, die ethischen Gebote der Bibel, als Niederschlag des unveränderlichen Gotteswillens auch unantastbar und beständig gilt, so unterscheidet Wesley doch verschiedene Funktionen des Gesetzes und stellt sich

---

85 Minutes vom 25. Juni 1744 (Works VIII, 278).
86 Large Minutes (Works VIII, 318), Frage 38.
87 Predigt 34: The Original, Nature, Properties, and Use of the Law, IV. 1f.
88 Sie ist der einzige längere Textkomplex, über den Wesley eine zusammenhängende Reihe von Predigten gehalten hat: Predigten 21-33.
89 Principles of a Methodist (Works VIII, 360); Predigt 50: The Use of Money, I. 5.
90 Schmuggel als Diebstahl an König und Volk, Gehorsam gegen Eltern, Verbot des Schätzesammelns, der Sklavenhaltung, Gebot sozialer Fürsorge u. a. (s. u. Kap. VIII, 4). Vor allem die Goldene Regel (Mt 7,12) helfe, das Liebesgebot in konkreten Situationen anzuwenden: Tagebuch 4. Juni 1747: Instructions for Stewards (WJW 20, 177).
91 Nur anmerkungsweise kann darauf hingewiesen werden, dass hier Gemeinsamkeiten (z. B. in der Verpflichtung gegenüber dem Gotteswillen), aber auch wesentliche Unterschiede zwischen Wesley und Luther liegen (z. B. in der Beurteilung der Erfüllbarkeit des Gesetzes). Vgl. dazu: Schmidt, John Wesleys Bekehrung, 69 f.; ders., England und der deutsche Pietismus, 222; Hildebrandt, From Luther to Wesley, 14 f.; Piette, La Réaction Wesléyenne, 580. Über Wesleys Einstellung zu Luthers Galaterbriefkommentar: Tagebuch vom 15. Juni 1741 (WJW 19, 200f); Predigt 107: On God's Vineyard (1787) I, 5, und der oben S. 117, Anm. 33, erwähnte Aufsatz.

damit in die Tradition reformatorischer Theologie. Dieser Tatbestand lässt sich vor allem durch inhaltliche Kriterien erhärten, stellt Wesley doch – paradox gegenüber allem bisher Gesagten – in seiner umfassenden Abhandlung über die christliche Vollkommenheit lapidar fest, Christus sei das Ende sowohl des adamitischen wie des mosaischen Gesetzes, die er beide durch sein Versöhnungswerk in ihrer Gültigkeit für die Menschen aufgehoben habe[92]. Doch um Missverständnissen vorzubeugen und sich selbst nicht zu widersprechen, fügt er hinzu: „Ich meine, es (i. e. das Gesetz) ist keine Bedingung seiner gegenwärtigen, noch seiner zukünftigen Rettung."[93] Stattdessen habe Christus das „Gesetz des Glaubens" aufgerichtet, so dass „jeder, der glaubt, jetzt Rechtfertigung erlangt ... das heißt, er ist gerechtfertigt, geheiligt(!) und verherrlicht"[94].

Die Erfüllung des Gesetzes[95] war und ist also kein Mittel zur Rechtfertigung des Menschen, hat aber dennoch eine durch nichts anderes, auch nicht durch das Evangelium, zu ersetzende Bedeutung für Ungläubige und für Gerechtfertigte. Bei beiden zeigt der Anspruch Gottes als unseres Schöpfers auf unseren ganzen Gehorsam eine unterschiedliche Reihe von Wirkungen[96].

Die Wirkung des Gesetzes auf die *Ungläubigen* ist eine doppelte:

---

92 A Plain Account of Christian Perfection, 25, Frage 1 (Works XI, 415).

93 „I mean, it is not the condition either of present or future salvation." (Ebd).

94 „... Christ hath established ... the law of faith. Not every one that doeth, but every one that believeth, now receiveth righteousness ... that is, he is justified, sanctified, and glorified." (Works XI, 415). Der Ausdruck „Gesetz" ist hier analog gebildet und in uneigentlichem Sinne gebraucht, wie Paulus etwa vom „Gesetz des Geistes" (Röm 8,2), vom „Gesetz Christi" (1 Kor. 9,21) oder der Jakobusbrief vom „Gesetz der Freiheit" (1,25) redet. Diesen Wortgebrauch haben Watson, Wesley and Luther, 295 f., und Weißbach, a.a.O. 203 f., anscheinend nicht erkannt, sonst könnte etwa Weißbach aus dieser Stelle nicht den Schluss ziehen: „Sünde ist darum für den neuen Menschen lediglich (!) die Übertretung des ‚law of love'. Nur diese kann dem neuen Menschen Verdammnis bringen, denn die übrigen Übertretungen des perfect law sind ihm durch Christus vergeben." (A.a.O. 204). Richtig umschreibt Starkey, The Work of the Holy Spirit, 108, das Verhältnis von sittlichem Gesetz und Gesetz der Liebe: „The Wesleyan ethic has for its Standard the evangelical law. This includes the moral law of Moses, the prophets, the Sermon on the Mount and culminates in love to God and neighbor. Indeed, he who lives by the law of love fulfills the whole moral law of God." Näheres dazu in den folgenden Ausführungen über die Funktion des Gesetzes. Vgl. auch Lang, Puritanismus und Pietismus, 338 f.

95 Ohne näheren Zusatz ist im Folgenden mit „Gesetz" immer das Sittengesetz gemeint.

96 Predigt 128: The Deceitfulness of the Human Heart (1790), I. 2 (WJW 4, 153f; Works VII, 338.

Es soll den Menschen von seiner Sündhaftigkeit und Schuld überzeugen[97]. Diese Überzeugung wirkt der Heilige Geist im Gewissen[98], das der Bosheit des eigenen Herzens im Gegensatz zum guten Gesetz Gottes bewusst wird und die Übertretungen „überaus sündig" macht, da sie nunmehr in Erkenntnis ihrer Schuldhaftigkeit begangen werden[99], und die Zuwiderhandlung durch innere Verurteilung straft[100].

Es soll den Menschen zur Buße führen, das Vertrauen auf eigene Leistungen zur Rechtfertigung vor Gott zerstören und ihn Christus in die Arme treiben[101]. Der Glaube kommt aus der Predigt des Evangeliums, nicht aus dem Gesetz[102], dieses aber ist der Zuchtmeister auf Christus hin[103]; es lehrt uns, ihn um Hilfe anzurufen, bereitet damit den Akt des Glaubens vor[104] und ist gerade in seiner Härte Ausdruck und Mittel der rettenden Liebe Gottes[105].

Der *Gerechtfertigte* steht zwar nicht mehr unter der Verurteilung des Gesetzes, nachdem ihn Gott um Christi willen von seiner Schuld und der Unfähigkeit zum Gehorsam befreit hat[106], aber sein Glaube bleibt nicht untätig, sondern äußert sich in einem neuen Gehorsam, der aus kindlicher Liebe tut, wozu er in der Knechtschaft der Sünde nicht fähig war[107]. Die Werke des Gesetzes sind für ihn zur Rechtfertigung nicht nötig; sie können ihr auch nicht vorausgehen, wohl aber folgen sie ihr als Frucht jenes Glaubens, durch den der Mensch gerechtfertigt wurde[108]. Deshalb behält das Gesetz für ihn seinen

---

97 Predigt 34: The Original, Nature, Properties, and Use of the Law, IV. 1. Hier stimmt Wesley mit Luther überein: Vgl. Elert, Morphologie II, 26.
98 Predigt 34, IV. 1. Über die Erkenntnis von gut und böse vor der Rechtfertigung vgl. den Abschnitt über die vorlaufende Gnade. Der usus politicus ist in der Gesetzeslehre Wesleys von untergeordneter Bedeutung; vgl. Kap. IX, 2.
99 Predigt 34, III. 4. Vgl. Röm 7,13.
100 Predigt 105: On Conscience, I. 1-3. – Predigt 12: The Witness of Our Own Spirit, 4. – Gelegentlich führe auch das Evangelium zur Sündenerkenntnis, in der Regel gebrauche Gott dazu aber das Gesetz (Predigt 35, I. 3).
101 Predigt 34: The Original, Nature, Properties, and Use of the Law, IV. 2.
102 L III, 80 (Brief vom 20. Dez. 1751).
103 Predigt 34, IV. 2; so versteht Wesley Gal. 3,24.
104 Ebd. Cf. E. G. Rupp, Principalities and Powers, 84. Die Behauptung Hoffmanns (Seinsharmonie und Heilsgeschichte bei Jonathan Edwards, 176), die Predigt des Gesetzes habe für Wesley „letztlich nur einen pädagogischen Sinn", trifft zwar nicht seine ganze Auffassung, wohl aber ihre Hauptintention.
105 Predigt 34, IV. 2.
106 S. o. S. 122 ff.
107 Predigt 35, The Law Established through Faith I, III.3.
108 Predigt 35, II. 6.

Zweck darin, ihn bei Christus zu halten, ohne den er keine guten Werke tun kann[109].

In die immer engere Verbindung zu Christus, die immer umfassendere Teilnahme am Leben aus Gott führt das Gesetz als Mittel in der Hand Gottes auf eine dreifache Weise[110]:

Es überführt uns der Sünde, die noch in uns bleibt, damit wir uns an Christus halten, der uns von ihr reinigen kann[111]. Es zeigt uns in unserem Gewissen die wahre Natur und Beschaffenheit unserer Gedanken, Worte und Taten[112], denn auch die Wiedergeborenen können sündigen[113]. Der Usus elenchticus legis gilt also nicht nur für die Ungläubigen, sondern auch für die Gerechtfertigten, sofern sie zugleich Sünder bleiben.

Es bringt den Glaubenden dazu, sich vom „Haupt der Gemeinde" Kraft geben zu lassen, die ihn befähigt zu tun, was Gottes Gesetz befiehlt[114]; denn Glaube (an Christus) und Leben (nach Gottes Willen) müssen bei Christen übereinstimmen[115]. Ein solcher Glaube macht die Heiligung nicht überflüssig, sondern bringt sie erst hervor[116]; er „hält ihnen die Liebe Christi beständig vor Augen, damit sie aus ihr neues Leben, Kraft und Stärke gewinnen, um den Weg seiner Gebote zu laufen"[117].

---

109 Predigt 34, IV, 3; In dem Rang, den Wesley dem Gesetz für den Glaubenden beimisst, wohl aber nicht grundsätzlich in der Annahme eines tertius usus legis unterscheidet er sich von Luther, weniger aber von Calvin und Melanchthon (cf. Elert, a.a.O. 26 f.; Althaus, Die Theologie Martin Luthers, 232 f.; Weber, Grundlagen der Dogmatik II, 427 ff.). In der Vorordnung der Rechtfertigungslehre vor die Ethik der Christen liegt auch der Hauptunterschied zu Wesleys Frühzeit (vor 1738). Siehe L I, 138 (17. Aug. 1733 an seine Mutter); J I, 465 (Vorgeschichte des 24. Mai 1738); Schmidt, John Wesley I, 93 ff. 107.)

110 Predigt 34, IV, 2f.

111 Predigt 34, IV, 4. Damit wehrt Wesley jedem enthusiastischen Perfektionismus, der sowohl durch eine missverstandene Rechtfertigungslehre wie durch eine Überschätzung der natürlichen Fähigkeiten des Menschen entstehen kann und in der späteren Geschichte des Methodismus nicht immer vermieden wurde.

112 Predigt 105: On Conscience, I. 11.

113 „The holiest men still need Christ ... to make atonement for their holy things. Even perfect holiness is acceptable to God only through Jesus Christ" (Works XI, 417). Cf. Luthers „Wider Latomus" (ed. Borcherdt und Merz), 49 ff.!

114 Predigt 34: The Original, Nature, Properties, and Use of the Law, IV. 4.

115 An Earnest Appeal, 39f.

116 Predigt 35, The Law Established through Faith I, II. 7. – Predigt 36: The Law Established through Faith II, II. 1.

117 L III, 80 (Brief vom 20. Dez. 1751).

Es „bestärkt unsere Hoffnung, dass wir für das, was es befiehlt und was
wir noch nicht erreicht haben, Gnade um Gnade empfangen, bis uns wirklich
die Fülle seiner Verheißung gehört"[118].
Diese beiden letztgenannten Wirkungen hängen eng zusammen und stellen einen wesentlichen Bestandteil der Lehre Wesleys klar heraus: Was Gott
zu tun befiehlt, ist deshalb für den in der Verbindung zu Christus Lebenden
erfüllbar, weil Gott ihm Freiheit und Kraft dazu schenkt. Damit ist die Ethik
des „Holy Club" auf den Kopf gestellt: nicht religiöse und soziale Leistungen
sind das Mittel zum Erreichen der Gottesliebe und dem Wachstum darin,
sondern es ist vielmehr die Liebe Gottes, die der Mensch durch den Glauben
empfängt, die ihn erst fähig macht, Gottes Willen zu tun, der im Grund in
nichts anderem besteht, als in der (Gegen-) Liebe zu Gott und zu allen Menschen. Gott verheißt und schenkt, was er gebietet[119]; christliches Leben ist ge-
horsame Liebe[120]; durch Gottes Gnade, d. h. durch seine freie Liebe und
durch die Kraft seines Geistes, können wir tun, was uns vorher unmöglich
war[121]; wir können, im Gewissen von Gottes Willen geleitet, Gottes Gebote erfüllen – in dem Maße, wie wir in der Verbindung mit Christus bleiben[122]. Wir
können unseren eigenen Willen dem Gottes gern unterordnen und in der
Nachfolge Christi „ständig die Liebe Gottes in Nächstenliebe verwandeln"[123].
Denn „das ganze Gesetz, unter dem wir jetzt sind, wird erfüllt durch Liebe"[124].
Die Lehre vom Gesetz wird von Wesley völlig in die Gnadenlehre einge-
ordnet, so dass das Gesetz für den Glaubenden den Charakter des Zwingen-
den, Bedrückenden und Einengenden nahezu völlig verliert, zum Grund des
Glücklichseins und zum Anlass für Dankbarkeit und Freude wird[125], zum
gern befolgten Vorbild eines immer besser zu verwirklichenden Lebens nach
Gottes gutem Willen. Christliche Vollkommenheit ist nun nicht ein Freisein
von allen bewussten oder unbewussten Übertretungen, sondern ein wachsendes Erfülltsein von Gottes Liebe und Bestimmtsein durch sie[126], denn die Lie-

---

118 Predigt 34, IV, 4.
119 Predigt 12: The Witness of Our Own Spirit, 8.
120 A Farther Appeal, Part II, III, 8f.
121 Predigt 12, 8 und 15.
122 Predigt 105. On Conscience, 11-13. - Predigt 127: On the Wedding Garment (1790), 19.
123 Schneeberger, a.a.O. 162.
124 A Plain Account of Christian Perfection, 25. Frage 4. (Works XI, 416; cf. Röm 13,9 f).
125 Predigt 34, III. 11f. – Predigt 51: The Good Steward, I. 3.
126 A Farther Appeal, Part III, IV. 10. – Advice to the People Called Methodists, 3f (WJW 9,
    124).

be ist das Ende des Gesetzes, seine Erfüllung und sein Zielpunkt[127]. Sie ist das Wahrnehmen der Freiheit der Kinder Gottes, weil sie Geschenk und Gebot in einem ist und keins ohne das andere. Dem „Gesetz" dieser Liebe gilt es in unseren Herzen und in unserem Leben zur Geltung und zur Verwirklichung zu verhelfen[128].

8.3 Vorbilder

Damit ein Christ seine Aufgabe, ein Leben nach dem Willen Gottes in der Liebe zu führen, erfüllen kann, stehen ihm als Maßstäbe und Leitlinien nicht nur die biblischen Gebote zur Verfügung; er kann sich außerdem an Vorbildern vergangener und – wenn auch seltener – gegenwärtiger Zeiten orientieren.

8.3.1 Christus

Christus ist für Wesley in erster Linie ganz gewiss der Bringer der Liebe Gottes, der Erlöser von Schuld und Macht der Sünde, der den Gerechtfertigten mit Glauben und Liebe erfüllt und ihm ein neues Menschsein nach dem Bilde Gottes ermöglicht. Er ist aber auch der große Lehrer, der ihm Gottes Gebote klar und verbindlich auszulegen vermag, was vor allem in der Bergpredigt geschieht[129]. Und er ist das alle anderen maßlos überragende, vollkommene Vorbild für ihn, das ihm hilft, Gottes Willen besser zu erkennen und zu erfüllen. Wesley kann sagen, dass der vollkommen sei, in dem „die

---

127 Predigt 36: The Law Established through Faith II, II.1. – L IV, 79 (Brief vom 21. Nov. 1759). L V, 349 (Brief vom 5. Dez. 1772).

128 Predigt 36: The Law Established through Faith II, II. 6. – Darum hat Schmidt Recht, wenn er sagt (John Wesleys Bekehrung, 70): „Gott ist nicht so sehr der fordernde Gott und Herr, sondern der alles zur Vollendung führende Schöpfer" Den großen Ernst behält Wesleys Auffassung auch dadurch, dass er an der Erwartung des Gerichts festhält, bei dem jeder Mensch, auch der Gerechtfertigte, vor Gott über alle seine Taten wird Rechenschaft ablegen müssen (Predigt 51, III. 1f, L III, 122 : Brief vom 28. Okt. 1754; Predigt 59: God's Love to Fallen Man, 11). Im übrigen spielt die Eschatologie in der Ethik Wesleys eine sehr geringe Rolle (so auch Schneeberger, a.a.O. 153 ff.).

129 Vgl. die 13 Predigten über die Bergpredigt. Mit ihr sei keine neue Religion in die Welt gekommen, sondern eine solche, wie Wesley unter Anspielung auf Tindal formuliert, „the substance of which is, without question, as old as the creation", aber niemals „so fully explained, nor so thoroughly understood ..." Predigt 25: Upon our Lord's Sermon on the Mount V, I.4.

Gesinnung Christi" sei, der wandle, „wie Christus gewandelt" sei[130]. Diese Wendungen kehren in Wesleys Schriften immer wieder als Beschreibung der Heiligung und der rechten Bestimmtheit christlicher Existenz[131]. Die Nachahmung Christi[132] wird nun aber nicht in einer Wiederholung der Taten Christi gesehen, sondern vor allem darin, wie Christus von der Liebe erfüllt zu sein und sie alles Tun bestimmen zu lassen. „In der Tat ist seine Seele ganz Liebe ... Und sein Leben steht in Übereinstimmung zu ihr."[133] Ein solcher Mensch ist freundlich, hilfsbereit, mitleidsvoll, rücksichtsvoll zu allen Mitmenschen, ohne an seinen eigenen Vorteil zu denken[134]. Er ist wie Christus von der Liebe zum Nächsten erfüllt[135], solange er aus der inneren Verbindung mit Christus lebt[136]. Dass diese Möglichkeit der Nachahmung Christi, wenn sie nicht bloß äußerliche Imitation, sondern innerer Nachvollzug sein soll, von Wesley als erst nach der Wiedergeburt gegeben betrachtet wird, bedarf keiner ausdrücklichen Erwähnung[137].

Aber über diese sehr allgemeinen Aussagen hinaus, dass Nachfolge Jesu bedeute, seine Gesinnung zu haben, zu wandeln wie er und Gutes zu tun, finden sich fast keine konkreteren Angaben darüber, wie das im einzelnen zu geschehen habe[138]. Auch dieser Textbefund spricht dafür, dass es Wesley nicht um eine Nachahmung der Taten Jesu ging, sondern um ein Handeln aus seiner Gesinnung, dessen Einzelheiten sich erst aus der Konfrontation mit der konkreten ethischen Situation ergeben. Dennoch ist der Versuch, das Bild des

---

130 Principles of a Methodist, 12 (4).

131 „the (whole) mind that was in Christ (Jesus)", „to walk as Christ (your Master, He) walked": Predigt 120: The Unity of the Divine Being, 22. – Predigt 130: On Living without God, 12. u. ö. Ähnlich: „tread in His steps" (Predigt 4: Scriptural Christianity, I.) und „to resemble or imitate Him" (Predigt 29: Sermon on the Mount IX, 6).

132 Weißbach, a.a.O. 182, spricht sogar von einer Imitatiofrömmigkeit, was angesichts des im Folgenden geschilderten Befundes doch nur sehr bedingt als angemessen bezeichnet werden kann.

133 Principles of a Methodist, 12 (5). Vgl. Predigt 29, 6, wo Gott das Vorbild ist! Wesley scheint aber auch an dieser Stelle Jesus vor Augen zu haben, wenn er die Einzelheiten einer Gesinnung der Liebe beschreibt.

134 „kind, benevolent, compassionate, tender-hearted", „real disinterested benevolence" (ebd.).

135 A Farther Appeal, Part III, IV. 10.

136 A Plain Account of Christian Perfection, 25, Frage 9. S. o. S. 136f.

137 Williams, Die Theologie John Wesleys, 72. Dass er gerade das in seiner Oxforder Zeit vergeblich versucht hat, ist ihm erst später deutlich geworden (Schmidt, John Wesley I,

138 Einer der wenigen Texte, die etwas Genaueres sagen, steht in seiner Predigt 4: Scriptural Christianity, in der er aber den, der Jesu Fußspuren folgt, lediglich mit einer Paraphrase von Mt 25, 35 ff. beschreibt. In einem Brief rät er einer jungen Frau, ihren Umgang nicht auf vornehme und elegante Leute zu beschränken, da er dafür kein Beispiel im Leben Jesu oder seiner Apostel finde (L VI, 207, 7, Feb. 1776).

biblischen Jesus seinen Gemeinden vor Augen zu halten und vor allem seine
unbegrenzte Liebe auch zu den Ärmsten und Verachtetsten zu betonen, in
seiner Wirkung auf das mitmenschliche Verhalten der Hörer nicht gering zu
schätzen, da Christus als der Sohn Gottes für sie höchste Autorität besaß;
diese aber manifestierte sich nicht in Machtansprüchen, sondern in dienender
Liebe, die auch ihnen zugute kam und die es nun in einem Leben alltäglicher
Nachfolge weiterzugeben galt.

8.3.2 Andere Menschen

Unter den Vorbildern, denen Wesley nach der Autorität der Heiligen Schrift
und dem Beispiel Jesu hohen Rang einräumt, liegt das Urchristentum an hervorragender Stelle. Bereits nach seiner ersten Bekehrung zu einem asketisch-
gesetzlichen Christentum (1725) gehörte die Nachahmung der ersten Christen zu seinem Lebensprogramm[139], deren Glaubenskraft und Schrifterkennt-
nis er auf diese Weise zu erhalten hoffte[140]. Auch seine Reise nach Georgia
muss unter diesem Gesichtspunkt betrachtet werden[141]. Mit dieser Haltung
befand er sich durchaus in der Tradition eines bedeutenden Stromes innerhalb der anglikanischen Kirche, der sowohl durch das Wiederaufleben
patristischer Studien wie die Entstehung und Verbreitung der „Religious Societies" erheblich verstärkt worden war[142]. Freilich diente Wesley zu jener Zeit
auch der Versuch der Imitation urchristlicher Frömmigkeit vor allem seinem
Streben, Gottes Wohlgefallen zu verdienen.

Doch auch in den Jahren nach 1738, dem eigentlichen Beginn der methodistischen Verkündigung und Sozialarbeit, verlor das Urchristentum für Wesley nicht die Bedeutung eines Kriteriums für Christentum schlechthin.

In der Lehre, so betonte Wesley, befinde sich der Methodismus in voller
Übereinstimmung mit den „allgemeinen Grundprinzipien des Christentums",
die seit der Urchristenheit gelten. Was andere ihm als Vorwurf präsentierten,
empfand er als Bestätigung und Auszeichnung[143]. Ohne die ersten christlichen

---

139 Er erhält sogar den Spitznamen „Primitive Christianity" (L I, 50, Einleitung zum Brief an
   Mrs. Pendarves vom 14. August 1730) dafür.
140 Piette, a.a.O. 577 f.; Schmidt, Der junge Wesley, 21.
141 Schmidt, a.a.O. 24.
142 Outler, John Wesley, VIII f.; Schmidt, a.a.O. 21; ders., England und der deutsche Pietismus,
   205 -209; ders., Art. England, RGG³ II, 483. Urchristliche Ideale haben ja auch im deutschen Pietismus eine Rolle gespielt (cf. Schmidt, RGG³ V, 373).
143 Character of a Methodist, 18.

Gemeinden als in jeder Hinsicht nachahmenswert zu idealisieren[144], ist es doch „der Grad an Liebe, dessen sie sich erfreuen", der ihn vor allem beeindruckt[145]. Nicht das Äußere (wie Haartracht, Kleidung u. a.) betreffende Vorschriften und Sitten sollen darum für seine Gemeinschaften als Vorbilder gelten[146], sondern die Taten und Einrichtungen, die aus der Liebe entstanden: Krankenbesuchsdienst, Armenhaus und Hilfe für Notleidende[147]. Bei manchen Projekten hat sich die Ähnlichkeit mit Vorbildern aus der Urchristenheit erst nachträglich herausgestellt, ohne dass diese von vornherein als Modell oder Motiv gedient hatten[148]; die Parallelisierung dient Wesley dann vor allem zur Rechtfertigung seiner Entscheidungen, z. B. der, auch Frauen in den Besuchsdienst hineinzunehmen[149], Gemeinschaften zu bilden oder Mitgliedskarten als „Empfehlungsbriefe" wegziehenden Methodisten mitzugeben[150].

Die urchristlichen Gemeinden, so wie Wesley sie gesehen hat[151], haben also eher allgemein (durch den vorbildlichen Geist der Liebe) oder nachträglich (als Rechtfertigung bereits realisierter Unternehmungen) als Maßstab gedient, nicht als direkt zu kopierende Vorlage.

Wesleys Überzeugung, dass es weniger auf die Richtigkeit dogmatischer Meinungen, als vielmehr auf die Übereinstimmung in dem „einfachen, alten Christentum" ankomme, hat ihm auch die innere Weite und Kraft zur Toleranz gegeben, so dass unter den Menschen seiner Gegenwart und der frühen Vergangenheit nicht nur seine Mutter oder William Law ihm zu Vorbildern wurden, sondern eine ganze Reihe christlicher Persönlichkeiten, mit deren Auffassungen er teilweise gar nicht übereinstimmte. Die Einheit im Zentralen war ihm wichtiger als die Differenz in Einzelfragen; auch darin hat er sowohl von der englischen Aufklärung wie vom deutschen Pietismus gelernt. Die Reihe der Autoren der in der „Christian Library" von Wesley edierten Schrif-

---

144 Predigt 61: The Mystery of Iniquity (1783), 12.
145 A.a.O. 10.
146 A Plain Account of the People Called Methodists, VIII. 3.
147 A.a.O. X. 1ff. – Predigt 98: On Visiting the Sick, III. 8.
148 A Plain Account of the People Called Methodists, XIII, 3.
149 Predigt 98: On Visiting the Sick, III. 7; A Plain Account, XI. 4.
150 A Plain Account, IV, 1f. Auch für die Beibehaltung der Watchnights beruft er sich auf die „practice of the ancient Christians"(A.a.O. III. 1f).
151 Diese Einschränkung muss nicht nur aus allgemein in der historischen Distanz liegenden Gründen gemacht werden, sondern auch darum, weil die durch die apokalyptische Naherwartung motivierte Passivität in Fragen etwa der Sklaverei, sowie die Naherwartung selbst von Wesley offensichtlich nicht zum wesentlichen Bestand des Urchristentums gerechnet wurde.

ten legt ein beredtes Zeugnis davon ab[152]. Für seine soziale Aktivität ist dann auch A. H. Francke ein verehrtes Vorbild geworden, dessen Werk in Halle er auf einer Deutschlandreise kennenlernte[153]. Wie weit der tatsächliche Einfluss derer reichte, die Wesley als beispielhaft lehrende und lebende Christen verehrte, lässt sich an manchen Stellen vermuten, aber nicht mehr mit der für wissenschaftliche Aussagen notwendigen Exaktheit feststellen. Den pädagogischen Wert des exemplum für Kinder und Erwachsene hat er jedoch allezeit hoch geschätzt[154].

8.4 Einsichten

Gebote und Vorbilder als Maßstäbe der Sozialethik reichen, wie ein Vergleich mit dem 1. Hauptteil dieser Arbeit (A) zeigt, nicht aus, um die zahlreichen sozialen Aktivitäten Wesleys abzudecken; vielmehr waren zahlreiche weitere Beobachtungen und Überlegungen dazu nötig, die sozialen Herausforderungen der Zeit zu erkennen, geeignete Theorien zu ihrer Bewältigung zu entwickeln und entsprechende praktische Maßnahmen in Gang zu setzen.

8.4.1 Die Bedeutung der Vernunft

Ernst Troeltsch schreibt in seiner Beurteilung des Methodismus u. a., er sei „der radikale Gegensatz gegen allen Geist moderner Wissenschaft und Kultur"[155]. Dass dieses Verdikt Wesleys Theologie nicht trifft, soll im Folgenden gezeigt werden.

In einem Brief aus dem Jahre 1745, in dem er den Methodismus gegen einen öffentlichen Angriff verteidigt, umreißt Wesley das Verhältnis zwischen der von ihm vertretenen Religion und der Vernunft mit folgenden Worten: „Durch diese Religion vertreiben wir die Vernunft nicht, sondern erheben sie zu ihrer höchsten Vollkommenheit, da jene in jedem Punkt mit ihr übereinstimmt und in jedem Schritt durch sie geleitet wird."[156] Hat er mit dieser Behauptung recht?

---

152 L IV, 121 f. (Brief vom 12. Dez. 1760 an den Herausgeber des London Magazine. – Works XIV, 220-233).
153 Vgl. auch Kap. III.
154 S. oben Kap. IV, 4.
155 Die Soziallehren der christlichen Kirchen und Gruppen, 837.
156 „By this religion (sc. Methodism), we do not banish reason, but exalt it to its utmost perfection; this being in every point consistent therewith, and in every step guided thereby." Works VIII, 513 (Ein Brief an den Verfasser des „Craftsman"; An Earnest Appeal, 22.)

Es lässt sich nicht bestreiten, dass Wesley Reste eines zu seiner Zeit noch allgemein vertretenen Fürwahrhaltens der Existenz von Hexen und Geistern nicht abgeworfen und der Praxis des Däumelns und Losens nicht ablehnend gegenüberstand. Doch stehen solche Auffassungen so sehr am Rande seiner Weltanschauung, dass sie in seiner Verkündigung und Praxis nur eine äußerst minimale Rolle spielen. Dagegen hat er mit äußerster Entschiedenheit jede Obskurität, jede Berufung auf Träume und Visionen als Quelle gegenwärtiger religiöser Erkenntnis zurückgewiesen[157]. Für seine Hochschätzung der Vernunft lassen sich nicht nur begriffliche Gebräuchlichkeiten anführen[158], sondern auch der argumentative Stil seiner Predigten und die Bereitschaft, alle seine Aussagen an der Schrift und der Vernunft zu überprüfen und sich durch bessere Einsichten überzeugen zu lassen[159].

Einer der wichtigsten Einwände gegen mystische, aber auch andere theologische oder philosophische Schriften lautet: sie widersprächen der Vernunft, sie seien unverständlich[160]. Positiv gewendet kann das gleiche Argument lauten: „Unsere Führer sind Schrift und Vernunft."[161] Wesley legt, „durch die große Kontroverse um Vernunft und Offenbarung veranlasst, Gewicht auf den rationalen Bestandteil des biblischen Christentums"; er ist „kein Anwalt seiner Widervernünftigkeit"[162]. Noch weniger ist er bereit – trotz des hohen Stellenwertes, den er der Erfahrung der Christen zumisst -, irgendwelche verbindlichen Aussagen auf Gefühle zu gründen[163]. Das Verhältnis von Schrift,

---

157 Tagebuch vom 13. Juli 1741. – Predigt 10.The Witness of the Spirit I, 1. – Predigt 37: The Nature of Enthusiasm (1750), WJW 2, 46-60.

158 Zwei seiner umfangreichsten Schriften tragen die Titel: „An Earnest Appeal to Men of Reason and Religion" und „A Farther Appeal to Man of Reason and Religion", (WJW 11).

159 An Earnest Appeal, 31. – Predigt 70: The Case of Reason Impartially Considered (1781, WJW 2, 587-600.

160 Gelegentlich heißt es außerdem, sie widersprächen der Schrift und der Erfahrung: L III, 332 (gegen W. Law); J IV, 298 (27. Jan. 1759, gegen F. C. Oetinger); J III, 17 f. (4. Juni 1742), J V, 46 (5. Feb. 1764) und 521 (12. Juli 1773, gegen J. Böhme); J V, 353 (3. Feb. 1770, gegen Rousseau); Works XIII, 414 ff. (gegen Montesquieu); auch die Missstände im Zivilgerichtsverfahren seien „contrary to all sense, reason, justice and equity" (A Farther Appeal, Part II, II. 21).

161 „Our guides are Scripture and reason." L VI, 60 (28. Dez. 1773); cf. L III, 26 f. (12. Jan. 1750 an einen Amicus Veritatis); Works XIII, 476 (A Thought on the Manner of Educating Children, 1783).

162 Schmidt, RGG³ II, 65. Zwar ist auch gegen die Methodisten häufig der Vorwurf des Enthusiasmus erhoben worden; dazu bemerkt Lang (Puritanismus und Pietismus, 344) richtig: „Vielfach galt damals das biblische Christentum an sich, die Wirkung des Heiligen Geistes, der lebendigen Glauben, Heilsgewißheit, Friede und Freude schafft, schon als Schwärmerei."

163 L V, 217 (Brief vom 7. Jan. 1771 an Joseph Benson); Davies, Methodism, 97.

Vernunft und Erfahrung ist vielmehr so gesehen, dass die beiden Letztgenannten die Schrift verstehen und anwenden lehren, ihr in grundlegenden
Aussagen aber nicht widersprechen[164]. Hier wird sichtbar, ohne dass wir es
weiter ausführen können, dass Wesley trotz seiner engagierten Gegnerschaft
gegen den Deismus viel Wichtiges von der englischen Aufklärung, vor allem
von J. Locke, gelernt und angenommen hat[165]. Dazu gehören neben einer
grundsätzlichen Bejahung des Vernunftgebrauchs auch in theologischen Fragen etwa die Annahme gewisser Rechte, mit denen Gott seine Geschöpfe ohne Unterschied ausgestattet habe[166], und die zustimmende Aufnahme der Ergebnisse der experimentellen Physik[167]. Nur eins kann die Vernunft im
Bereich der Erkenntnis nicht leisten: sie kann Gottes Offenbarung nicht ersetzen oder in irgendeinem Grade überflüssig machen[168], wird darum aber
auch nie in Gegensatz zu ihr geraten, weil Gott die Quelle beider ist, der Ver-
nunfterkenntnis wie der Offenbarung[169].

8.4.2 Die Aufgaben der Vernunft

Die knappen ontologischen Aussagen Wesleys über die Vernunft werden nun
nicht in allen ihren Beziehungen und auch Spannungen zueinander durchre-
flektiert, sondern stärker auf ihre Auswirkung auf den Gebrauch der Vernunft und ihre Aufgaben in der Ethik wie in der gesamten Theologie weitergeführt. Ein Beispiel dafür findet er wiederum bei Jesus und seinen Aposteln,
vor allem Paulus, die mit ihren Gegnern fortgesetzt Streitgespräche führen[170].

---

164 An Earnest Appeal, 30.
165 Zu Locke vgl. Works XIII, 455 ff („Remarks upon Mr. Locke's Essay on Human
   Understanding"). J V, 89, Anm. 2 (27. Juli 1764). Der klassisch-eudämonistischen Ethik und
   dem Utilitarismus ist Wesley nicht gefolgt, obwohl seine Ethik auch eudämonistische
   Komponenten (Streben nach happiness) enthält.
166 Vgl. Kapitel V und X, 2; Cameron, Methodism and Society, 95 ff.
167 Vor allem seine „Natural Philosophy", seine medizinische Tätigkeit und seine Auffassung
   von der Sinneswahrnehmung als einziger natürlicher Erkenntnisquelle (An Earnest Appeal
   33f.) – Predigt 69: The Imperfection of Human Knowledge (1784). - NPh I, 90 ff.) legen
   Zeugnis davon ab. (Zu Aristoteles vgl. Works XIII, 459 f., Bemerkungen über Locke's Essay). - In dem Gegensatz, den Hutchinson mit einem biblizistisch-spekulativen System gegen Newtons Gravitationsgesetz aufgerichtet hat, ergreift Wesley Newtons Partei: Gerdes,
   John Wesleys Lehre von der Gottesebenbildlichkeit des Menschen, 47).
168 Predigt 70: The Case of Reason Impartially Considered, WJW 2, 587ff; Schneeberger,
   a.a.O. 40 (dort weitere Belegstellen).
169 An Earnest Appeal, 27f.; Predigt 94: On Family Religion (1783), III. 7f; L VI, 49 (9. Okt.
   1773). 60 (28. Dez. 1773, beide an Samuel Sparrow).
170 „... continually reasoning with their opposers." An Earnest Appeal, 29.

Die Vernunft dient zum Verständnis und zur Auslegung der Heiligen Schrift[171], in der es keinen Widerspruch „in irgendeinem fundamentalen Punkt des Glaubens oder der Praxis" gebe[172]. Deshalb sei niemand verpflichtet, irgendeine Lehre zu glauben, die nicht klar und verständlich sei[173]. Alles, was in der Bibel darüber hinausgehe, sei nicht Gegenstand des Glaubens[174]. Die Basis der Schriftauslegung ist der Literalsinn des Texts im Gesamtzusammenhang des Kontexts[175], es sei denn, das ergäbe ein absurdes Ergebnis[176]. Auch die Autorität der kirchlichen Tradition bleibt der so ausgelegten Schrift untergeordnet[177].

Beispiele für Wesleys Gebrauch von „Vernunft, Wissen und menschlicher Bildung" als „hervorragenden Gaben Gottes"[178] für das Verständnis der Bibel zeigen, dass er durchaus den Mut hatte, seine hermeneutischen Prinzipien selbst anzuwenden und die Konsequenzen für die Ablehnung einer biblizistischen Exegese zu ziehen[179].

Damit ist auch im Grunde bereits ausgesagt, was die Vernunft für die *Ethik* bedeuten, für sie leisten kann: sie hilft dabei, der universalen Liebe, die sich auch vernünftig begründen lässt[180], und den Geboten Eingang in unsere Lebenspraxis zu verschaffen, beide richtig anzuwenden und zu verwirklichen[181]. Der Heilige Geist erleuchtet unseren Verstand, damit wir die Hilfsbedürftigkeit unserer Mitmenschen erkennen und, von der Liebe zu ihnen erfüllt, ihnen wirksam beistehen[182]. Denn zur Erkenntnis des Willens Gottes

---

171 A Plain Account of the People Called Methodists, 1 (WJW 9, 254).
172 NPh II, 226 f.; L V, 364 (28. März 1768, an Dr. Rutherford, III. 4).
173 NPh II, 227.
174 Ib.
175 A Plain Account of Christian Perfection„ Frage 33. (Works XI, 429).
176 Predigt 74: Of the Church, 12.
177 Vorwort zu den Explanary Notes zum Alten Testament, 9. (Works XIV, 249); Frost, Die Autoritätslehre in den Werken John Wesleys, 72.
178 A Plain Account of Christian Perfection, Frage 33 (Works XI, 429).
179 Textemendationen, Diskussion der Verfasserfrage (cf. Lacy, Authority in John Wesley, 117), Ablehnung der Prädestination und der Sklaverei gegen entsprechende Belegstellen (Predigt 110: Free Grace, 26.; Lotz, Sklaverei, Staatskirche und Freikirche, 85 f.), Neues Testament als Kanon für das Alte Testament (Predigt 16: The Means of Grace, 7), Überlegenheit einzelner biblischer Schriften über andere (Predigt 91: On Charity, Einleitung), Anleitung zu richtigem Verständnis der Schrift (Popery Calmly Considered, Section I, 5), Ablehnung der Übertragbarkeit von Schriftaussagen auf alle entsprechenden Situationen (Predigt 47: Heaviness through Manifold Temptations, III. 3).
180 An Earnest Appeal, 20.
181 A Plain Account of the People Called Methodists, VI. 7. – Predigt 37: The Nature of Enthusiasm, 23. – Predigt 121: The Ministerial Office, 1-7.
182 A Farther Appeal, Part II, III. 8.

bedarf es in vielen Fällen nicht spezieller Gebote, sondern nur der Anwendung der allgemeinen Regel, gut zu sein und Gutes zu tun[183]; auch was wir meiden sollen, ergibt sich oft aus unserer Erfahrung und der sie reflektierenden Vernunft[184].

Mit dieser Einordnung der Vernunft in den religiösen Erkenntnisprozess und in das Ableitungsverfahren für ethische Sollenssätze gewinnt John Wesley die große innere Beweglichkeit und Freiheit, den sozialen Herausforderungen seiner Zeit in angemessener und einsichtiger Weise zu begegnen, andere für ein gleiches Handeln zu gewinnen und dem Liebesgebot universale Geltung für die Ethik zu verschaffen, ohne die Autorität der Heiligen Schrift und des in ihr niedergelegten Gotteswillens auf eine unvertretbare Weise einzuschränken.

---

183 Predigt 37: The Nature of Enthusiasm, 23.
184 Predigt 50: The Use of Money, I. 2. Gott lehrt zwar auch durch Erfahrung (L VI, 292), wenn
     aber subjektive Erfahrungen der Schrift deutlich widersprechen, ist der Bibel der Vorrang
     zu geben, die uns über den Willen Gottes belehrt: (A Word to a Smuggler, III.4). Darum
     sind Schrift und Erfahrung keine gleichrangigen Erkenntnisprinzipien, wie Cell (The Re-
     discovery of John Wesley, 72) es anscheinend sieht.

9 Ziele der Sozialethik

Für Verständnis und Bewertung der Sozialethik Wesleys ist es zwar unerlässlich, ihren Ansatzpunkt zu erkennen, wie er in den beiden vorangegangenen Kapiteln dargestellt worden ist; dennoch hat der Begründer des Methodismus nicht darauf verzichtet, außer Motiven und Maßstäben auch die Ziele des sozialen Handelns zu bedenken und zu formulieren[1]. Implizit ist das bereits an mehreren Stellen dieser Arbeit zum Ausdruck gekommen, doch nicht in umfassender und ausreichend gründlicher Art, so dass eine Thematisierung dieser Fragestellung als Abschluss unserer Analyse sinnvoll zu sein scheint.

9.1 Die Erneuerung des Einzelnen

Die evangelistische Verkündigung Wesleys war, obwohl häufig vor großen Zuhörergruppen vorgetragen, ebenso wie seine Seelsorge auf das Individuum bezogen, direkte Anrede an den Einzelnen und Ruf zur Umkehr. In analoger Weise hatte seine soziale Arbeit und ethische Predigt zunächst den einzelnen Menschen im Blick, dann aber auch das ganze englische Volk, andere Völker und die menschliche Gesellschaft also solche, unabhängig von ihrer Struktur, ihrer Kultur, ihrer politischen und ökonomischen Ordnung. Sie war sozial in dem doppelten Sinne der Beseitigung sozialer Nöte und des Bezugs auf das mitmenschliche wie gesellschaftliche Leben. Zeitliche und sachliche Priorität hat jedoch ohne Zweifel die Erneuerung des Einzelnen, die der Erneuerung der Gesellschaft nicht nur vorausgeht, sondern auch die notwendige Voraussetzung für sie ist und zudem ihren Sinn nicht erst durch die sozialen Auswirkungen erhält, die sie hervorbringt. Dennoch gibt es nach Wesleys pointiert formulierter Aussage über das Christentum als einer „wesentlich sozialen Religion"[2] keine wirkliche Veränderung des Menschen durch die Gnade Gottes, die keine unmittelbaren Auswirkungen auf das menschliche Zusammenleben hat. Deshalb ist das Ziel seiner Verkündigung ein doppeltes: die Einzelnen zur Erneuerung durch die Gnade Gottes in Rechtfertigung und Heiligung und damit zu einem sinnerfüllten Leben hinzuführen und sie zu

---

1 Damit sind nicht die unmittelbaren Zwecke einzelner Handlungen gemeint, wie etwa, dass man einem Hungernden zu essen gibt, damit er aus einer bedrückenden Notlage befreit wird, sondern die Ziele des sozialen Handelns überhaupt, die über die momentanen Wirkungen hinausreichen und das Ganze der Ethik ins Auge fassen.

2 „... Christianity is essentially a social religion; and ... to turn it into a solitary one is to destroy it." Predigt 24: Upon our Lord's Sermon on the Mount IV, 5.

einer solchen Aktivität anzuleiten, die geeignet ist, die ganze Gesellschaft von
innen her zu verändern.

9.1.1 Selbstbewusstsein und sittliches Verhalten

In der Hochschätzung des Individuums, seines geschöpflichen Wertes und
seiner unsterblichen Seele, erweist sich Wesley als ein Vertreter neuzeitlichen
Lebensgefühls, das durch die Wiederentdeckung der Antike und die beginnende Aufklärung eine dem korporativen Denken entgegen gesetzte Richtung
erhalten hatte[3]. Der einsetzenden Vermassung vor allem des Industrieproleta-
riats mit all ihren negativen Folgeerscheinungen versucht Wesley dadurch
entgegenzuwirken, dass er den Wert jedes einzelnen Menschen als unermess-
lich groß und von seinem gesellschaftlichen Status unabhängig herausstellt,
indem er ihn in der universalen Liebe Gottes begründet, die ihn dazu bestimmt hat, glücklich zu sein[4].

In der Konfrontation dieser Verkündigung mit dem Elend der Massen lag
die aufregende Herausforderung, die Wesley begriffen hat und die er mit seiner Sozialarbeit zu beantworten sucht und die in diesem Kontext nichts anderes ist, als eine Predigt von der Liebe Gottes mit anderen Mitteln. Viele
begriffen, dass ihnen diese Zusage galt, und fanden den Weg zu einem neuen
Leben. Religiös gleichgültig gewordene, von Staat und Kirche im Stich gelas-
sene und häufig genug auch sittlich verwahrloste Leute[5] fanden zum Glauben
an Gott, der nicht selten zu überraschend schnellen sittlichen Veränderungen
ihres Lebens führte; Wesley berichtet darüber, anscheinend noch unter dem
Eindruck des Erstaunlichen: „Der Trinker wurde nüchtern und mäßig; der
Unzüchtige ließ ab von Ehebruch und Hurerei, der Ungerechte von Unter-
drückung und Unrecht. Wer seit vielen Jahren zu fluchen gewohnt war, fluch-
te nicht mehr. Der Faulpelz begann, mit seinen Händen zu arbeiten, um sein
eigenes Brot essen zu können. Der Geizhals lernte, sein Brot mit dem Hung-
rigen zu teilen und den Nackten mit einem Kleidungsstück zu bedecken. In

---

3   Frost versucht, Wesley in einen weiteren geistesgeschichtlichen Kontext zu stellen, und
     schreibt: „Das verbindende Glied zwischen Rousseau, John Wesley, Schleiermacher und
     der englischen Romantik ist eine Wiederentdeckung vom Wert des Individuums" (Die Au-
     toritätslehre in den Werken John Wesleys, 96). Vgl. Dimond, The Psychology of Metho-
     dism, 113 f., der die Betonung der Individualität auf den Einfluss Hobbes' zurückführt.
4   Das soll bereits Kindern eingeprägt werden, sobald sie es begreifen können: „You are made
     to be happy in God." (Predigt 120:The Unity of the Divine Being, 10).
5   Vgl. Lerch, Heil und Heiligung bei John Wesley, 149.

der Tat hatte sich ihre ganze Lebensweise geändert: sie hatten ‚aufgehört, Böses zu tun, und gelernt, Gutes zu tun'."[6]

Seine Grundthese, dass zuerst der kranke Wille geheilt werden müsse, hat sich in unzähligen Fällen bewährt. Die Entfremdung des Einzelnen von Gott und damit von sich selbst und vom Nächsten wurde durch die Predigt des Evangeliums in Wort und Tat überwunden; die Predigt des Gesetzes ging voran als Bewusstmachung der Verlorenheit an die Sünde, sie folgte nach als Anweisung zu einem neuen Leben. Die auf diese Weise geweckte und gewährte ethische Kraft, die in der Verbindung zu Christus ihre beständige Grundlage besaß, überwand den Fatalismus der Prädestinatianer und Deisten und setzte viele instand, soziale Veränderungen in ihrer Umgebung zu bewirken[7]. Richtig hat bereits E. Troeltsch die Ergebnisse der Wirksamkeit Wesleys beschrieben: „Ursprünglich feierte der Methodismus seine Triumphe in den Mittel- und Unterschichten, bei den Arbeitern der Kohlendistrikte und der Industriestädte. Ihnen brachte er Erhebung der geistigen Persönlichkeit, den ihnen verständlichen Appell an die populäre Phantasie und eine zu ungeheuren Opfern bereite Liebestätigkeit ... Er hat den Persönlichkeits- und Individualitätsdrang in die stumpfen, eben der Industrialisierung verfallenden Massen geleitet und der Not mit seiner Liebestätigkeit geholfen."[8] Die Lehre von der Heiligung und deren möglichem wie notwendigem Wachstum erfüllt diese neue Sittlichkeit zugleich mit einer Dynamik, die ihre Erweiterung und Verbesserung zu einem integralen Bestandteil ihrer selbst werden lässt: die Gemeinschaft der Bekehrten wird zum Kern einer auf ihre Umwelt einwirkenden, wachsenden Erneuerungsbewegung.

9.1.2 Verantwortung und Solidarität

Weil die Liebe zu Gott von der Liebe zum Nächsten nicht getrennt werden kann, vielmehr beide miteinander und ineinander das Grundprinzip der neuen Ethik bilden, gehört zur methodistischen Frömmigkeit ihre Weltzugewandtheit essentiell hinzu. Man kann deshalb Wesleys Sozialethik durchaus

---

6   A Farther Appeal, Part III, I. 4.
7   Erneuerung der Gefängnisse durch Bekehrung ihrer Direktoren (K. H. Voigt, Gefängnisreform, 378); Sozialarbeit des Bürgermeisters von Cork (12. und 13. Mai 1787)); Verbesserung des desolaten Zustandes der Arbeitshäuser (14. Feb. 1771; cf. MacArthur, Economic Ethics, 134). Anweisung Wesleys an die Krankenbesucher, auch „industry and cleanliness" zu lehren (Predigt 98: On Visiting the Sick, II. 6); Hilfe, bis Selbsthilfe möglich war (2. Jan. 1768) u.a.m.
8   Die Soziallehren der christlichen Kirchen und Gruppen, 840.

als eine Ethik der Verantwortung und Solidarität bezeichnen, die gleich weit vom Utilitarismus wie vom Altruismus zeitgenössischer englischer Denker entfernt ist[9]. Sie sieht die sozialen Verpflichtungen und Verflechtungen primär vom Individuum, seinem Geschick und seinen Aufgaben her, sperrt sich aber von Anfang an gegen die Alternative „Verwandlung und Veränderung des Einzelnen, oder Schaffung neuer gesellschaftlicher Verhältnisse, diakonische Barmherzigkeit, Liebestätigkeit und Caritas oder Eintreten für soziale Gerechtigkeit"[10], sondern „beruht auf der Dialektik von Person und Gesellschaft"[11] und erfüllt damit eine wichtige Voraussetzung jeder recht verstandenen Sozialethik[12].

Ausdrücklich lehnt Wesley, und das ist einer seiner wesentlichen Einwände gegen die Mystik, die religiöse Selbstgenügsamkeit des Gläubigen, seine Beschränkung auf eine persönliche Ich-Gott-Beziehung ab[13].

Zentrale Begründungsgedanken sind die aus der Gottesliebe resultierende Nächstenliebe und die „Stewardship", d. h. die Verantwortung des Menschen nicht nur für seinen Besitz jeder Art, sondern auch für seine Mitmenschen, unabhängig von den Bindungen durch Verwandtschaft oder Zuneigung[14]. Aufschlussreich ist in diesem Zusammenhang seine Definition des ethisch Guten und Bösen: „Mit ‚gut' meine ich das, was dem Wohle der Menschheit dienlich und geeignet ist, Frieden und guten Willen unter den Menschen voranzubringen, und das Glück unserer Mitgeschöpfe fördert; und mit ‚böse', was dem zuwiderläuft."[15] Damit wird das – leibliche und geistliche – Wohl des anderen zum Maßstab des eigenen sittlichen Handelns gemacht und das Liebesgebot in der Terminologie einer normativen Ethik präzisiert, wobei das

---

9   Zu den genannten Richtungen siehe. Schweitzer, Kultur und Ethik, 72 ff. 81 ff.
10   Schulz, Gott ist kein Sklavenhalter, 239.
11   Wendland, Einführung in die Sozialethik, 22. – „The individualistic and the social conceptions of Christianity are not in antagonism: they are complementary." Dimond, a.a.O. 114.
12   Hierin liegt auch das weiterführende Element der Sozialethik Wesleys über den älteren Pietismus und einen breiten Strang des Puritanismus hinaus. Cf. Renkewitz, ESL, 1128; Marlowe, The Puritan Tradition in English Life, 30.
13   L VI, 127 f.(30. Nov. 1174 an Mary Bishop). Auch der gelegentliche Gebrauch des Bildes „Soldaten Christi" für die Christen weist in diese Richtung: L II, 128 (12. Feb. 1748); Schmidt, John Wesley II, 396. – „The spiritual was always passing into the ethical; life in God meant life for God; and life for God meant life for the sake of others." (Lockyer, Paul: Luther: Wesley, 262). Vgl. Schneeberger, a.a.O. 144; Monk, John Wesley, 243.
14   Predigt 51: The Good Steward. – Predigt 98: On Visiting the Sick, I.2; III. 3. u. a.
15   „By good I mean, conducive to the good of mankind, tending to advance peace and goodwill among men, promotive of the happiness of our fellow-creatures; and by evil, what is contrary thereto." An Earnest Appeal, 16.

zugrunde liegende Verhältnis zu Gott ein Überschlagen in den Altruismus verhindert.

Das so umschriebene Verhalten versteht Wesley dann auch als Mittel zur Heilung „aller Übel einer in Unordnung geratenen Welt, aller Elendszustände und Laster der Menschen"[16]. Diese Heilung soll nicht erst im Jenseits stattfinden[17], sondern sich bereits jetzt und hier ereignen und Leib und Seele umfassen[18]. Dieses ganzheitliche Verständnis des Heils ist in Wesleys Hochschätzung des Alten Testaments und der Schöpfungslehre begründet und lässt ihn bei aller innerweltlichen Askese die Freude am Schönen für wichtig und gut erachten[19]. Dankbarkeit für Gottes Güte und Liebe – nicht der Zwang, sie verdienen zu müssen – und die Erfahrung der Befreiung des Willens durch die Gnade verleihen denen, die Wesley folgen, den Wunsch, das Empfangene ihren Zeitgenossen mitzuteilen (im doppelten Sinne des Wortes) und wecken höchste Aufmerksamkeit für die Leiden anderer Menschen, um auf diese Weise Werkzeuge der Liebe Gottes zu sein[20].

Zu dieser sozialen *Sensibilität* kommt – im Unterschied zu der auch sonst damals geübten Wohltätigkeit – noch ein weiterer entscheidender Wesenszug: die *Solidarität* mit den Empfängern der Hilfe. Sie entsteht zum einen dadurch, dass die, die auf Grund der Hinwendung zum Methodismus mit sozialer Arbeit beginnen, selbst einmal solche Hilfe erfahren haben; zum anderen aber prägt Wesley ihnen sein Verständnis von der grundsätzlichen Gleichwertigkeit aller Menschen ein und spricht von ihnen als von „Mit-Geschöpfen" und

16 „This love we believe to be the medicine of life, the never-failing remedy for all the evils of a disordered world, for all the miseries and vices of men." An Earnest Appeal, 3.

17 Bett, The Spirit of Methodism, 143, weist darauf hin, dass es nicht Wesley, sondern Burke gewesen sei, der gesagt habe „that the deserts of the poor would be adjusted in ,the final proportions of eternal justice'" Dass Wesley auch zur Geduld und Leidensbereitschaft mahnen kann (z. B. Predigt 59: God's Love to Fallen Man, I. 1.8), steht nicht im Widerspruch dazu, da es ja auch unabänderliche Übel gibt. Dennoch ist der Glaube an die Macht Gottes für ihn kein Grund zum Verzicht auf höchste eigene Aktivität, sondern ihre Ermöglichung. In einer Predigt über Luk 16,19 ff finden wir wohl auch eine Tröstung der Armen mit Blick auf die ewige Seligkeit; dieses Motiv ist aber durch den Text vorgegeben und bei Wesley sehr selten zu finden. Zur Eschatologie Wesleys in ihrer Bedeutung für die Ethik vgl. Schneeberger, a.a.O. 139 ff.

18 An Earnest Appeal, 16. – S I, 32, Anm. 5 (Einleitung zu den Predigten); Predigt 26: Upon our Lord's Sermon on the Mount VI, I. 1.

19 Brief vom 28. Mai 1725 an seine Mutter. Vgl. Schmidt, Die Bedeutung Luthers für John Wesleys Bekehrung, 127.

20 Die Forderung sozialer Aktivität wurde sogar in den „Rules" festgelegt, so dass man mit Wearmouth sagen kann: „It was impossible to be a good Methodist without engaging in social activities." (Methodism and the Common People of the Eighteenth Century, 230). Vgl. The Nature, Design, and General Rules of the United Societies (WJW 9, 70).

„Mit-Leidenden"[21]. Nicht herablassende Mildtätigkeit, die den Armen hilft und sie zugleich demütigt, sondern Solidarität mit ihnen soll die innere und äußere Haltung der Hilfe bestimmen[22]. Der Verzicht auf Vorurteile jeglicher Art ist darin ebenso eingeschlossen, wie die Bereitschaft, um anderer willen auf manche Annehmlichkeiten des eigenen Lebens zu verzichten[23]. Gemessen an den großen sozialen Aufgaben des 18. Jahrhunderts, ist die Leistung der Methodisten und ihrer Gemeinschaften nicht entfernt als eine befriedigende Lösung zu bezeichnen. Dennoch haben Wesley und seine Mitarbeiter eine wesentliche Voraussetzung für die Lösung aller sozialen Probleme zu allen Zeiten geschaffen: sie haben Menschen soziale Sensibilität und das Bewusstsein einer solidarischen Existenz vermittelt, die die dringenden Herausforderungen erkennt und nach Kräften zu beantworten versucht.

9.2 Die Erneuerung der Gesellschaft

Wie gesagt, betrachtet Wesley die Religion der Liebe als Heilmittel für alle Übel der Welt und begnügt sich mit der Bekehrung, wenn auch möglichst vieler, einzelner Menschen nicht, sondern fügt hinzu: „Wir sehnen uns danach, diese Religion in der Welt etabliert zu sehen."[24] Was sein eigenes Vaterland betrifft, ist ihm das in einem relativ hohen Maße gelungen, wie uns die Historiker bestätigen[25]. Wie aber soll das geschehen? Betrachtet Wesley es als ausreichend, durch die Veränderung von Einzelnen, also von unten her, die Gesellschaft zu erneuern, oder bezieht er die Veränderung sozialer Strukturen und staatlicher Institutionen in den von ihm ja umfassend gedachten Innovationsprozess mit ein? Mit anderen Worten: überschreitet die Sozialethik nicht nur in der ihr vorangestellten Analyse, sondern auch in ihren konkreten Weisungen den Bereich des sozialen Umfeldes von Individuen und Gruppen und bezieht sie die Möglichkeit einer Veränderung grundlegender gesellschaftli-

21 „fellow-creatures", „fellow-sufferers": An Earnest Appeal, 16. – A Plain Account , II. 7.
22 Das galt einschließlich der verhassten französischen Soldaten, die in England gefangen lagen, und anderer Fremder. Vgl. Engels, Die Lage der arbeitenden Klasse in England, 302 f.
23 Large Minutes, Frage 26 (Works VIII, 309 f.). – Character of a Methodist, 16.
24 An Earnest Appeal, 4.
25 Zuletzt Kluxen (Geschichte Englands, 528): „Für Wesley war entscheidend, dass England durch seine Tätigkeit wieder ein religiöses Land wurde. Als Georg III. 1760 den Thron bestieg, war das Christentum zu einer kraftlosen, konventionellen Angelegenheit verdorrt; als er 1820 starb, war England ein christliches Land geworden."

cher Ordnungen mit ein, oder bleibt sie letztlich eine auf die jeweils vorhandenen oder hergestellten sozialen Beziehungen erweiterte Individualethik?

9.2.1 Herkunft und Auftrag staatlicher Macht

Wer in Unkenntnis der Äußerungen Wesleys zu Fragen staatlicher Macht
aus den bisherigen Ausführungen über die Universalität der Liebe Gottes
und die grundsätzliche Gleichwertigkeit aller Menschen den Schluss zieht,
Wesley habe sich mit innerer Konsequenz gegen die staatliche, trotz parla-
mentarischer Rechte oligarchische Ordnung und irrationale Machtansprü-
che obrigkeitlicher Organe gewendet, hat sich getäuscht. Wesley war von
der Erziehung in seinem Elternhaus und seiner Ausbildung in Oxford her
bis zu seinem Tode ein überzeugter Tory der gemäßigten, d. h. nicht-
jakobitischen Richtung[26], die auch die Mehrzahl seiner anglikanischen Pfarrerkollegen vertrat[27].

Dieses, wie er selbst bekennt, „tief verwurzelte Vorurteil"[28] zugunsten der
bestehenden konstitutionellen Monarchie wird nun aber auf eine dreifache
Weise begründet:

(1) Jede staatliche Gewalt ist von Gott, dem Souverän über alle, abgeleitet[29]. Unabhängig von der jeweils vorhandenen Staatsform (Diktatur, Oligar-
chie, Aristokratie, Demokratie) geht die Macht letztlich auf Gott zurück[30].
Damit ist freilich, wie Wesley richtig erkennt, über die Staatsform als solche,
d. h. über die Disponenten der von Gott abgeleiteten Macht, noch nichts ausgesagt. Darum unternimmt es Wesley, mit dem wenig überzeugenden Versuch, die Unmöglichkeit einer klaren Abgrenzung des Souveräns „Volk" (Frage: Wer ist denn das Volk? Alle Männer, Frauen und Kinder?) ohne will-
kürliche Ausschließung einzelner Gruppen aufzuzeigen[31], und mit dem
historischen Argument, es habe nur einmal in der Weltgeschichte einen demokratisch gewählten Herrscher gegeben[32], den Gedanken der Volkssouverä-
nität ad absurdum zu führen. Die Demokratie ist also aus rationalen, histori-

---

26 L VII, 305: Ein Tory ist „one that believes God, not the people, to be the origin of all civil
    power. In this sense he (sc. sein älterer Bruder Samuel) was a Tory; so was my father; so am
    I. But am no more a Jacobite than I am a Turk; neither was my brother".
27 Kluxen, a.a.O. 424 f. 499. 57 ff.; Trevelyan, Geschichte Englands II, 567 ff.
28 L VI, 156 (Brief vom 14. Juni 1775 an Lord Dartmouth); 161 (Brief an Lord North).
29 Thoughts Concerning the Origin of Power (Works XI, 48. 52).
30 Works XI, 47 f.
31 Works XI, 48 ff.
32 Works XI, 52: Thomas Aniello, Neapel, 17. Jahrhundert

schen und theologischen Gründen abzulehnen, denn das Volk könne nicht verleihen, was es nie besaß: das Recht über Leben und Tod[33], Freiheit und Eigentum[34], denn das sei der Inbegriff staatlicher Macht.

Entgegen dem Anschein, Wesley reihe sich mit solchen Argumenten in die Reihe der Befürworter einer Diktatur ein, muss nun aber betont werden, dass er mit der Ableitung der obrigkeitlichen Gewalt von Gott[35] zugleich ihre Eingrenzung betont: ihr Träger bleibt in all seinen Entscheidungen Gott verantwortlich, der keinem Herrscher gestatte, seine Untertanen ihrer bürgerlichen oder religiösen Freiheit zu berauben. Legitimität und Verantwortung sind in ihrer Herleitung von Gott untrennbar[36]. Damit wendet sich Wesley gegen jeden Machtmissbrauch in Gestalt von Religionszwang, Ketzerverbrennungen, Verfolgung aus Gewissensgründen und anderen Willkürakten und hält die Verpflichtung des Souveräns zur gesetzlichen Sicherung des Schutzes der Person und des Eigentums, wie sie in England gegeben sei, für notwendig; aus diesem Grunde erachtet er die konstitutionelle Monarchie als die beste aller vorhandenen Staatsformen. Im Unterschied zur dreifach begründeten Ablehnung der Demokratie ist die Favorisierung der in England zu seiner Zeit vorhandenen Staatsform allein empirisch begründet[37]. Im Unterschied zum potenziell und in unterschiedlichen Epochen auch aktuell monarchomachischen Puritanismus[38] und whigfreundlichen Dissent[39] hält Wesley die seit 1689 in England eingerichtete Ordnung für in ihrem Wesen ausgezeichnet und wirkt darum wie alle gemäßigten Tories als Förderer der Erhaltung des Status quo.

Diese Haltung wird bei Wesley noch durch das biblische Gebot, den König zu ehren, gestärkt. Dieselbe Autorität, von der alle irdische Herrschaft abgeleitet ist, gebietet die Loyalität zum Monarchen, die damit zur religiösen Pflicht wird; wer Gott fürchte, habe auch dem König mit Ehrerbietung zu be-

---

33 Works XI, 52.
34 Works XI, 46.
35 Mit Röm 13, 1 ff.: Works XI, 48 (Origin of Power).
36 Thoughts upon Liberty (Works XI, 37 ff)
37 Die Hochschätzung der bürgerlichen Freiheit in England, sowie die Ablehnung einer Herrschaft des Volkes teilte Wesley mit illustren Zeitgenossen wie Voltaire und Montesquieu. (Nicolson, Das Zeitalter der Vernunft, 99. 108 f.; Lean, John Wesley, 12; Thompson, The Making of the English Working Class, 80). Auch die französischen Enzyklopädisten vertrauten weniger der Demokratie als menschenfreundlichen Alleinherrschern (Nicolson, a.a.O. 9). Die Vertragstheorien Lockes und Rousseaus werden ohne ausdrückliche Anführung abgelehnt.
38 Vgl. Kluxen, Das Problem der politischen Opposition, 16 f.
39 Trevelyan, Geschichte Englands II, 567.

gegnen[40] und ihm zu gehorchen, solange er damit nicht Gott gegenüber ungehorsam werde[41].

(2) Das zweite Argument neben der Herleitung aller Macht von Gott, das, wie wir gesehen haben, die englische Staatsverfassung allein nicht begründen kann, liegt in dem Zweifel Wesleys an der Regierungsfähigkeit des Volkes. Indem er auch hier wieder auf die Entwicklung einer eigenen Staatstheorie verzichtet und ausschließlich apologetisch argumentiert, stellt er die Forderung auf, man solle denen das Regieren überlassen, die am ehesten etwas davon verstünden. Das seien in der Regel der König, seine Minister und das Parlament (auch mit einer Whigmehrheit!)[42]. Normale Bürger könnten oft Hintergründe und Ursachen politischer Entscheidungen nicht erkennen, falsche Nachrichten seien nicht immer als solche zu unterscheiden, und den meisten Engländern fehle auch trotz gegenteiliger Behauptungen der notwendige Sachverstand[43]. Daraus leitet Wesley nicht das Verbot jeglicher Kritik am König und seinen Ministern ab; er übt sie sogar gelegentlich selbst, vor allem an den letzteren, die er aber auch nicht für schlechter als ihre Vorgänger hält[44]. Der König jedoch – und das sei entscheidend – glaube an die Bibel, fürchte Gott und liebe seine Frau[45], worin er sich von vielen seiner Gegner unterscheide[46].

Herrschaftsansprüche des unzureichend informierten und befähigten, von gefährlichen Aufrührern und aufgepeitschten Emotionen irregeleiteten Volkes führten nur zu Gewalttaten und anderen Ungerechtigkeiten, wofür Wesley einige Beispiele aus der jüngsten Geschichte seines Volkes anführt[47]. Das erklärte Ziel solcher Bewegungen, mehr Freiheit für die Bürger zu erreichen, werde nicht nur nicht erreicht, sondern durch die faktische Entwicklung, die die Zerstörung bisheriger Freiheiten zur Folge habe, sogar als auf diesem Wege nicht erreichbar erwiesen. Darum sei es die Aufgabe der methodistischen Prediger, in ihrer Verkündigung auf politische Äußerungen zu verzichten und obrigkeitliche Maßnahmen nicht zu beurteilen – mit einer Ausnahme: unberechtigte Kritik an der Person oder den Entscheidungen der

---

40 1 Ptr 2, 17; Act 23, 5; Ex 22, 27; L VI, 267 (Brief vom 25. Juni 1777 an seinen Bruder).
41 Frost, Die Autoritätslehre in den Werken John Wesleys, 63.
42 Free Thoughts on the Present State of Public Affairs (Works XI, 14 ff.). - AM V, 151 f.
43 L V, 371 ff.; Works VIII, 161; AM V, 152.
44 L V, 374 ff (Brief „An einen Freund", Dez. 1768).
45 L V, 373.
46 L V, 376 ff.
47 Vor allem die Wilkes-Unruhen, aber nicht nur sie: A Farther Appeal, Part II, II. 16. Zu Wilkes vgl. Kluxen, Geschichte Englands, 468 ff.; Edwards, John Wesley and the Eighteenth Century, 61 ff.

staatlichen Amtsträger öffentlich zurückzuweisen[48]. Zwar hat Wesley sich selbst an diese Anweisung nicht gehalten, sondern zu sehr vielen politischen Fragen öffentlich, auch kritisch, Stellung genommen, zugleich aber auf strenge politische Abstinenz seiner Prediger geachtet und damit ebenfalls zur Befestigung des Status quo beigetragen.

(3) Das dritte Argument, das in dem bisher Gesagten bereits angeklungen ist, beinhaltet im wesentlichen Folgendes: es bestehe in England kein Grund zu politischer Unzufriedenheit und darum kein Anlass, öffentlich nach mehr Freiheit zu rufen, die in einer konstitutionellen Monarchie am größten, in einer Demokratie am geringsten sei[49]. Dass der englische Staatsbürger, gemessen an der Situation seiner europäischen Zeitgenossen, die größte Freiheit besaß und am meisten gegen obrigkeitliche Willkür geschützt war, lässt sich nicht bestreiten[50]. Auch die Erfahrung, dass die Gesetze, die die Freiheit der Bürger schützen sollten, nicht immer funktionierten, hat ihn in seinem Lob auf die britische Monarchie nicht irritiert noch sein Vertrauen auf den König erschüttert[51]. Sein Tadel bezieht sich immer nur auf einzelne Missstände, nie auf wesentliche Elemente der staatlichen Ordnung[52], deren Hauptaufgabe in der formal rein negativen Funktion besteht, die bürgerliche und religiöse Freiheit des Individuums gegen alle Gefährdungen und Angriffe zu schützen, solange es die bestehenden Gesetze achtet. Da mit diesem Schutz auch ein Freiraum für Verkündigung und soziale Aktivitäten geschaffen war, sah Wesley keine Notwendigkeit, weitergehende Forderungen zu stellen, die ihn in eine gemeinsame Front mit Aufrührern und Republikanern gebracht hätten[53].

---

48 AM V, 151 ff.; Works XI, 154 f (How Far is it the Duty of a Christian Minister to Preach Politics?).

49 „Accordingly, there is most liberty of all, civil and religious, under a limited monarchy; there is usually less under an aristocracy, and least of all under a democracy." Observations on Liberty, 33f. (Works XI, 105); cf. Works XI, 45 f (Thoughts upon Liberty).

50 Thompson, a.a.O. 79 f.; Edwards, a.a.O. 29. 68; Kluxen, a.a.O. 410.

51 Georg II. hatte 1741 durch eine offizielle Deklaration die Verfolgung aus religiösen Gründen verurteilt und damit wesentlich zur Beendigung der Ausschreitungen gegen Methodisten beigetragen. Vgl. Simon, John Wesley and the Advance of Methodism, 186; ders., John Wesley, the Master-Builder, 95.

52 L VIII, 231 (Brief vom Juli 1790 an Wilberforce): Klage über mangelnde Freiheit für Methodisten; L V, 376 ff. (Dez. 1768 „To a Friend; Works XI, 14 ff. (Free Thoughts un Public Affairs); MacArthur, The Economic Ethics of John Wesley, 24 ff.; Edwards, a.a.O. 13 f.

53 L VIII, 196 (13. Jan. 1790): „We are no republicans, and never intend to be."

9.2.2 Abzulehnende Veränderungen

Wir Methodisten, sagt Wesley, „bemühen uns nach Kräften, Menschen glücklich zu machen (ich spreche jetzt nur mit Bezug auf *diese* Welt); wir streben
danach, so gut wir es können, ihre Leiden zu mindern und sie zu lehren, mit
ihrem jeweiligen Stande zufrieden zusein"[54]. Damit ist, wie wir gesehen haben, dem sozialen Aufstieg durch Weiterbildung, Sparsamkeit und Fleiß keine Grenze gezogen, aber Unzufriedenheit sollte nicht seine Triebkraft sein,
weil sie nur allzu leicht ansteckend wirkt und öffentliche Unruhen[55] oder gar
offene Rebellion im Gefolge hat. Ruhe ist zwar nicht die erste Bürgerpflicht,
aber doch die notwendige Voraussetzung jedes gesellschaftlichen Fortschritts,
wie Wesley ihn im Auge hat.

Abzulehnen ist deshalb die Einführung demokratischer Ordnungen in den
kirchlichen oder staatlichen Herrschaftsbereich. In seinen Gemeinschaften
werden Leitungsfunktionen nicht durch Wahl vergeben, sondern von ihm selber oder seinen Assistenten übertragen; von Wesley erhalten Verwalter und
andere Beauftragte ihre Regeln, die sie durch ihre Unterschrift anerkennen[56].
„Solange ich lebe, sollen die Methodisten keinen Anteil an der Wahl ihrer
Verwalter oder Leiter haben. Wir haben eine solche Gewohnheit nicht und
hatten sie nie."[57] Wer das durchzusetzen wünsche, solle sich lieber ohne
Aufsehen von den Methodisten trennen, die keine Republikaner seien, noch
werden wollten[58]. Die Ursache für diese strikte Ablehnung aller demokratischen Tendenzen ist nicht zuerst in dem persönlichen Ehrgeiz, sich die Füh-
rung einer stark gewordenen Bewegung nicht entgleiten zu lassen noch in der
Auffassung, alle staatliche und kirchliche Herrschaft leite sich von Gottes
Souveränität ab, zu suchen. Beides ist sicher von gleicher Bedeutung wie die
niemals überwundene Neigung, alle Probleme dieser Art vom Standpunkt
des Tory aus zu sehen. Hierzu kommt aber noch eine weitere, gerade in ihren
irrationalen Komponenten kaum zu überschätzende Einstellung, die in
schlimmen Erfahrungen gründet: die Methodisten waren in den Verdacht geraten, öffentliche Ruhestörer, Anhänger des Kronprätendenten Charles Stu-
art, heimliche Papisten und Verräter zu sein. Gerade in seinen Entstehungs-

---

54 An Earnest Appeal, 16.
55 Die Methodisten hatten die negativen Folgen öffentlicher Unruhen in den vierziger Jahren
zu spüren bekommen. Cf. Edwards, HMC I, 64.
56 Tagebuch 4. Juni 1747, Anweisung für Stewards.
57 „As long as I live the people shall have no share in choosing either Stewards or leaders
among the Methodists. We have not and never had any such custom." L VIII, 196 (13. Jan.
1790 an John Mason).
58 Ebd.

jahren entluden sich alle Invektiven weit verbreiteter Vorurteile auf die kleine, verachtete Bewegung des Methodismus. Solche Vorwürfe haben Wesley als überzeugten Protestanten, loyalen Untertanen und königstreuen Tory tief getroffen und sein Leben lang überempfindlich für ähnliche Angriffe gemacht. Deshalb auch ist seine Abwehr aller Versuche einer Demokratisierung des kirchlichen, staatlichen und gesellschaftlichen Lebens so heftig und kompromisslos[59]. Deshalb wird der Methodismus nach Wesleys Tod, indem er dessen in historischen Konstellationen und persönlichen Erfahrungen begründete Einstellung zum allgemeinen Kirchengesetz erhebt, in seinen offiziellen Vertretern die entschiedensten Gegner der Gewerkschaftsbewegung und der politischen Liberalisierung hervorbringen. Der in Wesleys Sozialethik immanente Egalitarismus wird in seinen gesellschaftlichen Auswirkungen durch einen apolitischen Konservatismus der führenden Methodisten völlig erstickt[60]. Demokratie, Republikanismus und Unglaube sind für Wesley und seine Nachfolger in der Kirchenleitung verschiedene Seiten derselben Sache und darum als Möglichkeit der sozialen Veränderung nur zu verwerfen[61].

Abzulehnen ist nach Wesley auch ein Weg, der zu seiner Zeit von den britischen Nordamerika-Provinzen beschriften wird: die Unabhängigkeit vom König und Parlament in England. Dieses Beispiel ist deshalb besonders aufschlussreich, weil sich in Wesleys Einstellung zu den Independenzbestrebungen Amerikas eine starke Veränderung beobachten lässt und seine Haltung zum ethischen Problem des Krieges hier besonders deutlich wird.

Im Juni 1775 schreibt Wesley an den englischen Kolonialminister und, fast gleich lautend, an den Premierminister, trotz seines hochkirchlich-toryistischen Vorurteils könne er nicht umhin zu denken, „dass ein unterdrücktes Volk nach nicht mehr als seinen legalen Rechten verlangt". Aber auch unter Absehung des Problems von Recht und Unrecht müsse er die

---

59 A Farther Appeal, Part I, VII. 1-3.
60 Thompson, a.a.O. 375, stellt fest, dass daher der Methodismus zur Religion sowohl der Ausbeuter, als auch der Ausgebeuteten werden konnte.
61 Sangster, Methodism. Her Unfinished Task, 54 ff.; Edwards, Methodism and the Chartist Movement, 304 ff.; Edwards, This Methodism, 47 ff.; MacArthur, a.a.O. 138 f.; Vester, Die Entstehung des Proletariats als Lernprozeß, 93 f.; Thompson, a.a.O. 41. 354 f. Deshalb ist es trotz der noch zu besprechenden positiven Einflüsse Wesleys auf die Entwicklung demokratischer Verhaltensmuster unverständlich, wie ein sonst so verdienstvoller Wesley-Forscher wie Bready behaupten kann: „Wesley was the(!) father of British and American Democracy." (Wesley and Democracy, X). Das Buch enthält auch andere riskante Aussagen wie z. B. die historisch nicht verifizierbare Spekulation, England wäre ohne Wesley „perished through moral decay". (A.a.O. 5; cf. S. 7 f. 19 u. a., die mit zahlreichen Superlativen eher einer methodistischen Gründerlegende gleichen als historisch korrekter Darstellung).

Frage stellen, ob es vernünftig sei, Gewalt gegen die Amerikaner zu gebrauchen[62].
Dieses Verständnis für die Bestrebungen der Amerikaner, die zwar noch
nicht zu kriegerischen Handlungen, aber doch schon einigen illegalen Aktionen
geführt hatten (Boston Tea Party, 1773, u. a.), ist angesichts der bisherigen
politischen Äußerungen Wesleys erstaunlich und zeigt, dass an dieser
Stelle seine Reflexionen einen anderen Ausgangspunkt genommen haben: die
natürlichen Rechte des Menschen[63].
Bereits in der Auseinandersetzung um die Sklaverei (1774) hat Wesley zwischen Legalität und Legitimität unterschieden und den Einwand, die Sklaverei werde durch Gesetze gerechtfertigt, so beantwortet: „Kann ein Gesetz,
kann menschliches Recht die Natur der Dinge verwandeln? Kann es Finster-
nis in Licht oder Böses in Gutes verkehren? Auf keinen Fall! Trotz zehntau-
send Gesetzen ist recht noch recht, und unrecht unrecht. Es muss immer
noch ein wesentlicher Unterschied zwischen Gerechtigkeit und Ungerechtigkeit, Grausamkeit und Barmherzigkeit bestehen bleiben“.[64] Dieses Recht wird
von Gott abgeleitet, der keinen Menschen autorisiert habe, andere Menschen
ihrer Freiheit zu berauben[65], und hat als natürliches Recht jedes positive
Recht erst zu legitimieren[66]. Wo es verletzt wird, müssen die verantwortlichen
Stellen darauf hingewiesen werden, die Gott Rechenschaft schuldig sind[67].
Das Verlangen nach Freiheit geht jeder Bildung und Erziehung voraus und ist
die Ehre aller vernünftigen Wesen[68]. Freiheit ist ein von Gott gegebenes, allen

---

62 L VI, 156 (Brief an den Earl of Dartmouth, den Staatssekretär für die Kolonien, vom 14.
    Juni 1775); cf. L VI, 161 (Brief an Lord North, 15. Juni 1775). Es ist also nicht korrekt, mit
    Schneeberger (a.a.O. 15) zu behaupten, dass Wesley „nie ein positives Verständnis für den
    Kampf der amerikanischen Kolonien um Unabhängigkeit in den siebziger Jahren gewin-
    nen“ konnte.
63 Von einer ausgeführten Naturrechtslehre kann hier nicht gesprochen werden, weil Wesleys
    Ausführungen die für eine solche notwendige Geschlossenheit, innere Systematik und Voll-
    ständigkeit fehlt.
64 Thoughts upon Slavery (Works XI, 70).
65 Thoughts upon Liberty (Works XI, 37 f).
66 So auch im Calvinismus; cf. Weerda, ESL, 1120.
67 L VIII, 231 (an Wilberforce; s. Anm. 52). Daher behauptet Gifford, John Wesley: Patriot
    and Statesman, 21, zu Unrecht: „That there were fundamental human rights, … to which
    indeed the law must be adjusted, was a question he (i. e. Wesley) did not consider.“
68 Works XI, 34. Die rationalistische These, dass das Naturrecht gelte, etsi deus non daretur,
    hat Wesley freilich nicht vertreten. In seiner Auffassung kommen eher augustinische und
    platonische Einflüsse zur Geltung. In dieser Frage trennt er sich auch von Locke, der das
    Naturrecht letztlich nicht auf Gott zurückführt, folgt ihm aber in der inhaltlichen Bestim-
    mung, wie wir noch sehen werden.

Menschen eignendes und unveräußerliches Recht[69]; sie besteht in der Freiheit des Gewissens, der Religion, der eigenen Meinung, in dem Recht, sein eigenes Leben und seinen Besitz in selbst gewählter Weise zu genießen[70]. Jede Beraubung dieser Freiheit – sei es durch staatliche Instanzen oder auf Grund positiver Gesetze – ist Unrecht und als solches zu brandmarken, damit es beseitigt werden kann[71]. Genau das tut Wesley nicht nur in seinem Kampf gegen die Sklaverei und gegen eine ungerechte Strafjustiz, sondern auch in seinem entschiedenen Eintreten gegen den Krieg.

Exkurs: Wesleys Einstellung zum Krieg

Wieder sind die Quäker die einzige christliche Gemeinschaft, die im Kampf für die Beseitigung eines heillosen Missstandes Pionierarbeit leisten; keine andere Kirche in England hält in jener Zeit den Krieg als solchen für unvereinbar mit dem Evangelium Jesu Christi[72]. Doch obwohl Wesley ein äußerst loyaler Untertan seiner britischen Majestät blieb und ihm natürlich die in der Gegenwart erreichte Brutalität und Perfektion moderner Vernichtungswaffen unbekannt und unvorstellbar waren, hat er sich wie kein anderer bekannter Schriftsteller oder Theologe seiner Zeit gegen jede Art des Krieges gewandt und mehrfach versucht, seine tiefer liegenden Ursachen aufzudecken und seine unausweichlichen Folgen in ihrer Unmenschlichkeit als ausreichendes Motiv für die Ächtung jedes Krieges herauszustellen. Zwar hat Wesley in dem an bewaffneten Auseinandersetzungen nicht armen 18. Jahrhundert[73] aus eigener Erfahrung keine Anschauung gewinnen können; in früheren Jahren hat er sogar einen eigenen militärischen Beitrag zur Verteidigung seines Landes angeboten[74]; die Naivität dieser patriotischen Begeisterung aber war längst einer nüchternen Betrachtung gewichen, deren Ergebnisse er mit steigendem Ver-

---

69 Observations on Liberty (Works XI, 92).

70 Thoughts upon Liberty (Works XI, 41); Observations on Liberty (Works XI, 92).

71 Works XI, 34. 37f. 70. 92; L VIII, 207. 231. 265. 275; AM XI (1788), 208.

72 Vgl. Gollwitzer, Art. Krieg und Christentum, RGG[3] IV, 66 ff.; Edwards, This Methodism, 67. 87.

73 Nicolson, Zeitalter, 14 f.

74 Als der Stuart-Pretender England anzugreifen drohte, erbot Wesley sich, eine Freiwilligen-Kompanie aufzustellen und zu finanzieren, wenn der König sie zur Verteidigung brauche und ihm Waffen und Ausbilder zur Verfügung stelle. Es ist keine offizielle Reaktion auf dieses Angebot bekanntgeworden (L III, 165, 1. März 1756; J IV, 151 Anm. 1; Hutton, John Wesley, 142; Simon, Advance, 307 f.). In einer ähnlichen Situation im Jahre 1745 hatte er bereits öffentlich und wiederholt zur Unterstützung des Königs durch Pflichterfüllung und Gebet aufgerufen (Edwards, John Wesley, 59).

antwortungsbewusstsein anderen zu vermitteln suchte, denn im Falle eines Krieges dürfe keiner behaupten, nicht betroffen oder gar schuldlos zu sein[75]. Wesleys umfassende Evangelisationstätigkeit hatte auch zu Bekehrungen von Soldaten geführt, von denen jedoch keineswegs die Aufgabe ihres Berufes gefordert wurde[76]. Dennoch schrieb Wesley bereits 1757 in seiner Abhandlung über die Erbsünde: „Es gibt eine noch grässlichere Schande für das Christentum, ja, für die Menschheit, für Vernunft und Menschlichkeit: Krieg ist in der Welt! Krieg zwischen Menschen! Krieg zwischen Christen!"[77] Mit einer solchen allgemeinen Klage lässt Wesley es aber nicht bewenden. Er fragt vielmehr weiter nach den Ursachen der Kriege, um aus der unübersehbaren Menge nur einige wichtige herauszugreifen: den Ehrgeiz der Herrscher und die Korruption ihrer Minister, Meinungsverschiedenheiten und koloniales Besitzstreben der Mächtigen. Die Verantwortung liegt also immer bei Menschen. Vernunft und Menschlichkeit fehlen, die das um der genannten Gründe oder Ziele willen herbeigeführte Sterben Tausender noch rechtzeitig verhindern könnten[78]. Letztlich wird auch hier die natürliche Verderbtheit des Menschen manifest, und erst seine Versöhnung mit Gott würde auch die umfassende Versöhnung in der Welt mit sich bringen[79].

Trotzdem versucht Wesley, die Absurdität des Krieges und die in keinem Verhältnis zu Ursache und Zweck stehenden unmenschlichen Begleiterscheinungen und Folgen in seinen Briefen und Publikationen so eindrücklich zu schildern, dass andere dadurch möglicherweise bewogen werden, sich aktiv für die Beendigung des gerade tobenden und die Verhinderung jedes weiteren bewaffneten Kampfes einzusetzen[80].

---

75 Works XI, 128.
76 Cameron, Methodism and Society, 54; Simon, Master-Builder, 19; der methodistische Kriegsdienstverweigerer John Nelson war darum eher die Ausnahme als die Regel (vgl. Cameron, a.a.O. 55).
77 The Doctrine of Original Sin, Works IX, 196-446; hier: 221.
78 Works IX, 221 f.
79 Works XI, 123 ff.
80 Als Beispiel ein kurzes Zitat aus dem Appell an seine Landsleute (Works XI, 120 f.): „ ... who knows, when the sword is once drawn, where it may stop? ... (Trifft das Schwert) a beloved wife, an aged parent, a tender child, a dear relative, what recompence can be found for such a loss? ... But suppose you escape with your life, and the lives of those that are near and dear to you, there is yet another dreadful evil to fear, and which has been the case; plunder, lawless plunder, may deprive you of your little all ... (Zwei Gruppen bewaffneter Männer bewegen sich aufeinander zu.) But what are they going to do? To shoot each other through the head or heart; to stab and butcher each other ... Why so? What harm have they done to one another? Why, none at all. Most of them are entire strangers to each other. But a matter is in dispute... So these countrymen... are to murder each other with all possible

Zwar pflege ein Krieg schon vor seinem Ausbruch die Leidenschaften zu
schüren und die Vorurteile ins Unermessliche wachsen zu lassen[81]; umso
mehr wolle er sich für eine vernünftige Untersuchung der Kontroverse einsetzen, wiewohl auch er selber nicht ganz von Vorurteilen frei sei[82].

Im Falle der Auseinandersetzung zwischen England und seinen nordamerikanischen Kolonien warnt er nachdrücklich vor einer Unterschätzung der
zu erwartenden Härte des Kampfes, in dem es längst nicht mehr um das
Recht der Besteuerung, sondern um weitergehende Rechte, um Verteidigung
des Erworbenen sowie der Familien, um die Durchsetzung und Bewahrung
der Freiheit gehe[83].

Man mache sich klar, welch ein Mut dazu gehört, in einem den Krieg vorbereitenden Land die Meinung öffentlich zu vertreten, der Gegner, „ein unterdrücktes Volk, fordere nicht mehr als seine legalen Rechte, und das in der
bescheidensten und harmlosesten Art, die die Natur der Sache gestattet".[84]
Ebenso fordert er von seinen Freunden diesseits und jenseits des Atlantis
wie von allen vernünftigen Leuten, den Streit zu beenden, dem Feuer keine
weitere Nahrung zu geben und das Äußerste für sein Erlöschen zu tun[85]. Ja,
erst wenn jeder Krieg beendet und kein weiterer mehr begonnen werde,
könnten Menschen wieder für sich in Anspruch nehmen, vernünftige Geschöpfe zu sein[86]; zur Versöhnung und Erneuerung sei aber Gottes Hilfe als
unerlässliche Voraussetzung zu erbitten, er werde schließlich ewigen Frieden
schaffen[87].

Die Glaubwürdigkeit von Wesleys Einsatz für den Frieden und die Beseitigung jeden Krieges wird nicht dadurch beeinträchtigt, dass seine den Ameri-
kanern zunächst gewogene Haltung sich in eine strikte Ablehnung ihrer Position veränderte. Für seine eigene Schrift „A Calm Address to the American
Colonies" übernahm Wesley, wahrscheinlich mit Wissen des ihm befreunde-
ten Verfassers, weitgehend die Argumentation von Samuel Johnson in dessen

---

haste, to prove who is in the right. Now, what an argument is this? What a method of proof?
What an amazing way of deciding controversies! ... At what a price is the decision made! By
the blood and wounds of thousands; the burning cities, ravaging and laying waste the coun-
try." Vgl. L VI, 156 ff.; 160 ff.; Works IX, 222 f.
81 Works XI, 122; IX, 223.
82 L VI, 156 (Brief an Earl Dartmouth, siehe Anm. 62); 161.
83 L VI, 157 f.
84 L VI, 156. 161.
85 Works XI, 123 (A Seasonable Address to the More Serious Part of the Inhabitants of Great
Britain, 1776).
86 So bereits 1757: Works IX, 223.
87 Works XI, 123-128.

Schrift gegen die amerikanische Unabhängigkeitsbewegung „Taxation no Tyranny"[88]. Mit ihr zieht er sich auf das Prinzip der Legalität zurück und fordert die Amerikaner zur Unterwerfung unter die britische Regierung auf; seine eben noch vertretene selbstständige Position wird zugunsten der offiziellen Rechtsauffassung wieder aufgegeben[89]. Der entscheidende Grund für diesen Wechsel war jedoch ein anderer: die Auseinandersetzungen in Amerika hatten die Formen offenen und gewalttätigen Widerstandes angenommen. Das lässt ihn Partei ergreifen für König und Parlament, für Frieden und Ordnung, gegen Krieg und Blutvergießen. Er wendet sich gegen eine Verharmlosung der Sklaverei, mit der die Amerikaner ihre Lage vergleichen, und gegen den Anspruch, nur die Gesetze befolgen zu müssen, die sie durch eigene Vertreter im Parlament mit beschlossen hätten. In einem historischen Überblick versucht er deutlich zu machen – und hier kehren fast die gleichen Argumente wieder, die er gegen die Veränderung der britischen Staatsverfassung angeführt hat – dass sie keinen Grund hätten, sich über einen Mangel an Freiheit zu beklagen oder ein größeres Maß an Freiheit zu fordern[90]. Der Preis, der in einem Bürgerkrieg zu zahlen wäre, sei zu hoch; vernünftige Einsichten müssten sie davon überzeugen und sich von den Verführern trennen lassen, die nicht das Wohl Amerikas, sondern den Sturz des Königs zum Ziel hätten.

Erst nachdem also alle Versuche des Ausgleichs misslungen waren, ergriff Wesley Partei – wohl weil er aus seinen Begrenzungen nur ein Stück weit ausbrechen konnte, doch auch, weil er vom König die möglichst schnelle Beendigung des unseligen Bruderkrieges erhoffte[91], auch hier galt sein Bestreben, so umstritten die Methode war und noch sein mag, letztlich nicht der Beteiligung an psychologischer Kriegführung, sondern der Herstellung und Sicherung des Friedens. Wesleys Parteinahme für den König und das bestehende Recht ist trotz aller auch berechtigten Empörung, die sie ausgelöst hat, zugleich eine solche für Vernunft und Verständigung auf friedlichem Wege. Er war gewiss kein prinzipieller Pazifist, aber die Sorge um das Wohlergehen der Menschen, die Aufrechterhaltung des Friedens und die Bewahrung der Freiheit hat ihn dazu gebracht, den Krieg als ein Mittel der Konfliktlösung zu

---

88 J VI, 66 f., Anm. 3; Works XI, 80; Edwards, John Wesley and the Eighteenth Century, 71; Bett, The Spirit of Methodism, 51; Wallace, John Wesley and the American Revolution, 53 ff.

89 Wallace, a.a.O. 55 f.

90 Works XI, 81 ff. Zum Krieg mit Amerika und Wesleys wechselnder Einstellung siehe Runyon, Schöpfung, 187-190.

91 Wallace, a.a.O. 59.

ächten und an die Vernunft der Kontrahenten zu appellieren. Auch er ist kein Mittel, die Lage einer Gesellschaft zum Besseren hin zu verändern.

9.2.3 Mögliche Wege der Erneuerung

Das wichtigste und wirksamste Mittel, die Gesellschaft zu erneuern, ist in Wesleys Augen die sittliche Veränderung des Einzelnen; denn die Bosheit der Menschen ist das größte Hindernis für die Wohlfahrt aller, Gerechtigkeit der Menschen ihr effektivster Förderer[92]. Reinigung von Lüge, Ungerechtigkeit, Unbarmherzigkeit, Stolz, Parteilichkeit, Zorn, Rache, Verbitterung, Vorurteil, Heuchelei, Engstirnigkeit und Streitsucht und neue, durch den Glaubensgehorsam bewirkte Verhaltensweisen wie Freundlichkeit, Mitleid, Vergebung, Barmherzigkeit, auch Nüchternheit, Mäßigkeit und Fleiß werden Frieden und Wohlergehen aller hervorbringen[93]. Die Beseitigung der Sünde als Ursache aller Übel, sowie ein Leben aus der Liebe zu Gott und allen Menschen bewirken eine umfassende Reform des Lebens der Einzelnen wie der Gesellschaft[94]. Die methodistischen Gemeinschaften und ihre sozialen Arbeitsfelder sind die Orte der Einübung dieses Verhaltens und gegenseitiger Kontrolle[95], der Kampf gegen öffentliche Übelstände ist das geeignete Mittel, über diese Bereiche hinaus zu wirken[96], die weit verbreitete Korruption einzudämmen[97], Schmuggel, Luxus, Alkoholismus und andere sozialschädliche Laster zu beseitigen[98]. Auch gesetzlich abgesicherte Übel wie Sklaverei und den Kauf von Parlamentssitzen greift Wesley öffentlich an, bleibt in seinen Forderungen aber immer unterhalb der Grenze einer Veränderung des Systems[99]. Einzelne Minister und Parlamentarier sind von seinen Angriffen nicht verschont worden[100], gelegentlich fordert er auch bestimmte Maßnah-

---

92 Works IX, 235; Predigt 52: The Reformation of Manners, II. 2f.
93 Predigt 111: National Sins and Miseries, II. 8-10.
94 A Word in Season, or An Advice to an Englishman (Works XI, 182 ff.); IX, 235; A Farther Appeal, Part II, II. 2.6; The Principles of a Methodist Farther Explained, VI. 2 (Works VIII, 470 f).
95 A Plain Account of the People Called Methodists, II. 4.
96 Works VIII, 151 ff.
97 Works IX, 235 (Doctrine of Original Sin).
98 Edwards, After Wesley, 118 f.; Wallace, a.a.O. 61.
99 Gegen Bestechung bei Wahlen: A Farther Appeal, II. 12. Works XI, 196-198 (A Word to a Freeholder).
100 Gegen Bestechung: Works XI, 196; gegen Sklaverei: L VIII, 275; Kritik am Oberhaus: Tagebuch 25. Jan. 1785; allgemeine Kritik: L V, 376 ff.

men zur Beseitigung öffentlicher Übelstände von ihnen[101]; sein generelles Vertrauen in die Funktionsfähigkeit des Regierungssystems bleibt jedoch ohne tiefgreifende Erschütterung.

Die Angst, Unruhe zu stiften oder zu fördern, und sein eingefleischter Toryismus halten ihn davon zurück, wirklich umfassende und grundlegende Reformen zu fordern, die nur der Staat hätte durchführen können, weil sie die Fähigkeiten und Möglichkeiten Einzelner oder kleinerer Gruppen überfordern: eine Vertretung *aller* Engländer, unabhängig von ihrem Einkommen und Besitz, im Parlament und eine gerechte Einteilung der Wahlkreise[102]. Eine Neuordnung des Schulsystems, das allen Kindern bis 14 Jahren eine Ausbildung sicherte und von Locke (1697), sowie A. Smith (1776) gefordert worden ist, hat er nicht verlangt[103]. Er hat nicht gesehen, dass eine Reform der Gefängnisse andere Maßnahmen erfordert als die Bekehrung ihrer Direktoren und lokale Hilfsmaßnahmen. Seine einzigartigen Anstrengungen zur Erleichterung des Loses der Armen haben nicht die Veränderung des Armenrechts zum Ziel gehabt. Er hat ohne Zweifel richtig erkannt, dass institutionelle Maßnahmen ohne das personale Ethos der für sie Verantwortlichen auf die Dauer wenig positive Wirkungen erbringen; er hat nicht gesehen, dass die sozialen Anstrengungen kleiner Gruppen und einzelner Personen in einem bestehenden System auf längere Sicht keine wirksamen Veränderungen erbringen können, weil sie nur punktuell ansetzen und von der persönlichen und begrenzten Initiative ihrer Träger abhängig sind[104].

---

101 Steuerwesen: L VII, 234 f (Brief vom 6. Sep. 1784 an William Pitt); wirtschaftliche Eingriffe: J VIII, 327 f. 334 f.; L VI, 159 (Earl of Dartmouth).

102 Edwards, This Methodism, 41 f.: „Half the seats in the Commons could be bought or were in the hands of great landowners. Birmingham and Manchester, Leeds and Sheffield had no representatives. Yorkshire had one member, but Cornwall had forty-two members. Old Sarum, which was an ancient wall; the ruins of a village, had two members. The new industrial areas had no voice in the Commons" Cf. Wearmouth, a.a.O. 129. 220 f.; Nicolson, a.a.O. 433; Kluxen, Geschichte Englands, 427 ff.

103 Vgl. Wesleys England, 270 f.

104 Sein sozialethischer Ansatz hätte ihn, wie wir noch zeigen wollen, weiterführen können; seine Praxis aber reicht im wesentlichen nicht über die der Urchristenheit hinaus. Vgl. Dibelius, Das soziale Motiv im Neuen Testament, 181 f.; Troeltsch, Die Sozialphilosophie des Christentums, 7.

10 Schlussbemerkungen

Nachdem wir uns in einer Tour d'horizon die wesentlichen Elemente der Sozialethik Wesleys, ihrer Prinzipien wie ihrer praktischen Auswirkungen vor Augen geführt haben, muss eine letzte systematisch-theologische Bemühung darauf gerichtet sein, die Summe der Einzelbeobachtungen und -analysen auf die in ihnen zum Tragen kommenden Grundlagen zurückzuführen und in einer Zusammenfassung eine theologische Bewertung zu versuchen, d. h. Vorzüge und Schwächen herauszuarbeiten.

10.1 Die Schwächen der Sozialethik Wesleys

Wesleys Lehre und Beispiel haben – vor allem, aber nicht nur durch spätere Vereinseitigungen – auch zu Fehlentwicklungen geführt, die aus der Sicht des historisch Späteren leichter erkannt und nur beklagt werden können[1].

10.1.1 Die konservative Staatsauffassung

Nicht allein die traditionelle Ableitung der staatlichen Macht von Gott, sondern die ererbte und nie in Frage gestellte Tory-Überzeugung, die eigenen Erfahrungen mit Unruhestiftern und das erklärliche Bedürfnis, die Loyalität der neuen Bewegung überzeugend herauszustellen und sie von jedem Verdacht der Staatsfeindschaft rein zu halten, haben den Staat und vor allem seinen höchsten Repräsentanten, den König, über jede Kritik erhoben, die mehr als einzelne negative Randerscheinungen hätte angreifen wollen. Dazu kommt, dass die Vertreter republikanischer Bewegungen, die auf Grund ihrer politischen Überzeugung auch in Gegensatz zur Staatskirche geraten müssen, als gottlos und christentumsfeindlich erscheinen und damit die Parteinahme Wesleys für die bestehende Ordnung noch erleichtern.

Bei allem Mut, den Wesley auch vor hochgestellten Persönlichkeiten bewiesen hat, darf doch nicht verschwiegen werden, dass er dem Staat gegen-

---

1 Von geringfügigen Fehlentscheidungen, wie dem Verbot des Schreibenlehrens in Sonntagsschulen durch die Konferenz von 1814 (Warner, The Wesleyan Movement in the Industrial Revolution, 235), über seine kritiklose Unterstützung von König und Parlament (Thompson, a.a.O. 350; Edwards, This Methodism, 19 f.) bis zur Ausstoßung politisch tätiger Mitglieder und der religiösen Ächtung aller Reformbewegungen (Edwards, After Wesley, 87 ff.; Edwards, Methodism and the Chartist Movement, 304 f.; Sangster, a.a.O. 55 ff.).

über einen großen Teil seiner Kritikfähigkeit verloren hat und darum von dem Vorwurf nicht freizusprechen ist, mit zweierlei Maß gemessen zu haben[2]. Das seinen Predigern auferlegte Verbot, über politische Themen zu predigen, kennt nur eine Ausnahme: die Entschuldigung und Verteidigung des Königs und seiner Regierung, und muss darum auf längere Sicht die offiziellen Vertreter des Methodismus zu kritikunfähigen Stützen der Gesellschaft machen, die die dynamische, Gesellschaft verändernde Kraft derselben Bewegung weitgehend konterkarieren bzw. die von ihr Getriebenen aus der neu entstehenden Kirche hinausdrängen.

10.1.2 Der Verzicht auf strukturelle Änderungen der Gesellschaft

Die eben geschilderte Einstellung Wesleys hat als weiteren Mangel seiner Sozialethik den Verzicht auf jede Forderung nach grundlegenden Veränderungen gesellschaftlicher Strukturen zur Folge gehabt. Man kann es Wesley sicher nicht zur Last legen, dass er die schlimmen Folgen der Industriellen Revolution, wie sie das 19. Jahrhundert kennen lernen sollte, nicht vorausgesehen hat. Immerhin hat er die Enteignung vieler Bauern durch die Landeinhegung, die katastrophalen Zustände in den Gefängnissen und Armenhäusern, den Luxus der Reichen, die wirtschaftliche Not weiter Bevölkerungsschichten, die Ungerechtigkeit in der Gerichtspraxis und in der Steuererhebung und viele andere Übelstände angeprangert, ohne Gesetzesänderungen oder gar eine Reform des Parlaments zu fordern.

Er hat Einzelne und Gruppen auf Grund ihrer humanitären Gesinnung oder ihrer Verantwortlichkeit dazu aufgefordert, Maßnahmen zur Beseitigung der Notlagen in Angriff zu nehmen, ohne dafür zu sorgen, dass diese Maßnahmen gesetzlich und institutionell gefestigt und abgesichert werden.

Die Kehrseite seines Bemühens, das soziale Gewissen vieler zu wecken, liegt in dem Verzicht, den Staat als den höchsten Träger der Verantwortung für seine Bürger dazu aufzufordern, die notwendigen gesellschaftlichen Veränderungen herbeizuführen, ohne die jede private Initiative dazu verurteilt ist, schon im Augenblick ihres Einsatzes, noch mehr aber im längeren zeitlichen Verlauf nur zu wenig bewirken zu können. Das aber hätte Wesley an die

---

2   Am 25. 10. 1760 schreibt er in sein Tagebuch: „King George (II) was gathered to his fathers. When will England have a better Prince?" (WJW 21, 285.) Dazu bemerkt Simon (John Wesley, the Master-Builder, 95): „We know that Wesley was distinguished for his Loyalty to the reigning monarch; but if the word ‚better' refers to the King's moral character, and his devotion to the interests of England, we wonder at the question." Vgl. auch den Fall John Wilkes: Kluxen, a.a.O. 468 ff. Edwards, John Wesley and the Eighteenth Century, 63 f.

Seite der politischen Reformbewegungen bringen müssen, von denen er sich
so entschieden abgesetzt hat (mit Ausnahme der Anti-Sklaverei-Bewegung).
Es ist ohne weiteres einzusehen, dass beide bisher genannten Schwächen
nicht notwendig im System seiner Sozialethik, sondern mehr in der zeitge-
bundenen persönlichen Einstellung Wesleys begründet sind. Sein ethischer
Ansatz hätte ihn in der Praxis weiterführen können, wenn diese Begrenzungen ihn nicht eingeengt hätten. Was der historischen Betrachtung der Wirkungen Wesleys darum als Mangel erscheint, kann doch in der systemati-
schen als nicht wesentlich betrachtet und bei der Herausarbeitung der
grundlegenden Prinzipien vernachlässigt werden.
Dasselbe gilt auch für den letzten Mangel, der in diesem Rahmen noch
angeführt werden muss:

10.1.3 Die mangelhaften Kenntnisse kausaler Zusammenhänge

Die Ratschläge, die Wesley für die Erfüllung der größeren sozialen Aufgaben
erteilt, machen häufig deutlich, dass ihm die tieferen Zusammenhänge politischer oder ökonomischer Entwicklungen verborgen geblieben sind. Darum
klingen seine Lösungsvorschläge, worauf auch früher schon hingewiesen
worden ist[3], in vielen Fällen naiv und oberflächlich. Die Ursachen für solche
Unkenntnis sind einerseits wieder seine Befangenheit in politischen Fragen,
andererseits aber auch die fehlende Muße, sich mit solchen Problemen litera-
risch zu befassen und sich die nötigen Kenntnisse zu verschaffen, wie das
Fehlen entsprechender Forschungsergebnisse und Publikationen überhaupt.
Dem sorgfältigen Beobachter wird es daher nicht schwer fallen, diesen Mangel zu verstehen und sich selbst vor kurzschlüssigen Folgerungen zu hüten.

10.2 Die Vorzüge der Sozialethik Wesleys

Sie lassen sich im Wesentlichen in vier spannungsvoll und komplementär einander zugeordneten Begriffspaaren zusammenfassen.

---

3   Vgl. MacArthur, Sommer und Gifford mit ihren im Literaturverzeichnis angeführten Wer-
     ken.

10.2.1 Glaube und Werke

Trotz der mit ihr verbundenen und Wesley durchaus bewussten Gefahr des Abgleitens in Werkgerechtigkeit bildet doch gerade diese Verbindung ein wesentliches Grundelement der Ethik Wesleys. Unbelastet von der Auseinandersetzung mit dem mittelalterlichen Katholizismus, die den theologischen Kampf Luthers bestimmt und seine Rechtfertigungslehre mitgeprägt hat, kann Wesley den Werken einen höheren Rang einräumen, ohne dass seine Soteriologie damit ihre reformatorische Qualität verliert. Sie bleiben einerseits dem Glauben bzw. der Gnadenwirkung Gottes immer nachgeordnet und können niemals meritorische Funktion erhalten, sind aber andererseits als notwendige Folge des Glaubens diesem wesentlich zugehörig, so dass im Normalfall, d. h. wenn Zeit und Gelegenheit vorhanden sind, kein Glaube ohne Werke sein kann. Mit dieser Verbindung wird die Ethik vor dem Schicksal, bloßes Anhängsel der Dogmatik zu sein, bewahrt, und sie erhält den Status eines elementum necessarium christlicher Existenz. Der Glaube kann die Probe seiner Echtheit und Lebendigkeit nicht bestehen, wenn er darauf verzichtet, gute Werke als Frucht hervorzubringen, ja, sein eigener Fortbestand, seine perseverantia, ist in höchstem Maße gefährdet, wenn er nicht das ganze Leben und Handeln des Christen in fortschreitender Heiligung durchdringt und bestimmt. Damit wird dem wahren Glauben die rechte praxis fidei als Wesensmerkmal eines christlichen Lebens zugeordnet.

10.2.2 Liebe und Vernunft

Gewiss hat auch das biblische Moralgesetz für den Christen den Charakter unveränderter Verbindlichkeit; da sein Hauptinhalt aber die Liebe ist und da die sozialen Herausforderungen der Gegenwart selten mit einem Rückgriff auf klare biblische Anweisungen beantwortet werden können, sind die konkreten Einzelgebote der Sozialethik im Prinzip das Ergebnis einer durch vernünftige Überlegungen vollzogenen Anwendung des Liebesgebotes.

In dieser Verbindung können beide Elemente in ihrer Bedeutung für die Ethik kaum überschätzt werden. Die Liebe zu anderen Menschen, geboren aus der Erfahrung der unbedingten Liebe Gottes, schafft jene Voraussetzungen des sozialen Engagements, die wir mit sozialer Sensibilität, solidarischer Gemeinschaft und Mitleiden mit anderen (compassion) umschrieben haben. Sie weckt das Gewissen zur Übernahme von Verantwortung für das Schicksal der Zeitgenossen, unabhängig von deren eigner religiöser, sittlicher oder sozialer Qualität. Sie gibt den von der Aufklärung herausgestellten allgemeinen

Menschenrechten die Kraft, im praktischen Handeln die Grenzen der Rasse, der Nationalität und der Zuordnung zu bestimmten Schichten der Gesellschaft zu überschreiten und alle Menschen als Empfänger liebevoller Zuwendung anzuerkennen. Sie enthält auch den Egalitarismus als potenziell revolutionäres Element, das in einem Teil der Geschichte des Methodismus zur Verbindung mit der Gewerkschaftsbewegung und dem politischen Liberalismus geführt hat[4].

Die vernünftige Überlegung verschafft der Sozialethik, bei identisch bleibendem Fundament, die Freiheit, sich den Erfordernissen der jeweiligen Situation anzupassen und geschichtlich entstandene ethische Muster nicht über die Zeit ihrer sinnvollen Anwendung hinaus zu perpetuieren[5]. Sie gibt über diese Beweglichkeit hinaus dem mündigen Christen die Möglichkeit, ohne einen umfassenden Katalog kasuistischer Anweisungen in der sich ihm stellenden Situation das sittlich Gebotene zu erkennen und zu tun[6].

10.2.3 Individuum und Gesellschaft

Die Erneuerung des einzelnen Menschen in Rechtfertigung und Heiligung ist ohne Zweifel das primäre Anliegen 4er Verkündigung Wesleys gewesen. Von einem so veränderten Menschen erwartete er in erster Linie die Impulse, die eine allmähliche Veränderung der ganzen Gesellschaft hervorbringen sollen. Aber dieses Ziel, das gelegentlich sogar visionäre Züge annimmt[7], hat er doch nie aus den Augen verloren.

Der Bekehrte wird aus seinen gesellschaftlichen Bezügen nicht in christliche Zirkel zurückgeholt, um dort, scheinbar ungefährdet durch nichtchristliche Einflüsse, seine Frömmigkeit pflegen zu können, sondern er wird in den weltlichen Lebensbereich als den Ort der Bezeugung seines Glaubens und der Betätigung der Liebe mit aller Entschiedenheit hineingeschickt. Die methodistischen Gruppen haben nicht die Aufgabe, unweltliche Existenz zu erleichtern oder zu ermöglichen, sondern vielmehr die, soziale Verhaltensweisen

---

4   Walsh, HMC I, 307; Vester, Die Entstehung des Proletariats als Lernprozeß, 96; Sangster, Methodism, 52 f. 59; Edwards, Methodism and the Chartist Movement, 306 f.; Thompson, The Making of the English Working Class, 391.

5   Darum ist die Aussage von Williams (Die Theologie John Wesleys, 27), Wesley schöpfe seine Ethik „ausschließlich aus der Offenbarung", einseitig und unkorrekt.

6   Vgl. dazu die grobe Entstellung bei Luthardt, Geschichte der christlichen Ethik, 2. Hälfte, 338 f., die sich mit Sekundärzitaten als Belegen begnügt!

7   „The time will come when Christianity will prevail overall, and cover the earth ... a Christian world", eine Welt des Friedens und der Liebe: Predigt 4: Scriptural Christianity, III. 1ff. Vgl. L IV, 294 (Brief vom 24. Apr. 1765 an Dr. Erskine).

einzuüben, Sensibilität für die Nöte anderer zu entwickeln und wirksame Hilfsmaßnahmen in Gang zu setzen. Erst durch die Hereinnahme gesellschaftlich entwurzelter Menschen, die die wirtschaftliche Entwicklung aus ihrer ursprünglichen Umgebung vertrieben hatte, in neue soziale Bezugsfelder, sind diese befähigt worden, ihr Leben nach neuen Maßstäben zu gestalten und damit eine Voraussetzung für soziale Aktivitäten zu schaffen. Die methodistischen Klassen haben von Anfang an – wenn auch nicht für immer – diesen doppelten Zweck zu erfüllen gehabt: dem Einzelnen zu neuer Identität und zum Bewusstsein seiner eigenen Wertigkeit zu verhelfen und als Ausgangsbasis für soziale Aktivität innerhalb und außerhalb ihrer selbst zu dienen. In ihnen wurden auch solche demokratischen Grundregeln gelernt, die später eine große Zahl methodistischer Laien zu führenden Persönlichkeiten der Gewerkschafts- und der politischen Reformbewegungen machen sollten[8].

10.2.4 Praxis und Theorie

Mit einem gewissen Vorbehalt, der allen Werturteilen im Bereich der Geschichtswissenschaft gegenüber angebracht ist, lässt sich wohl die Behauptung aufstellen, dass Wesley deshalb als größter Sozialreformer seiner Zeit gilt, weil es ihm gelungen ist, sozialethische Theorie und Praxis in eine enge, beide Teile wechselseitig fördernde Verbindung zu bringen. Seine Theorie ist immer dann am eigenständigsten, wenn er sich die Probleme von der gesellschaftlichen Situation stellen lässt; und sie ist trotz des begrenzten Potenzials eigener Ideen dadurch so wirksam geworden, dass er sie in praktische Maßnahmen zu übersetzen versteht. Seine wache Beobachtungsgabe und der auf seinen weiten Predigtreisen ständig gepflegte Kontakt mit allen Gruppen der englischen Bevölkerung verschaffen ihm einen Einblick in die Vielfalt und Schwere sozialer Probleme, wie ihn zu seiner Zeit kaum ein anderer besessen haben dürfte. Dabei begnügt er sich nicht mit öffentlicher Denunziation der Übelstände in Predigten und Schriften, sondern versucht zugleich, wo ihm das möglich erscheint, direkt oder indirekt praktische Lösungsversuche zu initiieren, sie reflektierend zu begleiten, sie von Zeit zu Zeit in ihrer Effektivität zu überprüfen und notfalls zu korrigieren.

Damit bewirkt er ein Doppeltes: er leitet andere dazu an, soziale Probleme möglichst früh zu erkennen und sie auf ihre Ursachen hin zu untersuchen, und er macht ihnen klar, dass Analysen allein keine Lösung bedeuten, solan-

---

8   Schmidt, RGG³ IV, 915; Edwards, HMC I, 59; Cameron, Methodism and Society in Historical Perspective, 74 f.

ge aus ihnen nicht die notwendigen praktischen Konsequenzen gezogen werden. Mit beidem, den Analysen und den vorgeschlagenen Maßnahmen, hat er
– wie wir gesehen haben – nicht immer das Richtige getroffen; aber sein Vorgehen hat doch beispielhaft gewirkt und damit „humanitäre Wellen" ausgelöst, die zu weiterreichenden Reformen geführt haben, als er sie selbst im
Blick hatte[9].

Aufs ganze gesehen ist der Ansatz der Ethik Wesleys bei der universalen
Liebe Gottes, die sich jeder religiösen Überhöhung sozialer Missstände ver-
weigert[10], und der vernünftigen Situationsanalyse, die zu praktischen Konsequenzen Motivation und konkrete Handlungsanweisungen liefern, nicht nur
für seine eigene Zeit als weiterführend und hilfreich zu betrachten. Sie kann
auch für die heutige ethische Reflexion und für die Einordnung umfassender
sozialer Verantwortung in den Lebensvollzug von Christen und Nichtchristen
bedenkenswerte Anregungen liefern.

---

9   Nicolson, Das Zeitalter der Vernunft, 453; Kluxen, Geschichte Englands, 528 f.
10   Auch aus diesem Grunde hat er die im sozialen Bereich statisch wirkende Prädestinations-
     lehre abgelehnt.

Literaturverzeichnis

Quellen

The Works of John Wesley. [Kritische Ausgabe, begonnen 1975 als Oxford Edition, in der aber nur Band 11, hg. von G. R. Cragg, erschienen ist; fortgeführt als Bicentennial Edition, hg. von Frank Baker u.a.], Nashville 1984ff. [Bis 2007 sind 16 Bände erschienen.] (Abgekürzt WJW)

The Journal of John Wesley, Standard Edition, Band I -VIII, ed. N. Curnock, London 1938. (Abgekürzt: J)

The Letters of John Wesley Standard Edition, Band I -VIII, ed. J. Telford, London 1931. (Abgekürzt: L)

Wesley's Standard Sermons, Band I-II, ed. E. H. Sugden, London 1921. (Abgekürzt: S)

The Works of John Wesley, Band I-XIV, Authorized Edition des Wesleyan Conference Office in London, photomechanischer Nachdruck, Grand Rapids/Michigan 1958/59. (Abgekürzt: Works)

John Wesley, A Survey of the Wisdom of God in the Creation: or a Compendium of Natural Philosophy, Band I -II, Bristol 1770. (Abgekürzt: NPh)

John Wesley, Explanatory Notes upon the New Testament, London 1831. (Abgekürzt: EN)

John Wesley, Primitive Physic: or An Easy and Natural Method of Curing Most Diseases, ed. A. W. Hill, London 1960.

Arminian Magazine, London 1778 ff. (Abgekürzt: AM)

Anthologien:

John Wesley, ed. Albert C. Outler, New York 1964 (Pb 1980).

John Wesley's Sermons. An Anthology, ed. Albert C. Outler und Richard P. Heitzenrater, Nashville 1991.

John Wesley's Theology. A Collection from His Works, ed. Robert W. Burtner und Robert E. Chiles, Nashville 1954, repr. 1984.

John and Charles Wesley, ed. F. Whaling, London 1981.

The Poetical Works of John and Charles Wesley, ed. George Osborne, 13 Bände, London 1868 -72.

Deutsche Übersetzungen

Die 53 Lehrpredigten, Stuttgart 1993.

Die Kennzeichen eines Methodisten, bearbeitet und mit einem Nachwort versehen von Manfred Marquardt, Stuttgart 1996.

Das Tagebuch John Wesleys, Frankfurt a. M. o.J. (Auszug).

Gedanken über die Sklaverei. Übersetzung, Erläuterung und Würdigung von Petra Hölscher, BGEmK 24, 1986.

Der rechte Gebrauch des Geldes (Predigt 50); hg. von Karl Steckel (BGEmK 19), Stuttgart 1985.
Johannes Wesleys Tagebuch, übersetzt von P. Scharpff, Bremen 1938.
Über das Besuchen von Kranken (= Predigt 98, On Visiting the Sick), übersetzt von T. Leßmann, MSGEmK 1987, Heft 1.

Nachschlagewerke

New Cambridge Modern History. (Abgekürzt: NCMH)
Volume II, The Reformation, 1520 -1559, ed. G. R. Elton, Cambridge 1958.
Volume VII, The Old Regime, 1713 -1763, ed. J. O. Lindsay, Cambridge 1963.
Volume VIII, The American and French Revolutions, 1763 -93, ed. A. Goodwin, Cambridge 1965.
[Einzelne Artikel aus anderen Nachschlagewerken sind in den Fußnoten belegt.]

Zeitschriften, Sammelwerke

A History of the Methodist Church in Great Britain, Band I, ed. R. Davies, G. Rupp, London 1965. (Abgekürzt: HMC I)
Beiträge zur Geschichte der Evangelisch-methodistischen Kirche, Stuttgart 1974-1997. (Abgekürzt BGEmK)
Beiträge zur Geschichte des Methodismus, Bremen 1930-1941; Frankfurt/M. 1961-1968; Stuttgart 1970. (Abgekürzt BGM)
Der Methodismus. Hg. von C. E. Sommer. (Die Kirchen in der Welt, ed. H. H. Harms u. a., Band IV) Stuttgart 1968.
EmK Geschichte. Quellen – Studien – Mitteilungen, 2001ff. (Abgekürzt EmKG)
EmK Geschichte. Monographien, 2001ff. (Abgekürzt EmKG.M)
London Quarterly and Holborn Review. (Abgekürzt: LQHR)
Methodismus in Dokumenten. Eine Sammlung zum Verständnis von Glaube und Leben einer Freikirche, Zürich 1947ff. (Abgekürzt MiD)
Mitteilungen der Studiengemeinschaft für Geschichte der Evangelischmethodistischen Kirche, Reutlingen 1980-2000. (Abgekürzt MSGEmK)
Mitteilungen der Studiengemeinschaft für Geschichte des Methodismus, Frankfurt/M. 1962-67. (Abgekürzt MSGM)
Proceedings of the Wesley Historical Society, Volumes I -XXXV, verschiedene Orte, zuletzt London 1897 -1966. (Abgekürzt: WHS)

Sekundärliteratur

Althaus, P., Die Theologie Martin Luthers, Gütersloh, 1972 (3. A.).
Armytage, W. H. G., Four Hundred Years of English Education, Cambridge 1970 (2.A.).

Armytage, W. H. G., Heaven Below: Utopian Experiments in England. 1560 -1960, London 1961.

Baker, F., Methodism and the '45 Rebellion, LQHR CLXXII, 1947, 325 -333.

Barclay, R., The Inner Life of the Religious Societies of the Commonwealth, London 1879 (3. A.).

Bedford-Strohm, H., Art. Sozialethik, EKL[3] IV, 325-334.

Berneburg, Erhard, Das Verhältnis von Verkündigung und sozialer Aktion in der evangelikalen Missionstheorie, Witten 2003.

Bett, H., The Spirit of Methodism, London 1943.

Beyreuther, E., Art. Quietismus, RGG[3] V, 736 -738.

Beyreuther, E., Zinzendorf und die Christenheit, 1732 -1760, Marburg 1961.

Beyreuther, E., Zinzendorf und Luther, in: LuJ 1961, 1 -12.

Blaser, Klauspeter, Wenn Gott schwarz wäre ... Das Problem des Rassismus in Theologie und christlicher Praxis, Zürich/Freiburg 1972.

Body, A. H., John Wesley and Education, London 1936.

Bready, J. W., England Before and After Wesley, London [3]1939.

Bready, J. W., Wesley and Democracy, Toronto 1939.

Burckhardt, Johann Gottlieb, Vollständige Geschichte der Methodisten in England, Nürnberg 1795, neu herausgegeben und mit einer Einführung versehen von Michel Weyer, Stuttgart 1995.

Butterfield, H., England in the Eighteenth Century, in: HMC I, 1 -33.

Cameron, R. M., Methodism and Society in Historical Perspective, New York 1961.

Cannon, W. R., The Theology of John Wesley. With Special Reference to the Doctrine of Justification, New York/Nashville 1946.

Carpenter, S. C, Church and People, 1789 -1889, London 1959.

Carter, H., Das Erbe Johannes Wesleys und die Ökumene, Zürich 1951.

Cave, S., The Christian Way. A Study of New Testament Ethics in Relation to Present Problems, London 1949.

Cell, G. C, The Rediscovery of John Wesley, New York 1935.

Clarkson, L. A., The Pre-Industrial Economy in England, 1500 -1750, London 1971.

Cole, G. D./Postgate, R., The Common People, 1746 -1946, Bristol 1963.

Cragg, G. R., The Churchman, in: Man Versus Society in Eighteenth-Century Britain, ed. J. L. Clifford, Cambridge 1968.

Cross, W. C, Wesley and Medicine, in: The Magazine for the Wesleyan Methodist Church, 137 (1914), 613 -618.

Davies, R. E., Methodism, Pelican-Book, 1963; 4. Auflage, London 1999.

Dibelius, M., Das soziale Motiv im Neuen Testament, in: Botschaft und Geschichte, Band I, 178 -203, Tübingen 1953 (1934).

Dimond, S. G., The Psychology of Methodism, London 1932.

Edwards, M., After Wesley. A Study of the Social and Political Influence of Methodism in the Middle Period (1791 -1849), London 1948.

Edwards, M., John Wesley and the Eighteenth Century. A Study of His Social and Political Influence, London 1955.

Edwards, M., This Methodism, London 1939.

Edwards, M. S., Methodism and the Chartist Movement, LQHR 191 (1966), 301 -310.

Eicken, E. von, Rechtfertigung und Heiligung bei Wesley, dargestellt unter Vergleichung mit den Anschauungen Luthers und des Luthertums, Heidelberg, 1934 (Diss. theol).

Elert, W., Morphologie des Luthertums, Band II: Soziallehren und Sozialwirkungen des Luthertums, München 1932.

Engels, F., Die Lage der arbeitenden Klasse in England, München 1973 (1845).

Faulkner, J. A., Wesley as Sociologist, Theologian and Churchman, New York 1918.

Fischoff, E., Die protestantische Ethik und der Geist des Kapitalismus, in: Social Research XI, (1944), 53-77; abgedruckt in: M. Weber, Die protestantische Ethik II, ed. J. Winckelmann, 346 -379.

Flachsmeier, H. R., John Wesley als Sozialhygieniker und Arzt, Hamburg 1957 (Diss. med.).

Frost, S. B., Die Autoritätslehre in den Werken John Wesleys, München 1938.

Gerdes, E. W., John Wesleys Lehre von der Gottesebenbildlichkeit des Menschen, Kiel 1958 (Diss. theol., masch.).

Gifford, W. A., John Wesley: Patriot and Statesman, Toronto 1922.

Gill, F. C., The Romantic Movement and Methodism. A Study of English Romanticism and the Evangelical Revival, London 1937.

Gisler, G., John Wesleys Tätigkeit und Bedeutung als Arzt, in: Schweizer Evangelist 35 (1928), 221-223. 240 f. 255 -257. 270-273. 284 f. 306 f. 318 f.

Green, J. B., John Wesley and William Law, London 1945. Green, V. H. H., The Young Mister Wesley. A Study of John Wesley and Oxford, London 1961.

Gülzow, H., Kirche und Sklaverei in den ersten zwei Jahrhunderten. Unter besonderer Berücksichtigung der römischen Gemeinde, Kiel 1966 (Diss. theol., masch.).

Gunter, W. S., The Limits of "Love Divine". John Wesley's Response to Antinomianism and Enthusiasm, Nashville 1989.

Halévy, E., The Birth of Methodism in England. Translated and Edited by B. Semmel, Chicago 1971.

Harding, F. A. J., The Social Impact of the Evangelical Revival, London 1947.

Härle, W., Allein aus Glauben! – Und was ist mit den guten Werken? ThfPr 31, 2005, Fs für Manfred Marquardt, 32-43; Abdruck in: ders., Christlicher Glaube in unserer Lebenswelt. Studien zur Ekklesiologie und zur Ethik, Leipzig 2007, 13f.156-167.

Heitzenrater, R. P., John Wesley und der frühe Methodismus, Göttingen 2007.

Heitzenrater, R. P., The Elusive Mr. Wesley, 2 Bände, Nashville 1984.

Heitzenrater, R. P. (ed.), The Poor and the People Called Methodists. 1729-1999, Nashville 2002.

Heussi, K., Kompendium der Kirchengeschichte, Tübingen [18]1991.

Hildebrandt, F., Christianity According to the Wesleys, London 1956.

Hildebrandt, F., From Luther to Wesley, London 1951.

Hill, A. W., John Wesley among the Physicians. A Study of i8th-century Medicine, London 1958.

Hobsbawm, E. J., Labouring Men, London 1968.

Hoffmann, G., Seinsharmonie und Heilsgeschichte bei Jonathan Edwards, Göttingen 1956 (Diss. theol.).

Hubery, D. S., Unterweisung und Erziehung, in: Der Methodismus, 252 -261.

Hutton, W. H., John Wesley, London 1927.

Hynson, Leon O., To Reform the Nation. Theological Foundations of Wesley's Ethics, Grand Rapids 1984.

Jennings, Theodor W., Jr., Good News to the Poor. John Wesley's Evangelical Economics, Nashville 1990.

Kawerau, P., Kirchengeschichte Nordamerikas, in: Die Kirche in ihrer Geschichte. Ein Handbuch. Hg. von K. D. Schmidt und E. Wolf, Bd. 4, S 1 – S 22.

Kingdon, R. M., Laissez-faire or government control: a problem for John Wesley, in: Church History 26 (1957), 342 -354.

Kluxen, K., Geschichte Englands. Von den Anfängen bis zur Gegenwart, Stuttgart 1968.

Kluxen, K., Das Problem der politischen Opposition. Entwicklung und Wesen der englischen Zweiparteienpolitik im 18. Jahrhundert, Freiburg/München 1956.

Knox, R. A., Christliches Schwärmertum. Ein Beitrag zur Religionsgeschichte, Köln/Olten 1957.

Knudson, A., The Principles of Christian Ethics, New York/Nashville 1943.

Kraft, Thomas, Pietismus und Methodismus. Sozialethik und Reformprogramme von August Hermann Francke und John Wesley im Vergleich (EmKG.M 47), Stuttgart 2001.

Kuczynski, J., Die Geschichte der Lage der Arbeiter unter dem Kapitalismus, Band 22 und 23, Berlin 1961 -62.

Lacy, H. E., Authority in John Wesley, LQHR 189 (1964), 114 -119.

Lang, A., Puritanismus und Pietismus. Studien zu ihrer Entwicklung von M. Butzer bis zum Methodismus (Beiträge zur Geschichte und Lehre der Reformierten Kirche, 6. Band), Neukirchen 1941.

Lean, G., John Wesley – Revolution der Herzen, Giessen/Basel ⁵1996.

Lecky, W. H., A History of England in the Eighteenth Century, Band 3, London 1917.

Leger, A., La jeunesse de Wesley, Paris 1910.

Lerch, D., Heil und Heiligung bei John Wesley, dargestellt unter besonderer Berücksichtigung seiner Anmerkung zum Neuen Testament, Zürich 1941.

Lincoln, A., Some Political and Social Ideas of English Dissent, 1763 -1800, Cambridge 1938.

Lockyer, T. F., Paul: Luther: Wesley. A Study in Religious Experience as Illustrative of the Ethic of Christianity, London 1922.

Loofs, F., Art. Methodismus, RE³ XII, 747 -801.

Lotz, A., Sklaverei, Staatskirche und Freikirche. Die englischen Bekenntnisse im Kampf um die Aufhebung von Sklavenhandel und Sklaverei (Kölner Anglistische Arbeiten, Band 9), Leipzig 1929.

Luthardt, C. E., Geschichte der christlichen Ethik, 2. Hälfte: Geschichte der christlichen Ethik seit der Reformation, Leipzig 1893.

MacArthur, K. W., The Economic Ethics of John Wesley, New York/Cincinnati/Chicago 1936.

Madron, T. W., John Wesley on Race: A Christian View of Equality, Methodist History II (1963/64), 4, 24-34.

Madron, T. W., Some Economic Aspects of John Wesley 's Thought Revisited, in: Methodist History IV (1965/66), 1, 33 -43.

Marlowe, J., The Puritan Tradition in English Life, London 1956.

Marquardt, M., In der Liebe wachsen. Das wesleyanische Verständnis der Heiligung, Una Sancta 54, 1999, 304 -313.

Marquardt, M., Gesetz und Evangelium als Grundlage ethischen Handelns. in: Lena Lybæk u.a. (Hgg): Gemeinschaft der Kirchen und gesellschaftliche Verantwortung. Die Würde des Anderen und das Recht, anders zu denken (Fs. für Erich Geldbach), Münster 2004, S.213-222.

Marsh, D. L., Methodism and Early Methodist Theological Education, in: Methodist History I (1963/64), 1, 3 -13.

Mathews, H. F., Methodism and the Education of the People. 1791-1851. London 1949.

Meeks, M. D. (ed.), The Portion of the Poor. Good News to the Poor in the Wesleyan Tradition, Nashville 1995.

Michael, W., Englische Geschichte im achtzehnten Jahrhundert, Band 1-5. Hamburg/Leipzig/Basel 1896-1955.

Monk, R. C, John Wesley. His Puritan Heritage. A Study of the Christian Life. Nashville 1966.

Muelder, W. G., Methodism's Contribution to Social Reform, in: Methodism, ed. W. K. Anderson, 192 -205, Cincinnati 1947.

Newton, J. A., Methodism and the Puritans, London 1964.

Nicolson, H., Das Zeitalter der Vernunft, München/Basel 1961.

Niebuhr, H. R., Art. Individual- und Sozialethik, RGG[3] III, 715 -720.

North, E. M., Early Methodist Philanthropy, New York/Cincinnati 1914.

Nuelsen, J. L., John Wesley als Bahnbrecher der inneren Mission und der sozialen Reform, in: Deutsch-Amerikanische Zeitschrift für Theologie und Kirche 24 (1903/04), 1-14.

Nuelsen, J. L., Kurzgefasste Geschichte des Methodismus von seinen Anfängen bis zur Gegenwart, Bremen [2]1929.

Orcibal, J., The Theological Originality of John Wesley and Continental Spirituality, in: HMC I, 81-111.

Outler, A. C., Das theologische Denken John Wesleys, kommentiert für unsere Zeit. Aus dem Amerikanischen von Helmut Nausner, Stuttgart 1991.

Outler, A. C, John Wesley (A Library of Protestant Thought, Band 1), New York 1964.

Outler, A. C, Theologische Akzente, in: Der Methodismus, 84 -102.

Pask, A. H., The Influence of Arminius on John Wesley, LQHR 185 (1960), 258 -263.

Pfaff-Giesberg, R., Geschichte der Sklaverei, Meisenheim/Glan 1955.

Piette, M., La Réaction Wesléyenne dans l'Evolution Protestante (Dissertationes ad gradum magistri in Facultate Theologica consequendum conscriptae, Series II, Tomus 16), Brüssel/Löwen 1925.

Plumb, J. H., England in the Eighteenth Century, Harmondsworth 1950.

Pollock, J., John Wesley, 1703-1791, Stuttgart 1990.

Prince, J. W., Wesley on Religious Education. A Study of John Wesley 's Theories and Methods of the Education of Children in Religion, New York/Cincinnati 1926.

Purifoy, L. M., The Methodist Anti-Slavery Tradition, 1784 -1844, in: Methodist History IV, (1965/66), 4, 3-16.

Rack, Henry D., Reasonable Enthusiast. John Wesley and the Rise of Methodism, London 1989, ²2002.

Rattenbury, J. E., Wesley's Legacy to the World. Six Studies in the Permanent Values of the Evangelical Revival, London ³1938.

Renders, Helmut, John Wesley als Apologet (BGEmK 38), 1990.

Renkewitz, H., Art. Sozialethik des Pietismus, ESL, 1127 -1130.

Runyon, T., Die neue Schöpfung. John Wesleys Theologie heute, Göttingen 2005.

Rupp, E. G., Luther in der englischen Theologie, Lutherische Rundschau 5 (1955), 12 -24.

Rupp, E. G., Methodism in Relation to Protestant Tradition, London 1954.

Rupp, E. G., Principalities and Powers, London 1952.

Sangster, W. E., Methodism. Her Unfinished Task, London 1947.

Schempp, J., Seelsorge und Seelenführung bei John Wesley, Stuttgart 1949.

Schilling, S. P., Methodism and Society in Theological Perspective, New York 1960.

Schmidt, M., England und der deutsche Pietismus, EvTh 13, 1953, 205 -224.

Schmidt, M., Art. Englischer Deismus, RGG³ II, 59 -69.

Schmidt, M., John Wesley, Band I: Die Zeit vom 17. Juni 1703 bis 24. Mai 1738, Zürich, 1953. Band II: Das Lebenswerk John Wesleys, Zürich 1966.

Schmidt, M., John Wesleys Bekehrung (BGM 3), Bremen 1938.

Schmidt, M., Der junge Wesley als Heidenmissionar und Missionstheologe. Ein Beitrag zur Entstehungsgeschichte des Methodismus (MWF 9), Gütersloh 1973.

Schmidt, M., Art. Methodismus, RGG³ IV, 913-919.

Schmidt, M., Die ökumenische Bedeutung John Wesleys. ThLZ 78, 1953, 449-460.

Schmidt, M., Art. Pietismus, RGG³ V, 370-381.

Schmidt, M., Art. Universalismus, RGG³ VI, 1157 f.

Schneeberger, V., Theologische Wurzeln des sozialen Akzents bei John Wesley, Zürich 1974.

Schrage, W., Ethik des Neuen Testaments, Göttingen ⁵1989.

Schulz, S., Gott ist kein Sklavenhalter. Die Geschichte einer verspäteten Revolution, Hamburg/Zürich 1972.

Schweitzer, A., Kultur und Ethik = Kulturphilosophie, 2. Teil, München 1947 (6.A.).

Scott, P., John Wesleys Lehre von der Heiligung, verglichen mit einem lutherisch-pietistischen Beispiel (SGNP 17), Berlin 1939.

Sellers, J., Theological Ethics, New York/London 1968.

Sherwin, O., John Wesley: Friend of the People. New York 1961.

Sigg, F., John Wesley und „Die Christliche Bibliothek", Einblicke in die verlegerische Tätigkeit des Methodismus im 18. Jahrhundert, in: Schweizer Evangelist 60, 1953, 381-385.

Simon, J. S., John Wesley and the Religious Societies, London 1921.

Simon, J. S., John Wesley and the Methodist Societies, London 1923.

Simon, J. S., John Wesley and the Advance of Methodism, London 1925.

Simon, J. S., John Wesley, the Master-Builder, London 1927.

Simon, J. S., John Wesley. The Last Phase. London 1934.

Sommer, C. E., John Wesley und die Mystik, (MSGM 3, 1/2, 6 -22), Frankfurt/M. 1965.

Sommer, C. E., John William Fletcher (1729 -1785): Mann der Mitte. Prolegomena zu seinem Verständnis, in: Basileia. Walter Freytag zum 60. Geburtstag, ed. J. Hermelink und H. J. Margull, 437-453, Stuttgart 1959.

Sommer, E.-F., John Wesley, eine bibliographische Skizze, (MSGM 4, (1966/67), 4 -47.

Sommer, J. W. E., John Wesley und die soziale Frage (BGM 1), Bremen 1930.

Southey, R., The Life of Wesley and the Rise and Progress of Methodism, 2 Bände, London 1925.

Spector, R. D., English Literary Periodicals and the Climate of Opinion During the Seven Years' War, Den Haag 1966.

Stadtland, T., Rechtfertigung und Heiligung bei Calvin (BGLRK 32), Neukirchen-Vluyn 1972.

Staehelin, E., Die Verkündigung des Reiches Gottes in der Kirche Jesu Christi. Zeugnisse aus allen Jahrhunderten und allen Konfessionen, 6. Band: Von der Mitte des 18. bis zur Mitte des 19. Jahrhunderts, Basel 1963.

Standop, E./Mertner, E., Englische Literaturgeschichte, Heidelberg 1971.

Starkey, L. M. jun., The Work of the Holy Spirit. A Study in Wesley an Theology, New York/Nashville 1962.

Stone, R. H., John Wesley's Life & Ethics, Nashville 2001.

Telford, J., The Life of John Wesley, London 1899.

Telford, J., Art. Wesley, John, Encyclopaedia Britannica, 11th edition, vol. 28, 1157 f.

Thiel, W., Art. Sonntagsschule I. In Europa und Amerika, RGG[3] VI, 144 f.

Thomas, W., Heiligung im NT und bei Wesley, (MiD 10) Zürich 1965.

Thompson, E. P., The Making of the English Working Class, London 1963.

Todd, J. M., John Wesley and the Catholic Church, London 1958.

Tomkins, S., John Wesley. Eine Biografie, Stuttgart 2003.

Towlson, C. W., Moravian and Methodist. Relationships and Influences in the Eighteenth Century, London 1957.

Trevelyan, G. M., Geschichte Englands, 2. Band: Von 1603 bis 1918, München [3]1947.

Trevelyan, G. M., Kultur- und Sozialgeschichte Englands. Ein Rückblick auf sechs Jahrhunderte von Chaucer bis Queen Victoria, Hamburg 1948.

Troeltsch, E., Die Soziallehren der christlichen Kirchen und Gruppen (Gesammelte Schriften, 1. Band), Tübingen [3]1923.

Troeltsch, Die Sozialphilosophie des Christentums, Gotha 1922.

Tyerman, L., Life and Times of the Rev. John Wesley, M.A., 3 Bände, London ³1876.

Urwin, E. C/Wollen, D., John Wesley – Christian Citizen. Selections from his Social Teaching, London 1937.

Vester, M., Die Entstehung des Proletariats als Lernprozeß. Die Entstehung antikapitalistischer Theorie und Praxis in England 1792 -1848 (Veröffentlichungen des Psychologischen Seminars der Technischen Universität Hannover, Frankfurt 1970.

Voigt, K. H., Aus der Geschichte der Gefängnisreform in England, in: Die Innere Mission 58 (1968), 374 -381.

Voigt, K. H., „Den Armen wird das Evangelium gepredigt". John Wesley – die Reichen und die Armen, MSGEmK 7, 1986, Heft 1, 5 -19.

Voigt, K. H., Diakonia: Der Christ in der Gesellschaft, in: Der Methodismus, 276 -291.

Voigt, K. H., Internationale Sonntagsschule und deutscher Kindergottesdienst. Eine ökumenische Herausforderung. Von den Anfängen bis zum Ende des Deutschen Kaiserreichs (Kirche – Konfession – Religion, Band 52), Göttingen 2007.

Voll, D., Hochkirchlicher Pietismus. Die Aufnahme der evangelikalen Traditionen durch die Oxford-Bewegung in der zweiten Hälfte des neunzehnten Jahrhunderts. Ein Beitrag zum Verständnis des neueren Anglikanismus (FGLP Zehnte Reihe, Band XIX), München 1960.

Vulliamy, C. E., John Wesley, Epworth ³1954.

Wallace, W. M., John Wesley and the American Revolution, in: Essays in Honor of Conyers Read, ed. N. Downs, 52 -64, Chicago 1953.

Walsh, J., Methodism at the End of the Eighteenth Century, in: HMC I, 275-315.

Warner, W. J., The Wesleyan Movement in the Industrial Revolution, London 1930; New York ²1967.

Watkin-Jones, H., The Holy Spirit from Arminius to Wesley. A Study of Christian Teaching Concerning the Holy Spirit and His Place in the Trinity in the Seventeenth and Eighteenth Centuries, London 1929.

Watson, P., Wesley and Luther on Christian Perfection, ER 15, 1962/63, 291 -302.

Wearmouth, R. F., Methodism and the Common People of the Eighteenth Century, London 1945.

Weber, H., Art. Wirtschaftsethik, RGG³ VI, 1740-1747.

Weber, M., Gesammelte Aufsätze zur Religionssoziologie, Band I, Tübingen ⁴1947.

Weber, M., Die protestantische Ethik I. Eine Aufsatzsammlung. Hg. von J. Winckelmann, München/Hamburg ²1969.

Weerda, J., Art. Sozialethik des Calvinismus, ESL, 1119 -1123.

Weißbach, J., Der neue Mensch im theologischen Denken John Wesleys (BGM, Beiheft 2), Stuttgart 1970.

Wendland, H.-D., Ethik des Neuen Testaments (NTD, Ergänzungsreihe: Grundrisse zum Neuen Testament, hg. von G. Friedrich, Band 4), Göttingen 1970.

Wendland, H.-D., Art. Sklaverei und Christentum, RGG³ VI, 101 -104.

Weyer, Michel/W. Klaiber/M. Marquardt/D. Sackmann, Im Glauben gewiß. Die bleibende Bedeutung der Aldersgate-Erfahrung John Wesleys (BGEmK 32), 1988.

Whiteley, J. H., Wesley's England. A Survey of i8th Century Social and Cultural Conditions, London 1945.

Williams, C. W., Die Theologie John Wesleys, Frankfurt/M. 1967.

Wolf, Erik, Art. Naturrecht I. Profanes Naturrecht, RGG[3] IV, 1353-1359.

Wolf, Ernst, Art. Naturrecht II. Christliches Naturrecht, RGG[3] IV, 1359-1365.

Wolf, Ernst, Art. Sozialethik des Luthertums, ESL, 1124 -1127.

Wölfel, E., Art. Naturrecht, EStL[3] 2, 2223-2230.

Zehrer, K., Mit ruhigem Herzen vertraute er Gott. John Wesleys Leben und Wirken, Leipzig 2003.

Sachregister

Abendmahl, Eucharistie 17, 91
Adel 17, 60
Alkohol, Alkoholismus 39, 52, 53, 54, 55, 56, 176
Analphabetismus 62, 69
Anglikaner 17, 18, 25, 55, 73, 86, 88, 90, 100, 128, 132, 143, 152, 165
Anthropologie, anthropologisch 10, 75, 76, 77, 79
antike Schriftsteller 70
Antinomismus 131, 143
Arbeit 104, 106
Arbeiter 13, 15, 17, 85
Arbeiterbewegung 13
Arbeitnehmer 53, 57
Arbeitsbeschaffung 28
Arbeitshaus 20
Arbeitshäuser 17
Arbeitslose, Arbeitslosigkeit 15, 16, 29, 32, 52, 53
Arbeitsplatz 56
Arbeitsvermittlung 29
Arithmetik 75
Arme, Armut 13, 14, 15, 16, 17, 18, 25, 27, 29, 30, 31, 32, 33, 34, 35, 36, 43, 48, 49, 51, 53, 54, 59, 61, 70, 74, 95, 100, 104, 133, 163, 164, 177
Armenfürsorge, Wohltätigkeit 15, 21, 25, 26, 30, 31, 33, 34, 35, 40, 43, 45, 49, 50, 54, 61, 63, 67, 105, 163
Armenhäuser 36
Arminian Magazine 67, 73
Arminianer 73
Armut 32, 108
Askese, asketisch 47, 163
Aufklärung 31, 84, 89, 94, 137, 140, 153, 156, 160, 181
Ausbildung 20, 60, 61, 62, 63, 64, 66, 70, 79, 165, 177

Autorität, autoritär 21, 52, 54, 77, 82, 152, 157, 158, 166
Baptisten 60, 92
Barmherzigkeit 113, 125, 162, 171, 176
Bauer, Bauern 14, 179
Bekehrung 84, 161
Bergleute, Bergbau 16, 63, 69
Bergpredigt 145
Beruf, Berufe 38, 44, 45, 46
Berufung 45, 88, 108, 126, 155
Besitzbürger 29
Bestechlichkeit 99
Beten, Gebet 57, 67
Bettelei, Bettler 15
Bevölkerungswachstum 53
Bibel 21, 22, 51, 67, 71, 72, 75, 78, 82, 93, 94, 95, 105, 119, 125, 143, 145, 152, 155, 156, 157, 158, 167, 174, 175
Bildung, Bildungswesen 13, 29, 46, 59, 62, 68, 70, 72, 74, 75, 79, 83, 84, 90, 96, 157, 171
Bildungsinhalte 64
Bücherstube 73
Buße 103, 104, 131, 133, 141, 147
Calvinismus, Calvinisten 73, 135
Christliche Bibliothek 72, 73, 153
christliche Bruderschaft, Christian fellowship 36
Darlehen 28, 29
Deismus 84, 136, 156
Dekalog 145
Demokratie, demokratisch 57, 169, 183
Dichtung 71, 75
Diskriminierung 29
Dissenter 17, 18
Disziplin 80, 81, 111
Ehe 111
Ehre Gottes 22, 44, 109

Eigentum 39, 40, 44, 48, 166
Eigentum, Besitz 49
Einkommen 16, 42, 44, 56, 99, 102,
    106, 177
Elementarbildung,
    Elementarerziehung 62
Elementarschule, Elementarbildung
    20, 60, 63, 64, 66, 68, 74
Elementarschule, Elementarerziehung
    67, 70
Elementarunterricht 60
Erfolg, Erfolgsstreben 47
Erwählung 73
Erziehung 59, 60, 62, 64, 65, 66, 67,
    74, 75, 76, 77, 78, 79, 84, 165, 171
Eschatologie 87
Ethik 10, 33, 34, 39, 43, 45, 46, 47,
    48, 49, 59, 75, 78, 81, 83, 87, 114,
    116, 121, 122, 123, 134, 136, 138,
    139, 140, 141, 148, 149, 150, 156,
    157, 158, 159, 161, 162, 163, 181,
    182, 184
Eudämonismus 21
Evangelisation 91
Fähigkeit, Fähigkeiten 44, 49, 118,
    148, 177
Fasten 19, 20, 51, 57, 96
Fatalismus 52, 161
Fleiß 39, 42, 46, 47, 49, 51, 52, 99,
    169, 176
Fortbildung, Erwachsenenbildung
    68, 69
Freizeit 45
Frömmigkeit, Spiritualität 17, 18, 19,
    23, 36, 73, 80, 84, 115, 133, 134,
    152, 161, 182
Fürsorge, Wohltätigkeit 14, 15, 17, 20,
    96, 98, 103, 105, 108, 145
Gebote Gottes 58, 143
Gefangenenhilfe 107
Gefängnis, Gefangene 17, 20, 21, 25,
    98, 99, 102, 103, 104, 105, 106, 107,
    109, 161, 177, 179

Gehorsam 21, 22, 41, 54, 58, 77, 82,
    114, 120, 130, 145, 146, 147
Geld 19, 32, 38, 39, 40, 41, 42, 43, 44,
    61, 99, 100, 102, 108
Gemeinschaften, societies 10, 25, 28,
    30, 35, 36, 38, 41, 42, 49, 54, 59,
    60, 64, 65, 67, 68, 72, 73, 91, 96,
    105, 143, 153, 164, 169, 176
Genügsamkeit 46, 49
Geografie 70, 75
Georgia 19, 22, 27, 63, 72, 88, 89, 90,
    91, 92, 98, 152
Gerechtigkeit 58, 87, 94, 108, 113,
    125, 131, 144, 162, 171, 176
Gericht, -verfahren, -urteil 41, 98, 99,
    100, 101, 103, 107, 108
Geschichte 13, 15, 44, 56, 61, 62, 70,
    82, 85, 86, 92, 93, 102, 107, 148,
    164, 165, 166, 167, 177, 182, 184
Geschöpfe Gottes 79
Gesetz 15, 60, 62, 99, 111, 115, 125,
    130, 143, 144, 145, 146, 147, 148,
    149, 150, 161, 171
Glaubensgewissheit 48
Gnade, Gnadenlehre 25, 44, 48, 77,
    78, 80, 81, 83, 103, 104, 111, 112,
    113, 114, 115, 116, 117, 118, 119,
    120, 121, 122, 123, 124, 125, 126,
    128, 129, 130, 131, 133, 134, 136,
    141, 144, 147, 149, 159, 163
Gottes Gebote 21, 22, 79, 96, 133,
    142, 143, 145, 148, 149, 150, 154,
    158
Gottes Geist, Heiliger Geist 81, 82,
    83, 147, 155, 157
Gottesdienst 17, 103, 106
Großgrundbesitzer 55
Grundgüter 46, 54, 56
Gruppen, classes 12, 18, 25, 30, 50,
    52, 53, 56, 68, 70, 74, 91, 108, 154,
    161, 164, 165, 173, 177, 179, 182,
    183
Gruppenleiter, class leader 25, 35

Handel 53, 54, 85, 95
Handwerker 13, 14
happiness 23, 115, 139, 162
Heiliger Club 20, 127
Heiligung 10, 18, 22, 34, 48, 111, 112,
   113, 115, 118, 121, 123, 124, 125,
   127, 128, 138, 141, 142, 148, 151,
   159, 160, 161, 181, 182
Herrnhuter Brüdergemeine 24, 62,
   76, 90, 113, 124, 125, 128, 129, 143,
   144
Hölle 41, 107, 136
Holy Club 22, 32, 149
Hungertod, Verhungern 21, 39, 51,
   56, 159
Hybris 114
Independente 60
Indianer 91
Individualität 78, 160
Industrie 57
Industrielle Revolution,
   Industrialisierung 13, 14, 47, 50
Kapitalismus, kapitalistisch 13, 15,
   44, 47, 48, 49
Katechese, Katechetik 67
Katechismus, Katechetik 18, 81
Kirche von England 17, 18, 59, 86,
   88, 100, 157, 178
Kirche, römisch-katholische 67
Klassen, methodistische 10, 183
Klassengegensätze 13, 30
Kolonie, Kolonien 18, 85, 87, 171, 174
Kolonien, Kolonialismus 90
Konservatismus 16, 91, 109, 170
Körper, Körperlichkeit 43, 45, 49, 55,
   123
Krankenpflege 27, 28
Krankheit 32, 103, 113
Landwirtschaft 56
Lebensfragen 71
Lebensunterhalt 26, 42
Lehrbücher, Schulbücher 71, 72
Leihkasse, lending stock 28

Liebe Gottes 23, 33, 34, 35, 36, 68,
   73, 91, 104, 123, 125, 130, 133, 134,
   135, 136, 139, 140, 142, 149, 150,
   160, 163, 165, 181, 184
Liebe zu Gott 22, 23, 33, 43, 46, 57,
   80, 125, 134, 137, 138, 144, 149,
   161, 176
Liebesgebot 22, 33, 34, 41, 44, 45, 80,
   142, 145, 158, 162
Logik 75
London Society for the Establishment
   of Sunday Schools 66
Lutheraner 73
Luxus 39, 41, 52, 53, 54, 56, 57, 176,
   179
Mangel 41, 52, 64, 102, 137, 175, 179,
   180
Mathematik 70
Mennoniten 88, 92
Menschenbild 59
menschliche Natur 77, 78, 113
menschlicher Willens 113, 120
Minimallohn 31
Mission 18, 61, 91
Mitgliedskarte 36
Mitleiden, compassion 31, 181
Mittelklasse 13
Mittelstand 43
Nachfolge Jesu 21, 151
Nächstenliebe 23, 31, 33, 34, 35, 41,
   45, 106, 134, 137, 138, 139, 149,
   162
Nahrung, Nahrungsmittel 31, 39, 52,
   106, 174
Naturwissenschaften 60, 84, 113
Ökonomie 15, 25, 32, 38, 44, 46, 47,
   48, 50, 51, 52, 53, 54, 55, 56, 57,
   63, 86, 93, 95, 159, 180
Pädagogik 59, 62, 67, 69, 76, 77, 78,
   81, 82, 83, 90, 147, 154
pädagogische Prinzipien 59, 81

Parlament 14, 52, 55, 56, 57, 86, 92,
    95, 99, 100, 109, 167, 170, 175, 177,
    178, 179
Parusie 87
Persönlichkeit 68, 153, 178, 183
Pflichtgefühl, Pflichtbewusstsein 64
Philosophie 70, 71, 75, 113
Physik 28, 70, 72, 113
Pietismus 18, 42, 62, 124, 136, 141,
    145, 146, 152, 153, 155, 162
Polizei, polizeiliche Gewalt 56, 99
Presbyterianer 60
Prinzipien 78
Profitstreben 50
Publikationen 18, 21, 48, 68, 70, 71,
    72, 73, 74, 75, 90, 93, 107, 112, 116,
    121, 122, 123, 126, 127, 128, 129,
    130, 131, 132, 135, 143, 144, 147,
    148, 181
Puritanismus, puritanische Tradition
    47
Quäker 60, 88, 92, 93, 172
Rechenschaft 41, 55, 150, 171
Rechtfertigung, Rechtfertigungslehre
    23, 24, 25, 34, 46, 74, 87, 104, 112,
    113, 114, 116, 118, 120, 121, 122,
    123, 124, 125, 126, 127, 128, 129,
    130, 131, 132, 134, 135, 140, 143,
    144, 146, 147, 153, 159, 171, 182
Regierung, Obrigkeit 52, 54, 55, 56,
    57, 85, 86, 98, 101, 109, 145, 166,
    167, 168, 170, 172, 175, 178, 179
Reichtum 16, 25, 40, 42, 43, 44, 45,
    46, 48, 49, 50, 52, 53, 54, 57, 61,
    95, 100, 108, 179
religious society 17
Revolution 13, 30, 57, 59, 88, 98, 105,
    112, 175, 178, 179
Rezession 53
Schmuggler, Schmuggelei 54, 145,
    176
Schöpfung 91
Schöpfungslehre 75, 117, 163

Schulbücher 65
Schule, Schulwesen 18, 59, 60, 61, 62,
    63, 64, 65, 70, 71, 76, 79, 84
Schule, Unterricht 19, 20, 21, 61, 62,
    63, 65, 69, 70, 74, 79, 80, 84, 90,
    107
Schulgeld 60
Seele 22, 33, 35, 43, 45, 49, 55, 75,
    77, 90, 91, 94, 119, 123, 124, 138,
    139, 151, 160, 163
Seelsorge 20, 64, 80, 90, 91, 103, 105,
    159
Selbstachtung 69
Selbstbewusstsein 69, 74, 84, 160
Sittengesetz 117, 143, 144, 146
Sklavenhaltung 94, 145
Sklavenhandel 85, 86, 88, 92
Sklaverei, Sklaven 85, 86, 87, 88, 89,
    90, 91, 92, 93, 94, 95, 96, 109, 153,
    157, 171, 172, 175, 176, 180
Society for Promoting Christian
    Knowledge 18, 60, 62
Society for Promoting Christina
    Knowledge 18
Society for Propagating Christian
    Knowledge 90
Society for the Propagation of the
    Gospel 18
Soldaten 99, 105, 162, 164, 173
Solidarität 36, 74, 161, 162, 163
Sonntagsschule,
    Sonntagsschulbewegung 62, 66,
    67, 68, 69, 178
Soteriologie 34, 78, 84, 91, 103, 112,
    125, 126, 129
Sozialarbeit 10, 11, 19, 20, 30, 63, 75,
    80, 106, 152, 160, 161
Sozialbindung (Eigentum) 48
soziale Missstände 51
Sparen, Sparsamkeit 39, 41, 42, 44,
    46, 47, 52, 169
Spenden 31, 106
Sprachen 60, 70, 84

Staat 15, 16, 60, 111, 160, 177, 178,
    179
Steuern, Besteuerung 52, 56
Strafrecht 98, 99, 100, 101
Straftaten 108
Studierende 19, 70
Südkarolina 90
Sünde, Sündenlehre 42, 78, 79, 87,
    96, 112, 113, 114, 116, 118, 125,
    126, 129, 135, 141, 144, 146, 147,
    148, 150, 161, 176
Sündenfall 78, 114, 145
Syllogismus practicus 48
Taufe 80, 87, 91
Teufel 114
Todesstrafe 99, 100, 104
Toryismus 55, 177
Überheblichkeit 83
Ungerechtigkeit, wirtschaftliche 51
Universität, Hochschule 60, 62, 69,
    70
Unruhen 53, 56, 101, 167, 169
Verantwortlichkeit 114, 120, 179
Verbrechen 99, 107
Vergebung 79
Verkündigung 10, 11, 20, 25, 33, 35,
    50, 64, 71, 77, 80, 105, 106, 123,
    130, 135, 152, 155, 159, 160, 167,
    168, 182
Vernunft 17, 78, 89, 99, 109, 120, 154,
    155, 156, 157, 158, 166, 173, 175,
    181, 184
Verschwendung 39, 52
Versöhnung, Versöhnungslehre 34,
    115, 124, 143, 173, 174
Versorgung, medizinische 28
Versuchung 43, 48
Wanderarbeiter 36
Weiterbildung 46, 169
Werkgerechtigkeit 23, 128, 130, 135,
    181
Willen Gottes 78
Wirtschaftsethik 38, 48
Wirtschaftssystem 49
Wirtschaftswachstum 56
Wohlergehen 48, 103, 175, 176
Wohlfahrtsschulen 60, 61, 66
Wohlfahrtsschulen, charity schools
    60
Wohlstand 16, 26, 41, 42, 43, 49, 51,
    52
Zeremonialgesetz 144

Namenregister

Addison, G. 89
Aldersgate 23, 98, 193
Allestree, R. 21
Augustin 121, 131, 133
Baker, F. 5, 185, 187
Ball, H. 67
Beattie, J. 89
Benezet, A. 93
Bristol 27, 42, 47, 63, 96, 103, 104, 106, 143
Burke, E. 57
Cambridge 69, 70
Cameron, R. M. 19, 23, 47, 51, 54, 59, 68, 76, 87, 88, 89, 92, 96, 156, 173, 183, 187
Cannon, W. R. 140, 187
Carter, H. 34, 187
Cell, G. C. 47, 136, 158, 187
Charterhouse 62
Cherbury, H. von 83
Christus 22, 33, 46, 87, 115, 124, 126, 127, 136, 140, 141, 143, 144, 145, 146, 147, 148, 149, 150, 151, 152, 161
Clarkson, T. 13, 96, 187
Comenius, J. A. 76, 84
Cornelius 116
Dagge, A. 106
Davies, R. E. 18, 82, 155, 186, 187
Defoe, D. 70, 89
Descartes, R. 83
Diderot, D. 89
Edwards, M. 15, 30, 36, 45, 54, 59, 63, 67, 68, 69, 71, 73, 75, 76, 78, 80, 88, 89, 97, 127, 135, 142, 147, 167, 168, 169, 170, 172, 175, 176, 177, 178, 179, 182, 183, 187
Eicken, E. von 118, 122, 188
Epworth 22, 62, 99
Fox, G. 88
Francke, A. H. 76, 154
Fröbel, F. W. A. 76

Frost, S. B. 157, 160, 167, 188
Gerdes, E. W. 72, 121, 133, 134, 156, 188
Gloucester 66, 86
Georgia 19, 22, 27, 63, 65, 72, 88, 89, 90, 91, 92, 98, 152
Green, V. H. H. 18, 19, 134, 188
Gunter, W. S. 188
Halévy, E. 30, 188
Halle 62, 80, 154
Härle, W. 188
Heitzenrater, R. P. 12, 18, 19, 27, 185, 188
Herrnhut 62
High Wycombe 67
Hildebrandt, F. 145, 188
Hill, A. W. 27, 72, 113, 185, 188
Horneck, A. 17
Howard, J. 103, 106, 107, 109
Hume, D. 124, 137
Hutcheson, F. 89, 120
Hynson, L. O. 189
Jakobus 132, 146
Jennings, T. W. 12, 189
Jesus Christus (s. Christus)
Johannes, johanneisch 104, 138
Johnson, S. 70, 76, 89, 106, 174
Kingdon, R. M. 47, 50, 51, 52, 53, 56, 189
Kingswood 62, 63, 65, 69, 70, 71, 79, 84
Klaiber, W. 10, 193
Kraft, Th. 10, 189
Kuczynski, J. 13
Lacy, H. E. 157, 189
Lau, W. 19
Law, W. 18
Lean, G. 86, 99, 166, 189
Lerch, D. 10, 160, 189
Leßmann, Th. 10, 186
Lindström, H. 10, 34, 48, 112, 122

Liverpool 15, 86
Locke, J. 76, 83, 156, 171, 177
London 17, 18, 21, 26, 27, 29, 36, 47,
    60, 62, 63, 66, 73, 87, 93, 99, 103
Luther, M. 24, 46, 113, 124, 129, 130,
    140, 142, 145, 148, 163, 181
Marsh, D. L. 59, 71, 190
Meeks, M. D. 12, 190
Milton, J. 75, 76, 84
Monk, R. C. 162, 190
Newcastle upon Tyne 63
Newgate 104, 106
Newton, J. A. 41, 136, 190
Oglethorpe, J. 88, 89, 98
Outler, A. 5, 38, 120, 123, 127, 143,
    152, 185, 190
Oxford 13, 18, 19, 20, 23, 27, 32, 62,
    69, 70, 98, 127, 151, 165
Paulus, paulinisch 87, 91, 119, 132,
    133, 138, 140, 144, 146, 156,
Pestalozzi, J. H. 76
Pitt, W. 100
Rack, H. D. 59, 82, 191
Raikes, R. 66, 67, 68
Rousseau, J. J. 76, 78, 83, 89, 93, 140,
    155, 160
Runyon, Th. 12, 32, 35, 36, 46, 48, 77,
    82, 112, 115, 121, 122, 123, 175, 191
Rupp, E. G. 136, 138, 147, 186, 191
Sackmann, D. 193
Schilling, S. P. 191
Schmidt, M. 19, 23, 24, 34, 62, 76, 80,
    82, 84, 93, 98, 113, 122, 124, 129,
    134, 136, 140, 141, 145, 148, 150,
    151, 152, 155, 162, 163, 183, 191
Schneeberger, V. 10, 36, 97, 131, 132,
    134, 136, 149, 150, 156, 162, 163,
    171
Schulz, S. 88, 92, 95, 162, 191
Shakespeare, W. 71, 75
Sharp, G. 96
Smith, A. 50, 53, 75, 95, 177
Smithies, R. 17

Sommer, C. E. 186, 192
Sommer, J. W. E. 10, 35, 51, 192
Spenser, E. 75
Starkey, L. M. jun. 146, 192
Stock, Th. 66, 117
Stolte 76, 80
Stone, R. H. 192
Taylor, J 18
Thomas, W. 10, 192
Thomas von Kempen 19
Thomson, J. 89
Troeltsch, E. 154, 161, 177, 192
Tucker, J. 52, 57
Utrecht 85
Voigt, K. H. 10, 66, 102, 105, 106,
    107, 161, 193
Voltaire, F. M. A. 166
Walsh, J. 36, 47, 182, 193
Warburton, W. 86
Watson, P. 141, 146, 193
Weber, M. 46, 47, 48, 148
Weißbach, J. 10, 80, 112, 121, 122,
    123, 131, 133, 134, 141, 146, 151
Wesley, Charles 19, 23
Wesley, John 10, 13, 15, 17, 18, 19, 20,
    23, 24, 26, 27, 30, 34, 35, 36, 39, 47,
    49, 50, 51, 54, 59, 61, 62, 63, 65, 66,
    67, 69, 71, 72, 73, 75, 76, 80, 84, 86,
    88, 89, 91, 92, 93, 99, 107, 113, 122,
    127, 129, 134, 136, 140, 143, 148,
    151, 152, 157, 158, 160, 162, 166,
    167, 168, 171, 172, 175, 179
Wesley, Samuel sen. (Vater) 22, 60, 96
Wesley, Samuel jun. (Bruder) 159
Wesley, Susanna (Mutter) 60, 74, 148
Weyer, M. 187, 193
Whitefield, G. 23, 63, 90, 92
Wilberforce, W. 86, 96
Williams, C. W. 34, 48, 112, 122, 143,
    151, 182, 194
Zehrer, K. 194

Die dunklen Seiten Gottes

Barthel, Jörg / Eschmann, Holger / Voigt, Christoph (Hgg.)
Das Leiden und die Gottesliebe
Beiträge zur Frage der Theodizee
Reutlinger Theologische Studien Band 1

140 Seiten, 1 Abbildung
Paperback 2006
ISBN 978-3-7675-7080-1

«Wie kann Gott das zulassen?» Kein Mensch, der diese Frage, offen oder insgeheim klagend, nicht schon gestellt hätte. In theologischen Reflexionen, Bibelarbeiten und Meditationen suchen die Autoren und Autorinnen des Bandes nach Antworten auf diese Frage. Bei aller Vielfalt der Perspektiven stimmen sie darin überein, dass das Leiden der Geschöpfe Gottes keine theoretisch-akademische Erklärung finden kann. Was bleibt, ist allein die Hoffnung auf eine existenzielle Erfahrung der Gottesliebe.

Mit Beiträgen von Annette Böckler, Walter Dietrich, Hans-Joachim Eckstein, Christin Eibisch, Ulrich Heckel, Dorothea Sattler, Robert Seitz, Fulbert Steffensky und Olf Tunger.

Die Warum-Frage ist nicht zu lösen, aber ich glaube, dass sie in den Schatten treten kann, dass man sie vergessen kann unter drei Möglichkeiten, die vielleicht nur eine sind: unter der Frage der Gottesliebe, unter der Frage der Gnade und unter der Frage des Tuns des Gerechten. Das sind die drei Möglichkeiten, dass die Frage nach dem Warum uns nicht als quälende bleibt, sondern dass wir wissen, dass diese Frage in den Schatten treten kann und wir menschlich handeln und leben können.

Auszug aus dem Beitrag von Fulbert Steffensky «Das Glück, das Unglück und die Gottesliebe»

Edition Ruprecht

Inh. Dr. Reinhilde Ruprecht e.K., Postfach 1716, 37007 Göttingen
www.edition-ruprecht.de

»Wir loben unsern Gott von ganzem Herzen«

Christoph Raedel (Hg.)
Methodismus und
charismatische Bewegung
Historische, theologische
und hymnologische Beiträge

Reutlinger Theologische Studien Band 2
262 Seiten
Paperback, 2007
ISBN 978-3-76757090-0

Der Band zeichnet die Geschichte der charismatischen Bewegung innerhalb der Evangelisch-methodistischen Kirche nach. Die Beiträge beschäftigen sich unter anderem mit der Lehre vom Heiligen Geist im Neuen Testament, bei John Wesley und im Hinblick auf ein theologisch verantwortliches Verständnis von Gotteserfahrung sowie mit der herausragenden Bedeutung des Gesangs. Praxisberichte und kirchliche Empfehlungen unterstreichen das Anliegen des Buchs, über unterschiedliche Standpunkte und Erfahrungen hinweg zum Gespräch einzuladen und dazu beizutragen, dass die Kirche vom Heiligen Geist bewegt bleibt.

The authors of this anthology trace the rise and development of the charismatic movement in the German United Methodist Church, discuss the relation of contemporary charismatic music to Methodist spirituality, as well as social, biblical, and theological aspects.

Edition  Ruprecht

Inh. Dr. Reinhilde Ruprecht e.K., Postfach 1716, 37007 Göttingen
www.edition-ruprecht.de